U0964577

本书受河北省社会科学基金项目（区块链背景下物流价值共创的机制与实现路径研究）资助，项目编号：HB20GL011。

河北省社会科学基金项目

社区电商平台供应链价值共创理论、运行机制及优化策略研究

刘紫玉　等　著

知识产权出版社
全国百佳图书出版单位
—北京—

图书在版编目（CIP）数据

社区电商平台供应链价值共创理论、运行机制及优化策略研究/刘紫玉等著．—北京：知识产权出版社，2023.1

ISBN 978-7-5130-7972-3

Ⅰ.①社…　Ⅱ.①刘…　Ⅲ.①电子商务—供应链管理　Ⅳ.①F713.36

中国版本图书馆 CIP 数据核字（2021）第 266564 号

内容提要

本书基于价值共创视角，构建了社区电商平台供应链参与主体网络结构和价值共创模型，分析了参与主体之间的互动和整合机制，探究了社区电商平台供应链决策、利润分配和监管机制。在此基础上，深入剖析了社区电商平台供应链价值共创绩效的影响因素，并提出了基于区块链的社区电商平台供应链价值共创优化策略。

本书适合从事供应链和价值共创方面研究的科研工作者和对社区电商平台供应链感兴趣的普通读者学习使用。

责任编辑：栾晓航　高志方　　**责任校对**：潘凤越
封面设计：邵建文　马倬麟　　**责任印制**：孙婷婷

社区电商平台供应链价值共创理论、运行机制及优化策略研究

刘紫玉　等　著

出版发行：	知识产权出版社有限责任公司	**网　　址**：	http://www.ipph.cn
社　　址：	北京市海淀区气象路 50 号院	**邮　　编**：	100081
责编电话：	010-82000860 转 8382	**责编邮箱**：	luanxiaohang@cnipr.com
发行电话：	010-82000860 转 8101/8102	**发行传真**：	010-82000893/82005070/82000270
印　　刷：	北京九州迅驰传媒文化有限公司	**经　　销**：	新华书店、各大网上书店及相关专业书店
开　　本：	720mm×1000mm　1/16	**印　　张**：	16.75
版　　次：	2023 年 1 月第 1 版	**印　　次**：	2023 年 1 月第 1 次印刷
字　　数：	300 千字	**定　　价**：	78.00 元

ISBN 978-7-5130-7972-3

前　言

党的十九大以来，供应链高质量发展成为国家重点推进的工作之一。而价值共创，以提升利益相关者的整体素质和效益为核心，深化供应链高质量发展。构建具有传递价值的供应链生态网络系统，对于降低社会供应链成本、提升供应链整体质量和效益、推动供应链高质量发展具有重要价值。

近几年来，社区电子商务（以下简称“电商”）平台如美团优选、橙心优选和多多买菜等逐渐走入人们的视野。消费者通过手机 App 或微信小程序进入社区电商平台下单，购买的商品次日配送至社区团长指定的自提点，消费者在自提点取货，满足了一定区域内消费者的消费需求。2020 年年初，中国突发新型冠状病毒重大公共卫生事件，受本次新冠肺炎疫情的影响，社区电商平台迎来了进一步的发展，但众多参与者的火速崛起使得社区电商平台之间竞争越来越激烈。企业与企业之间的竞争归根结底是供应链与供应链之间的竞争，而供应链的竞争优势是其价值创造的能力。社区电商企业要想在激烈的竞争中处于优势地位，必须提高整个供应链的价值共创能力。基于此，本研究基于价值共创视角，依据从理论研究到运行机制的思路探讨社区电商平台供应链参与主体的决策对供应链价值共创的影响，并对社区电商平台供应链决策、利润分配和监管机制进行了深入研究。在此基础上，深入剖析了社区电商平台供应链价值共创绩效的影响因素，并提出了基于区块链的社区电商平台供应链价值共创优化策略。

第一，基于价值共创理论，构建社区电商平台供应链价值共创参与主体网络结构和价值共创模型。随着社区电商平台应用越来越广泛，其供应链的价值共创越发受到重视，明晰价值共创的参与者及其关系至关重要。基于此，本研究识别了社区电商平台供应链价值共创参与主体（社区电商平台、供应商、网格站服务商、社区团长和消费者），探讨了价值共创参与主体的网络结构。进而，社区电商平台供应链参与主体在价值共创时需要发挥各自的作用，提高供应链整体价值。基于此，本研究将构建社区电商平台供应链价值共创模型，对社区电商平台供应链整体、链上企业联盟价值、消费者价值展开探讨，为后续研究奠定了理论基础。

第二，基于互动整合的视角，探讨社区电商平台供应链价值共创互动和整合机制。服务主导逻辑认为价值共创的参与主体通过互动和整合实现价值的共同创造。社区电商平台供应链的参与主体如何通过互动实现价值共创？社区电商供应链如何进行关系整合、资源整合和网络整合，进而更好地实现价值共创？本研究探讨了社区电商平台供应链价值共创的互动和整合机制，并运用演化博弈分析了社区电商平台供应链参与主体间的价值共创行为。

第三，基于权力结构的视角，探讨社区电商平台供应链价值共创决策机制。社区电商平台供应链的所有主体参与价值共创，消费者参与价值共创如何体现？参与主体价值和社区电商平台供应链价值模型如何表示？不同权力结构下社区电商平台供应链如何决策有利于实现价值共创？本研究构建了加入价值共创参数的集中决策、分散决策、纳什均衡决策模型，并探讨了不同权力结构下的决策机制。

第四，基于利润分配的视角，探讨社区电商平台供应链价值共创利润分配机制。将社区电商平台供应链参与主体之间通过合作创造的收益合理分配，是供应链各个成员实现长久稳定合作、共同创造价值的重要保证，因此，必须解决好供应链利润分配问题。基于此，本研究将对社区电商平台供应链利润分配影响因素和利润分配机制展开探讨。

第五，基于运行监管的视角，探讨社区电商平台供应链价值共创监管机制。社区电商平台供应链存在参与主体是否尽力进行价值共创，保证供应链收益的问题，所以需要社区电商平台对其进行监管。但是否监管和何时监管取决于很多因素，需要综合其他参与主体做出选择。因此，本研究分析了社区电商平台不同监管时间下价值共创参与主体的演化博弈模型，并对社区电商平台供应链价值共创监管机制进行了探讨。

第六，基于价值共创优化视角，探讨社区电商平台供应链价值共创优化策略。社区电商平台供应链价值共创绩效需要提升，而提升价值共创的绩效，首先要清楚影响社区电商平台供应链价值共创绩效的因素有哪些。因此，本研究首先分析社区电商平台供应链价值共创绩效影响因素，在此基础上，对基于区块链的社区电商平台供应链价值共创优化策略进行了探讨。

本研究理论分析参与主体之间的价值共创行为网络及互动和整合机制，探究价值共创运行机制和优化策略，将为提高社区电商平台供应链的竞争优势提供方法层面的借鉴，对于我国社区电商平台供应链的健康发展具有重要的理论和现实意义。

目　录

CONTENTS

第 1 章

绪 论

1.1 研究背景及意义

1.1.1 研究背景

2016 年的 9 月，中国外卖平台经过“厮杀”之后，“红黄蓝”三家三分天下；市场上最早运行 O2O 模式的公司，在激烈竞争、资金和内部管理不善的情况下，已然灭亡了大部分。这时候，在湖南长沙，一个不知名的团队，从最早 QQ 群卖水果，成立了一家公司叫作“你我您”，以社区为入口瞄准家庭消费场景。它的模式很简单：以小区为单位招募小区业主或小区店主成为“团长”，创建公司控群的小区业主微信群；团长在群内发布和推广团购商品，消费者通过小程序下单；次日根据订单量配送至小区团长处，消费者到团长提货点取货，团长根据销售额获得佣金。这是第一次真正定义了社区团购相对成熟的经营方式，也是社区拼团的关键时间点之一。

随着时代的发展，社区团购逐渐演化为社区电商平台模式，电子商务不仅只是淘宝购物，也开始逐渐应用于我们的日常果蔬采购，隔日送货，送货上门，美团优选、多多买菜等社区电商平台开始进入人们的视野。社区电商平台提供社区居民需要的日常用品，为社区居民提供了足不出户就可以送货到家的购物方式。社区电商平台的服务模式是“今日下单+明日自提”，社区成员在社区电商平台下单所需要的商品，第二天到社区团长所设的自提点进行提货即可。社区电商平台不仅是电商平台，更是大家的网上菜市场。社区电商平台也为商家带来客观的销量和收益，比如2021年美团优选日订单日均订单量已突破2000万件，单日峰值达到2700万件。社区电商平台也为消费者节省了很大的日常开支。消费者做到足不出户就可以下单买菜，而收到的商品质量出现问题或者与期望有差异，则只需要动一动手指联系团长就可以解决售后问题。

社区电商平台作为一种新型购物模式，它是依赖于社交应用、运营小程序和App工具，将线上和线下相结合，来满足一定区域内的消费者消费需求的商业模式。

党的十九大以来，供应链高质量发展成为国家重点推进的工作之一。而价值共创，以提升利益相关者的整体素质和效益为核心，深化供应链高质量发展。构建具有传递价值的供应链生态网络系统，对于降低社会供应链成本、提升供应链整体质量和效益、推动供应链高质量发展具有重要价值。

社区电商平台供应链是指以社区电商平台为核心建立起来的供应商与消费者的关系，以消费者的需求为出发点，整合链上所有资源，从而实现生产、流通、消费等环节，结合在社区电商平台供应链上的每一个参与者的业务需求，使得供货、分拣、配送等环节紧密配合，无缝链接，形成物流、信息流、商流和资金流四流一体化的供应链模式。众多参与者的火速崛起使得社区电商平台之间竞争越来越激烈，在我们所处的21世纪，企业与企业之间的竞争归根结底是供应链与供应链之间的竞争，而供应链的竞争优势是各个供应链价值创造的能力。因此社区电商企业要想在激烈的竞争中处于优势地位，必须要提高整个供应链的价值共创能力。

那么，在社区平台供应链中，社区电商平台与其他参与者之间的价值共创关系如何？如何促进多参与主体之间形成价值网络？多参与主体之间的互动和整合机理如何？社区电商平台供应链价值共创机制如何？价值共创的稳定性又如何维持？因此，理论分析参与主体之间的价值共创行为网络及互动和整合机理，探究价值共创运行机制，对于我国社区电商平台供应链的健康发展具有重要的理论和现实意义。基于此，本研究基于价值共创视角，依据从理论研究到运行机制的思路探讨社区电商平台供应链参与主体的决策对供应链价值共创的影响，并对社区电商平台供应链决策、利润分配和监管机制进行了深入研究。在此基础上，深入剖析了社区电商平台供应链价值共创绩效的影响因素，并提出了基于区块链的社区电商平台供应链价值共创优化策略。

1.1.2　研究意义

1.1.2.1　理论意义

（1）从社区电商平台供应链高质量发展的角度审视供应链多参与主体价值共创问题，在一定程度上拓展了供应链领域的研究对象和研究视野，有助于供应链领域研究的扩展和完善。

（2）借助供应链发展、价值共创研究成果，把社区电商平台供应链价值共创网络和价值共创模型予以理论表达。

（3）结合多参与主体利益博弈，形成社区电商平台供应链决策、利润分配和监管的路径研究，基于仿真分析的研究方法有利于引领对策制定由经验探索向量化的转变。

1.1.2.2　实践意义

（1）实现社区电商平台供应链的价值共创是供应链高质量发展的必然要求，设计可操作的供应链价值共创运行机制，将为提高社区电商平台供应链的竞争优势提供方法层面的借鉴。

（2）通过对社区电商平台供应链价值共创的分析研究，兼顾供应链社会效益与经济效益的协同发展，提出社区电商平台供应链创新发展方向和对策建议，为社区电商平台供应链相关利益方的发展定位提供一定帮助。

1.2　国内外相关文献综述

1.2.1　价值共创相关研究

从价值共创的概念发展来看，不同学派从不同研究目的进行了广泛定义[1-2]。“价值共创”一词最早由 Kambil 等在管理学领域首次提出，后由 Prahalad 和 Ramaswamy 以及 Vargo 和 Lush 等学者又逐步进行拓展、定义与传播。价值共创的研究经历了从单主体价值创造向多主体价值共创的认识深化：

一是早期的“产品主导逻辑”的单主体价值创造理论，认为企业是价值的创造者，企业将所投入的资源转化为具体的产品（Lambert et al.，2012）[3]。

二是“服务主导逻辑”的企业和消费者二元主体价值共创理论（Yu et al.，2018）[4]，从不同视角对服务内涵提供了丰富解释，顾客参与、价值共创被视为服务的重要特征（Fernando et al.，2018）[5]。

三是多主体价值共创理论及机理探讨。随着互联网、大数据等信息技术的广泛应用，价值创造主体不再只是消费者和企业的二元关系，价值共创是在与利益相关者的互动中整合资源而实现的效益，价值共创打破原有的价值创造边界，将更多利益相关者纳入价值创造体系（简兆权等，2016；Charlotte et al.，2016）[6-7]；李林秋（2019）[8] 和李田等（2019）[9] 基于多主体价值共创的视角，以跨境电商作为研究对象，揭示消费者、供应商、平台服务商、员工等多个主体的价值共创模型和动态过程。价值共创涉及多个经济参与者，价值共创的机理包括了互动机理和整合机理。温馨等（2018）[10] 认为价值共创的互动机理中物流服务供应链的运作互动是价值共创的关键条件，价值共创是一个互动过程，是服务双方或者多方共同合作的结果；孟庆国等（2017）[11] 认为价值共创的整合机理是对资源进行整合的过程，有效地整合资源才能实现价值；基于价值共创的这两种机理，相关文献的研究结果表明，价值共创的核心内容主要包括以下几方面：对话、获取、风险管理、透明度和共同创造体验。

1.2.2 供应链价值共创相关研究

目前学者对供应链价值共创的研究主要从三方面进行：服务供应链价值共创、物流创新供应链价值共创以及不同的电子商务平台商业模式下进行了不同的供应链价值共创研究。随着电子商务越来越普及，甚至融入人们的生活中，如何实现供应链价值共创成了企业当下需要关注的重点，而学界也开始逐渐对其进行探索。

在服务供应链价值共创方面，介于很多企业的产出不只是单纯的商品，很多时候更是对顾客的服务，所以一些学者对服务供应链价值共创进行了相关研究。高志军等（2014）[12] 最先提出了服务主导逻辑下物流服务供应链的价值共创机理，而在文中也介绍了服务主导逻辑的主要内容，服务主导逻辑指出经济中明显的转变不仅是从商品到服务的转变，也是资源从有形的、静态的到无形的、动态的转变。后来，通过对物流服务供应链（Logistics Serve Supply Chain，LSSC）和服务主导逻辑的回顾，将互动与整合作为影响因素，研究 LSSC 价值共创。将互动与整合按不同纬度划分后再重新组合，从战略互动下的关系整合、战术互动下的资源整合、运作互动下的网络整合三方面论述了互动与整合对 LSSC 价值共创的影响，得出这三方面都是 LSSC 价值共创重要的影响因素（赵嘉妮等，2019）[13]。随着物流服务供应链的发展与在企业运行，为了维持物流服务供应链在企业的稳定运行，卢玥（2020）[14] 通过运用演化博弈法构建客户企业与集成型物流企业价值共创行为的两方博弈模型，分析其演化过程并仿真，得到影响其价值走向的关键因素。研究结果发现：物流服务供应链的价值共创可以通过整合机制与互动机制实现，同时应该重视客户企业在价值共创中的地位与作用。

服务创新是供应链价值共创的另一个方面，简兆权等（2015）[15] 以携程为例，对服务创新与价值共创的机制及要素进行了初步的研究。在研究中发现：服务供应链上中下游间的两两互动及服务集成商的内外部整合是价值共创的重要组成，可分为三大模块十九个维度；服务创新系统与价值共创系统是相互渗透紧密联系的整体，整个系统中必有一个扮演整合者角色的核心集成商存在；价值共创过程中服务集成商与供应商的互动为服务创新创造了物质基础，服务集成商与顾客的互动为服务创新提供了动机和来源，而服务集成商内外部的整合则是服务创新产出的保障机制。而除了供应链上主体，链外主体对供应链价值创造的影响也很大，万骁乐等（2017）[16] 提出了开放式创新供应链价值创造模型。“互联网+”物流创新平台模式（黄柯等，2019）[17] 的选择也是供应链价值创造的一个很重要的节点，该研究表明：平台类型是商业模式选择的基石，只有与平台类型动态适配、高度契合的商业模式才能保证平台的高质量发展；从价值共创视角分析，平台的价值创造模式将最终以生态系统服务簇的形式动态演化为生态系统包络。平台未来发展的着力点包括锻造数字化供应链、夯实消费者体验、洞察细分市场风口、打造生态赢利模式、高效协同跨界创新、融合创新机制体制。

对于不同的电子商务平台，不同的学者也对其进行了研究。在O2O商业模式下，陈静怡（2021）[18]从O2O商业生态系统的演化视角出发，以O2O商业生态较为成熟的零售行业作为研究对象，将商业生态的构成体系和多元价值共创的实现过程开展融合性分析，揭示了O2O商业生态系统下零售行业多元价值共创实现机理。在C2M商业模式下，刘晓丽等人（2020）[19]以C2M电商平台为研究对象，分析C2M电商平台的价值共创过程，剖析C2M电商平台价值共创活动的各个阶段，并结合相关案例提出C2M电商平台的升级演化机制，并将C2M电商平台价值共创体系分为非均衡型、双边市场型和生态社区型三种类型。对于跨境电商，主要有B2B和B2C模式，而数字赋能在实现价值共创的过程中起到了很重要的作用（李林秋，2019）[20]，通过研究发现，在跨境电商的选品阶段、制造与采购阶段和销售阶段，数字技术都起到全方位赋能的作用。

1.2.3 社区电商平台供应链相关研究

近几年来，社区电商平台逐渐走入人们的视野，成为一种新型的购物模式，它是依赖于社交应用、运营小程序和App工具，将线上和线下相结合，来满足一定区域内的消费者消费需求的商业模式。社区电商平台具有受众面广、使用方便、能够与消费者面对面沟通的优势，获得了广泛认可并得到了快速发展。社区电商平台带给消费者更为便利的消费体验，符合当代快节奏的生活方式，社区团长对供应链销量和利润的影响也是社区电商相较于传统电商的独特之处，值得深入研究。

社区电商平台供应链是以社区电商平台为核心企业，以满足消费者最终需求为出发点，涉及商品生产流动全过程，由供应商、核心企业、物流服务商、社区自提点（社区团长）以及消费者等全部参与者共同组成的网链结构。在社区电商平台供应链研究方面，目前学者的研究主要集中在模式、发展情况及发展趋势的研究。匡晶（2019）认为社区电商平台供应链竞争激烈，模式趋同化，而供应链环节是社区电商的要害，良好的供应链可以保证效率实现成本最优[21]。邵文君等（2020）认为现在的社区生鲜电商冷链需求大但供应链不完善，生鲜电商物流成本和运营成本高昂难以实现高额利润，需要供应链上各企业优势互补进行强强联合[22]。

1.2.4 文献述评

综合以上文献可以看出：

（1）关于社区电商平台的研究呈增多趋势，但在社区电商平台供应链研究方面，目前学者的研究主要集中在模式、发展情况及发展趋势的研究。这些研究一方面为本课题奠定了理论基础，另一方面也为本课题从价值共创理论角度切入社区电商平台供应链高质量发展研究提供了空间。

（2）供应链领域对价值共创的研究越来越重视，现有研究认识到供应链参与主体之间会形成供应链价值生态网络系统，但对供应链多参与主体之间价值传导的互动和整合机制有待深入思考。

（3）价值共创逐渐应用于供应链生态网络系统，然而现有研究较多关注供应链价值共创的理论探讨，对在何种条件下如何促进供应链价值共创的运行机制有待深入研究。

鉴于此，本研究以社区电商平台供应链作为研究对象，从价值共创视角，构建了社区电商平台供应链参与主体网络结构和价值共创模型，分析了参与主体之间的互动和整合机制，并探究了社区电商平台供应链决策、利润分配和监管机制。在此基础上，深入剖析了社区电商平台供应链价值共创绩效的影响因素，并提出了基于区块链的社区电商平台供应链价值共创优化策略。

1.3 研究内容与方法

1.3.1 研究内容

本研究基于价值共创视角，依据从理论研究到运行机制的思路探讨社区电商平台供应链参与主体的决策对供应链价值共创的影响，并对社区电商平台供应链决策、利润分配和监管机制进行了深入研究。

第1章，绪论。本研究的背景、意义、国内外研究现状分析、研究内容、研究方法以及研究思路与创新之处。

第 2 章，相关理论基础。本研究涉及社区电商平台供应链价值共创相关的概念和各种理论基础。主要包括社区电商平台、社区电商平台供应链概念、价值共创理论、供应链价值共创理论、斯坦伯格博弈、演化博弈和合作博弈理论。

第 3 章，社区电商平台供应链价值共创分析。主要内容有社区电商平台供应链参与主体网络构成、社区电商平台供应链参与主体行为网络分析、社区电商平台供应链价值共创模型构建。

第 4 章，社区电商平台供应链价值共创互动和整合机制。主要内容有服务主导逻辑下社区电商平台供应链价值共创的互动机制、服务主导逻辑下社区电商平台供应链价值共创的整合机制、社区电商平台供应链价值共创机制构建、社区电商平台供应链参与主体价值共创互动和整合行为演化博弈仿真分析。

第 5 章，社区电商平台供应链价值共创决策机制。主要内容包括价值共创系数对社区电商平台供应链参与主体价值和供应链价值的影响、考察不同权力结构下社区电商平台供应链决策与价值分析、数值分析验证价值共创系数对社区电商平台供应链中各主体价值的影响。

第 6 章，社区电商平台供应链价值共创利润分配机制。主要内容包括考虑价值共创的社区电商平台供应链利润分配影响因素分析、基于修正夏普利值法的社区电商平台供应链利润分配机制构建。

第 7 章，社区电商平台供应链价值共创监管机制。主要内容有社区电商平台监管时机对价值共创的影响、社区电商平台不同监管时间下价值共创参与主体的演化博弈仿真分析。

第 8 章，社区电商平台供应链价值共创绩效影响因素研究。主要内容有社区电商平台供应链价值共创影响因素模型和假设、社区电商平台供应链价值共创绩效影响因素分析。

第 9 章，基于区块链的社区电商平台供应链价值共创优化策略研究。主要内容有基于区块链的社区电商平台供应链价值共创优化模型、应用区块链前后社区电商平台供应链价值共创绩效分析。

1.3.2 研究方法

（1）文献研究法。对国内外相关文献进行收集、归纳、整理，客观、公正地综合评价现有文献的成果和不足，掌握理论动态和学术前沿。

（2）理论分析法。以相关理论为基础，对社区电商平台供应链参与主体价值共创影响社区电商平台供应链决策、利润分配、监管时机的机制和具体路径进行理论分析和逻辑梳理，提出社区电商平台供应链价值共创对策建议。

（3）博弈与仿真。在社区电商平台供应链价值共创、利润分配和监管时机的分析上，应用演化博弈和合作博弈方法建模，并利用 MATLAB 软件进行仿真分析。

1.4 研究思路与创新之处

1.4.1 研究思路

本研究的整体思路和技术路线如图 1-1 所示。

1.4.2 创新之处

（1）梳理了社区电商平台供应链相关理论。对社区电商平台、社区电商平台供应链进行了定义，给出了社区电商平台供应链参与主体结构，弥补了以往鲜有探讨社区电商平台供应链的空缺。

（2）将价值共创视角拓宽至社区电商平台供应链。与其他供应链相比，社区电商平台供应链因其配送社区的特殊性，其参与主体也略有不同（社区电商平台、供应商、网格站服务商、社区团长和消费者），对社区电商平台供应链价值共创参与主体行为网络和价值共创互动整合机理的研究形成了新的研究视角。

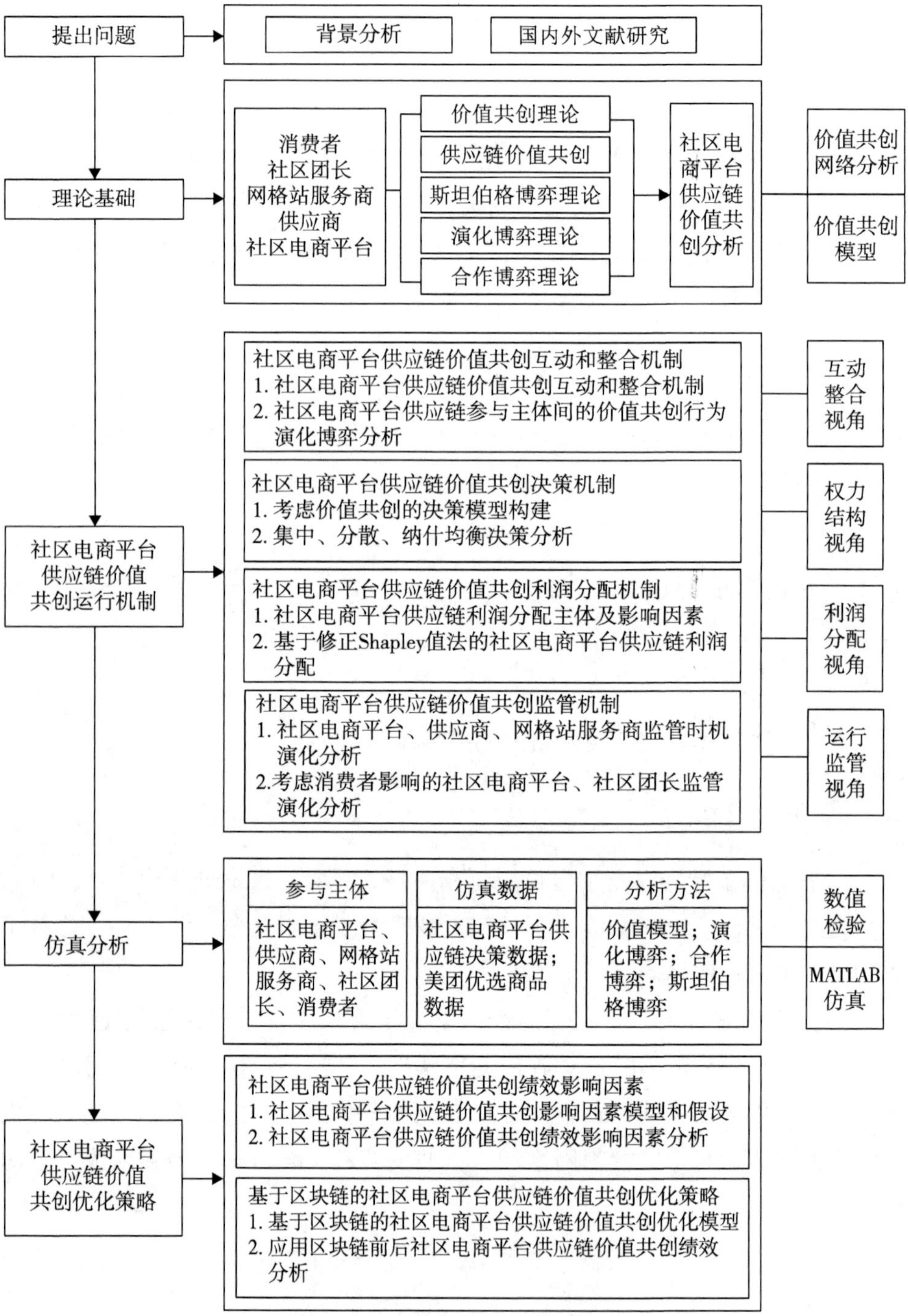

图 1–1　研究思路和技术路线

（3）更深入地分析价值共创对社区电商平台供应链决策、利润分配和监管机制的影响。考虑价值共创，博弈分析社区电商平台供应链决策、利润分配和监管机制，多维度地对社区电商平台供应链参与主体的策略进行比较，有助于稳定参与主体的合作和提高供应链整体利润。

（4）提出了基于区块链的社区电商平台供应链价值共创优化策略。基于社区电商供应链价值共创绩效的影响因素，从区块链技术应用于社区电商供应链提升价值共创绩效出发，设计基于联盟链的社区电商供应链信息平台，以实现社区电商供应链各成员价值共创绩效提升需求，促进社区电商供应链价值共创绩效提升。

本章参考文献

[1] AGRAWAL A K, KAUSHIK A K, RAHMAN Z. Co-creation of social value through integration of stakeholders [J]. Procedia-Social and Behavioral Sciences, 2015, 189: 442-448.

[2] ALVES H, FERNANDES C, RAPOSO M. Value co-creation: concept and contexts of application and study [J]. Journal of Business Research, 2016, 69 (5): 1626-1633.

[3] LAMBERT D M, ENZ M G. Managing and measuring value co-creation in business-to-business relationships [J]. Journal of Marketing Management, 2012, 28 (13-14): 1588-1625.

[4] YU C H, TSAI C C, WANG Y, et al. Towards building a value co-creation circle in social commerce [J]. Computers in Human Behavior, 2018, 38 (5): 1-10.

[5] FERNANDO Y, CHUKAI C. Value co-creation, goods and service tax (GST) impacts on sustainable logistic performance [J]. Research in Transportation Business & Management, 2018, 64 (8): 1-10.

[6] 简兆权，令狐克睿，李雷. 价值共创研究的演进与展望：从“顾客体验”到“服务生态系统”视角 [J]. 外国经济与管理，2016，38 (9): 3-20.

[7] CHARLOTTE R, ANNOUK L, VERA B. Leveraging value in multi-stakeholder innovation networks: A process framework for value co-creation and capture [J]. Industrial Marketing Management, 2016, 56 (7): 40-50.

[8] 李林秋. 数字化赋能出口型跨境电商的价值共创研究 [J]. 商业经济研究, 2019 (24): 68-71.
[9] 李田, 王晓晨, 刘阳春. 从代工到自创品牌: 跨境电商助推 OEM 企业升级: 基于多主体价值共创的视角 [J]. 产经评论, 2019 (5): 31-45.
[10] 温馨, 贾俊秀. 顾客参与研发过程的价值共创机理与策略研究 [J]. 运筹与管理, 2018, 27 (11): 105-114.
[11] 孟庆国, 谷民崇. 数据主导逻辑下的公共服务价值共创机理探究 [J]. 理论探讨, 2017 (3): 159-164.
[12] 高志军, 刘伟, 高洁. 服务主导逻辑下物流服务供应链的价值共创机理 [J]. 中国流通经济, 2014, 28 (11): 71-77.
[13] 赵嘉妮, 陈英毅. 物流服务供应链价值共创影响因素研究: 基于互动与整合的视角 [J]. 中国市场, 2019 (17): 158-160, 162.
[14] 卢玥. 基于演化博弈的物流服务供应链价值共创机制研究 [J]. 物流技术, 2020, 39 (1): 96-105.
[15] 简兆权, 肖霄. 网络环境下的服务创新与价值共创: 携程案例研究 [J]. 管理工程学报, 2015, 29 (1): 20-29.
[16] 万骁乐, 郝婷婷, 戎晓霞, 孟庆春. 共创视角下考虑开放式创新的供应链价值创造研究 [J]. 中国管理科学, 2017, 25 (7): 57-66.
[17] 黄柯, 祝建军. 多类型 "互联网+" 物流创新平台的商业模式比较研究 [J]. 中国流通经济, 2019, 33 (8): 22-33.
[18] 陈静怡. 商业生态系统下零售行业多元共创实现机理研究: 以永辉超市为例 [J]. 北京科技大学学报 (社会科学版), 2021, 37 (1): 74-83.
[19] 刘晓丽, 王志勇. C2M 电商平台价值共创过程及升级演化机制分析 [J]. 财会月刊, 2020 (22): 127-134.
[20] 李林秋. 数字化赋能出口型跨境电商的价值共创研究 [J]. 商业经济研究, 2019 (24): 68-71.
[21] 匡晶. 浅析社区社群电商发展现状及趋势 [J]. 中国集体经济, 2019 (33): 56-57.
[22] 邵文君, 马坤. 社区生鲜电商的发展路径探析: 以同程生活为例 [J]. 营销界, 2020 (38): 14-16.

第 2 章

相关理论基础

2.1 社区电商平台概述

电子商务是一种当下为众多企业所推崇的商务模式，其借助于信息技术、互联技术实现商品流和资金流的传递，从而突破地域和时空限制，在全球范围内实现商品和服务的经营与交流。在“新零售”背景下，人工智能、大数据、云计算等各类新兴技术引发了线下、线上商业的进一步融合，持续地推动着中国电商行业的高速发展。“新零售”是指企业以互联网为依托，运用大数据、人工智能等先进技术手段，对商品的生产、流通与销售过程进行升级改造，进而重塑业态结构与生态圈，并对线上服务、线下体验即现代物流进行深度融合的零售新模式。“新零售”的概念自阿里集团前总裁马云于 2016 年在云栖大会上提出，发展迅猛，正成为中国零售市场上一种重要的零售模式。因为物流、消费体验等综合因素的影响，无论当前纯电商模式发展如何迅猛，现实中大部分消费尤其是高频的生鲜消费依旧是到店实现。

生鲜电商利用计算机技术、互联网技术等手段在线上商城为客户提供各类生鲜食品，如果蔬、肉品、水产品、干货及日配、熟食和糕点等。生鲜电商随着电子商务的发展大趋势而发展。2012 年是生鲜电商元年，越来越多的生鲜模式出现，如综合电商平台、物流电商、垂直电商、农场直销等。生鲜电商主要存在产品容易腐烂、冷链配送要求高、产品难以标准化等问题。最近比较火热的是 O2O 模式下的生鲜电商。O2O 主要指 Online To Offline，即线上和线下，企业将线下实体店与线上商城相结合，共享商务机会。消费者可以在线上商城选择，再到实体店购买，以满足消费者的安全性心理。同时，消费者也可以在线下实体店选择商品和服务，再到线上商城订购，可以更多地节省购买成本。O2O 模式的出现，极大地促进了企业商品和服务的销售，也为消费者提供了更多的便利，刺激其消费方式的转变。

在此背景下，以生鲜产品为其主要商品的社区电商以其发现式购买、去中心化、场景丰富等独特的优势迅速发展起来，社区电子商务（ESN）是针对具有社区属性的用户，在县城、乡镇、村、社区进行的网上交易行为，对用户而言提供了一种更为便捷的社区在线销售方式，具有快速、高效、低成本等特点。其中，社区团购成为目前热门的社区电商模式，社区团购以社区为基础，为社区用户提供复购率较高的家庭日常生活用品，社区用户提前一天下单，社区电商平台将商品统一送至自提点，用户次日上门自取。自 2016 年起步以来，社区电商的发展迈上了一个新的台阶，越来越多的企业开始尝试社区团购模式，其中典型的社区电商平台有兴盛优选、美团优选、顺丰优选、多多买菜和蝌蚪精选等。

2.2 常用社区电商平台介绍

2.2.1 兴盛优选

（1）品牌介绍

湖南兴盛优选电子商务有限公司（以下简称“兴盛优选”），注册地为湖南长沙市高新开发区，入选国家商务部首批“线上线下融合发展数字商务企业”，入围“2019 年中国独角兽企业”和“2020 胡润全球独角兽榜”。

兴盛优选是芙蓉兴盛超市孵化的一个社区团购项目，其依托于社区实体便利店，采用“预售+自提”的模式，提供包括蔬菜瓜果、米面粮油、肉禽水产、日用百货、母婴文体、家电数码等全品类精选商品，旨在解决社区用户的日常需求，2018 年 10 月，兴盛优选小程序上线。

目前，兴盛优选已辐射湖南、湖北、广东、江西、四川、重庆、陕西、贵州、河南、广西、福建、河北、山东、江苏和安徽 15 个省、自治区、直辖市覆盖 6500 多个地（县）级城市和 5 万多个乡镇。

在社区电商赛道，兴盛优选一直遥遥领先，日均订单超过 1200 万单。2019 年，兴盛优选的年度 GMV 达到了 100 亿元。2020 年，平台 GMV 突破 300 亿元。

基于商业模式的成功和业务的持续高速增长，公司吸引了众多国内外知名创投机构的关注和投资，其中包括腾讯、京东、美国 KKR、红杉资本、淡马锡、春华资本、老虎基金和今日资本等十余家投资机构。

2020 年 8 月 4 日，兴盛优选名列 2020 中国新型创新企业 50 强第 35 位。2020 年 8 月，兴盛优选以 70 亿元位列《苏州高新区 · 2020 胡润全球独角兽榜》第 351 位。

（2）运营模式

与传统的电商运营不同，兴盛优选采用的是一种直接落地的社区团购模式，平台深深扎根在社区之中。兴盛优选已拥有超 680 万家社区便利店，再通过“平台预售+门店自提”的方式，将商品销售给社区区域范围内的消费者。

兴盛优选的团购流程主要分为 3 个部分：一是以社区的邻里关系作为纽带，拉近平台与用户之间的距离，进一步增加消费者的复购率；二是精准把控团购市场，注意用户的需求，有助于发展大量的线下资源，将市场下沉到三四线城市甚至是县城；三是完善供应链设施，保证配送效率，为顾客提供良好的售后服务。

（3）以便利店为核心的社区团长模式

在社区团购模式，关于社区团长人选的争论中，便利店店主与宝妈团长的争论一直居高不下。其中代表性企业便是兴盛优选与你我您。基于企业的自身基因，兴盛优选在便利店或者说社区团长的这条路上走了很远。通过兴盛优选社区团购模式，大多数社区门店不仅可以赚得线上收益，还可以让社区门店的线下生意变得更加火爆，线下门店生意可提升 20% 左右，真正实现线上线下相互补充。在这种利好形势下，兴盛优选通过线上招募、线下门店宣传、社区团长推荐、品牌自传播等全渠道营销，BD 团队在社区团长招募上可谓是不留余力、火力全开。其中，遍布各大社群的兴盛优选招募分队，无疑是社区团长加速获取的催化剂。据某乡村团长介绍，在审核通过之后，社区团长需要到县城进行 1~3 天的线下培训，通过培训，方能正式开团卖货。“便利店主+强大而便捷的审核渠道”，体系化的培训，遍布全国的众多夫妻店、便利店组成了兴盛优选的基层体系，而兴盛优选也与其互相成就。

（4）兴盛优选社区团购模式特点

1）兴盛优选社区团购模式借助微信这个超级流量入口让它有了庞大的用户基础。通过微信群、小程序等工具与小区用户建立链接、互动，能方便、迅速找到用户。相对于其他电商平台面临获客成本居高不下的窘境，兴盛优选社区团购的获客成本就低了很多，而且很容易靠群用户获得数量不少的订单。

2）兴盛优选社区团购模式借助社区这个稳定的场景，同时利用熟人关系，很容易让用户实现裂变。正是这种不可估量的发展趋势，推动兴盛优选社区团购模式越来越受资本市场的青睐。

3）站在用户角度，兴盛优选社区团购模式能让用户享受到更多种类丰富的生活产品，如高频刚需的海鲜，货品新鲜且价格实惠。

4）站在商家角度，利用社区团购能帮商家节省一定物流成本，还能帮助快速销货。

5）拥有自己社区团购系统。工欲善其事，必先利其器。兴盛优选社区团购模式有一套系统能帮助社区团购企业更好地集中运营管理，包含管理团长、商品、订单、配备货、售后、财务结算等一系列功能，从实际层面解决订单、配送、备货、提货、售后、结算等环节导致的痛点。

（5）兴盛优选的优势

1）营销裂变：兴盛优选获得客户的成本非常低，这使得兴盛优选可以通过裂变的方式来降低获得客户的成本，减少平台推广营销的支出，获得价格优势和利润空间，成功地占据了社区团购的市场。

2）更低的成本：兴盛优选通过预售和自提的方式进行营销运营，可以保证生鲜产品的高品质，同时可以获得更多产品制造商的合作，满足消费者低价质优的购物需求，提高销量的同时降低库存损耗。

3）更高的盈利空间：兴盛优选在选品上，都是通过平台内部人员精挑细选出来的，而它的配送成本也相当低，如此商品就能够做到物美价廉，因而不仅可以给平台更高的盈利空间，还可以给团购的团长带来更多的佣金，而供应商也可以有很好的产品销量。

2.2.2　美团优选

美团优选，采取“线上预购+门店自提”的模式，以社区便利店作为自提点，为用户提供蔬果、肉禽蛋、乳制品、酒水饮料、家居厨卫等品类商品。用户当天线上下单，次日门店自提。美团优选进入社区团购赛道，进一步探索社区生鲜零售业态，满足差异化消费需求，推动生鲜零售线上线下加速融合。美团优选由美团高级副总裁、S-team 成员陈亮负责，重点针对下沉市场，是美团在“Food+Platform”的战略聚焦下，在本地生活服务领域里又一次新的探索。

（1）产品介绍

美团优选是美团旗下的社区团购业务，采取“线上预购+门店自提”的模式，赋能社区便利店，为社区家庭用户精选高性价比的蔬菜、水果、肉禽蛋、酒水零食、家居厨卫、速食冻品、粮油调味等品类商品，满足家庭日常三餐所需，价格普遍低于市场价。

用户可在每天 0 点到 23 点通过美团优选微信小程序下单，次日到门店或团长处自提，最早中午前就可收到商品。在购买、收货过程中遇到问题，用户都可通过团长解决，美团优选提供 100% 售后支持。

“预购+自提”模式可实现按需集中采购，并减少商品的运输、存储时间，最大限度保障商品新鲜度且降低损耗，同时省去了“最后一公里”的配送成本，从而让利给消费者，使得商品更具价格优势。

（2）发展历程

2020 年 7 月 7 日，美团发布组织调整公告称，成立“优选事业部”，进入社区团购赛道。

2020 年 7 月 12 日，美团优选在山东省济南市召开社区团长签约及首次见面会，300 多位济南本地社区便利店负责人正式签约首批社区团长。

2020 年 7 月 15 日，美团推出的社区团购业务——“美团优选”，率先在山东省济南市上线。

2020 年 8 月 22 日，美团优选在武汉市正式上线，成为全国第二站，上线仅一周，日销售量已突破 5 万件。

2020 年 9 月 1 日，美团优选宣告正式进入广东，率先在广州市上线，并于 9 月 2 日在佛山开城。

2020 年 9 月 8 日，美团优选再下一城落子成都市，正式进入西南地区。

2020 年 9 月 15 日，美团优选上线山东省淄博、泰安市。

（3）千城计划

2020 年 9 月 3 日，美团优选宣布推出“千城计划”，旨在年底前实现全国覆盖，并逐步下沉至县级市场。

美团优选在全国范围内招募团长、供货商、仓配及人力资源服务商等第三方合作伙伴，并招聘销售、运营、产研等专业人才。

（4）社区团长“三重保障”

社区便利店、快递站点等店铺经营者，或是“宝妈”、自由职业者，都可通过“美团优选团长端”微信小程序申请成为美团优选团长，最快当天就可完成审核。

美团优选本着“携手百万团长，服务一亿家庭”的愿景，针对社区团长提供“三重保障”措施——有竞争力的佣金和奖励金、完善的培训体制、质优价廉的商品及售后支持，赋能社区团长服务好社区家庭用户，也帮助社区团长获得持续、稳定的收入。

2.2.3 顺丰优选

（1）品牌介绍

2010 年 8 月，顺丰第一次尝试电商，在香港市场推出了以食品为主，计算机、手机等消费电子为辅的“顺丰 E 商圈”。潜涉电商后，由于 2012 年年初推出以保健品、馈赠礼品为主的“尊礼会”，电商行业经验的缺失让这两个平台都以巨额亏损草草结束。执着而不服输的顺丰人在进行了充分的市场调研以及吸取前两次失败教训的基础上，继而推出了“顺丰优选”电商平台。

顺丰优选网购平台隶属顺丰速递有限公司，是其附属的电商网购平台，始建于 2012 年 5 月 31 日。平台以“优选商品，服务到家”为宗旨，依托线上顺丰优选商城和线下社区便利店，向消费者提供包括生鲜果蔬、饮料酒水等在内的各类商品。截至 2017 年 3 月，顺丰优选电商平台已经拥有上万种可供消费者选择的商品，消费者在其线上商城选购后，顺丰速运承担了顺丰优选的前向支持，依赖自己庞大的物流体系为消费者提供一站式服务。

1）质量管控方面：成立质量与食品安全部门，引入全球领先的质检认证标准 SGS，实现从采购到销售的全流程监管。

2）地方特色方面：为地方特产提供从品牌包装到流通、销售的全供应链管理服务。

3）家庭宅配方面：顺丰优选家庭高端定制服务，用户可根据家庭需求选择不同的商品组合与服务。

4）企业日配方面：顺丰优选为企业用户提供下午茶定制化搭配方案，专车服务，每日定时送达。

5）顺丰优选品牌优势：

①全球美食：专享世界特色美食，足不出户坐等全球美味；

②产地直采：专注原产地采购，国内外直采正品保障；

③全程冷链：专业冷链存储运输，生鲜美食品质无忧；

④顺丰直达：专属物流快速送达，原汁原味新鲜到家。

（2）发展历程

2012 年 5 月 31 日，顺丰优选正式上线，北京区域全品类配送（低调试水）；

2013 年 2 月 26 日，开通上海、广州、深圳常温商品配送（试水后的首次扩张）；

2013 年 3 月 26 日，快速布局常温配送（商品配送）；

2013 年 5 月 26 日，开通天津生鲜商品配送（后布局生鲜）；

2013 年 9 月 9 日，启用华东仓、华南仓，开通 37 个常温商品配送城市，11 个生鲜商品配送城市（常温大网布局）；

2013 年 11 月 5 日，再开通 17 个常温商品配送城市，覆盖江苏省、浙江省、广东省全境（继续扩张物流）；

2013 年 12 月 1 日，常温商品配送覆盖全国（常温全网布局完毕）；

2014 年 3 月 26 日，入驻京东，进入多平台战略（实施多平台战略）；

2014 年下半年，推出开放平台，启动新冷库，在三四线城市加强拓展，海购平台“优选国际”上线（开放平台，布局全网冷链）；

2016 年 9 月 22 日，顺丰优选所有线下店统一更名为“顺丰优选”（物流与快递完美融合）。

由上可知，自 2012 年以来，顺丰优选电商平台以物流为通路，渗透电商，先试水常温高端食品，再布局低温生鲜。物流先布局一线城市，再渗透二、三、四线城市，先布局 B2C，再布局产地直采的 C2B。平台建设布局 B2C，再启动多平台战略，最后启动开放平台。从顺丰优选复杂而全面的布局，可以看出顺丰优选步步领先，每一步都走在行业的前沿。顺丰优选电商平台的商业目标是建立“全球美食优选网购商城”，使消费者可以足不出户，在手机端或 PC 端获取有关商品的销售信息，便利了消费者的购买，也转变了消费者的购买习惯。

2. 2. 4　多多买菜

（1）品牌介绍

“多多买菜”是拼多多顺应广大消费者家庭生活方式的变化，推出的一项实惠、安心、便民的买菜服务。通过拼多多 App 或微信“多多买菜”小程序，消费者足不出户就可以挎起菜篮子选购全国农产品产区的精选好货。

多多买菜采取“线上下单+线下自提”的半预购模式，消费者每天 23 点前下单，次日便可到最近的自提点取回商品。据媒体报道，多多买菜平均可为消费者节省买菜时间 40 分钟。

多多买菜是中国最大农产品平台拼多多在农产品领域的最新业务。拼多多已经与全国超过 1000 个农产品产区达成合作，上线商品覆盖了蔬菜、水果、肉蛋、米面、粮油、乳品、轻食、日百用品等各类生活必需品。

多多买菜同样延续了拼多多“田间直达餐桌”模式，以确保商品性价比。借助拼多多的农产品上行物流体系，多多买菜将通过全程冷链等多种方式将农产品由原产地直接发往消费地。消费者在当天通过 App 下单，次日便可以取回来自云南昆明鲜花基地的鲜花、山东寿光的蔬菜等，相当于以产地批发价享受到了半预购服务。

截至 2020 年 9 月底，多多买菜已经累计上线了来自全国 1000 个优质产区和全球 150 个优质产区的 3500 款原产地农产品，更多商品还在继续上线中。

自 2020 年 8 月上线至 9 月底，多多买菜在试运营 2 个月期间，已经得到了 13 个省份共计 31 个城市消费者的支持。

（2）商家入驻

与此同时，拼多多也推出了代理商、供应商入驻渠道。成为代理商，即可以发展门店，从而赚取门店的收益；成为供应商，即可为多多买菜供应食品、快消品等。代理商、供应商入驻需资质审核。“多多买菜门店端”公众号主要是提供了门店入驻申请的渠道、团长常见问题解答和团长履约须知，门店入驻需要填写相关信息资料，同名微信小程序已投入使用。

2.2.5　蝌蝌精选

（1）品牌介绍

社区团购平台“蝌蝌精选”由河北顿洁供应链管理有限公司（石家庄市最大快消品 B2B 平台）孵化项目，蝌蝌精选以社区为入口，瞄准家庭消费场景。模式很简单：以小区为单位招募小区便利店店主成为“团长”，创建小区业主微信群；团长在群内发布和推广团购商品，消费者通过小程序下单；次日根据订单量配送至小区门店，消费者到门店取货，门店根据销售额获得佣金。如出现售后问题，团长根据售后标准进行受理，再由平台集中处理。

平台选品逻辑围绕高频和家庭消费：其中生鲜占到 40%，此外还有米面粮油、休闲食品、网红爆品、日用品、美妆母婴等家庭消费品。由于群关系的存在，很多品类需求来自消费者的反馈。

（2）商业模式

如何将分散的便利店聚拢到平台上？当线上微信群叠加线下社区场景时，这个问题的答案似乎更加清晰：找到社区便利店的店主成为团长，线上微信群进行预售，线下社区完成交付。平台负责供应链、物流、售后及标准化管理，便利店负责前端销售和群关系维护。

蝌蝌精选商业模型如图 2-1 所示。

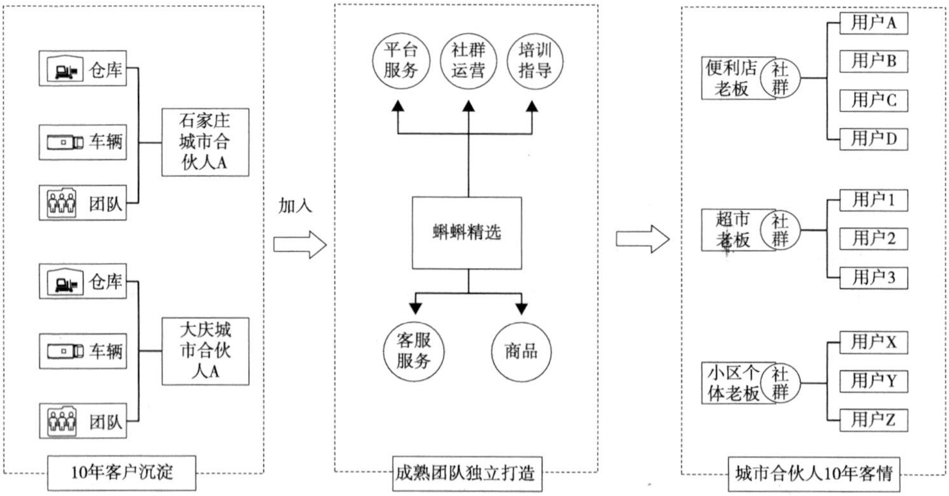

图 2-1　蝌蝌精选商业模型

做单个城市相对容易，只需要解决本地化的供应链、物流和管理。该模式的难点在于跨区域，一方面需要足够的人力物力财力等资源储备，另一方面需要跨区域的供应链、物流解决方案，管理难度也大大增加。

蝌蝌精选的方法是在各个区域选择优质大型快消品供应链企业来操盘，他们有完整的供应链体系。目前已在成都、石家庄、保定、大庆、萍乡、郑州、太原等十余座城市开团，在原有的小店客情和供应链基础上启动很迅速。

在管理方面，总部有一套标准化的管理体系，包括对各区域供应链及团长的培训体系。各区域发挥各自区域商流优势，共享商流优势。

总结来看，“群场景+社区团购”模式的优势主要有：新渠道流量红利；产地直达消费者有价格优势；更好的交付体验；运作模式轻（预售），可迅速在全国落地。

2.3　价值共创

2.3.1　价值共创理论

价值共创理论来源于现代互动主导逻辑和服务主导逻辑，它着重指价值是一种以客户为主导的客企互动产物，不同企业之间及企业与消费者之间通过整合知识、技术、货币等资源进行互动演化，打破了传统单个企业间的封闭生产模式，促进了生产和消费过程的直接融合，打破了企业和消费者之间的壁垒，在实现客户产品、体验和关系价值增进的同时，扩大企业的利润和声誉收益[1]。

21 世纪初，管理大师 Prahalad 提出，在未来企业之间的竞争将依赖于一种以个体为中心的价值创造方法，即价值共创理论，它是由消费者与企业来共同创造价值。传统的价值创造观念认为，价值是由企业创造并通过交换传递给大众消费者，消费者只是价值的使用者或消费者，而并非价值的创造者。但随着经济社会的发展和环境的改变，消费者的角色和地位都发生了很大的变化，消费者由原来被动的商品购买者变成了商品生产消费环节中重要的参与者。消费者积极地参与到企业的研发、设计和生产的各个环节，并且为创造更好的消费体验，在消费领域充分贡献出自己的知识及技能，因此说明了价值的创造是建立在消费者的参与之上的，而并非只来源于生产者，即价值是来源于消费者和企业以及其他相关利益者的共同创造，并且消费者来决定最终价值。

先进信息技术的发展增加了消费者获取信息的方式，使企业与消费者消除了彼此之间的屏障，为顾客和企业之间的合作创造了条件，使得企业能够更容易地接触顾客，顾客也能直接向企业提出自己的意见和见解。通过交互的方式消费者与企业得以信息交流共享，在企业的生产与经营活动中担负重要角色。随着角色的转变，企业的思想也发生了转变，由“独立创造传递价值”变成“与顾客共同创造价值”。这种转变也使得价值共创（value co-creation）成为企业构建战略资本和重塑企业核心能力的一个新选择。

不管对于消费者还是对于企业，价值共创都具有重要的意义，通过让顾客参与价值共创，帮助企业提高服务质量、降本增效、发现市场机会、发明新产品、改进现有产品、提高品牌知名度、提升品牌价值等，以此来提高企业的竞争优势，与其他竞争企业进行区分。消费者通过参与价值共创，可以获得自己满意的产品，获得成就感、荣誉感或奖励，通过整个价值共创的交互获得独特的体验等；消费者的这些收获又进一步对企业产生影响，如提高顾客的满意度、忠诚度、购买意愿等，两者彼此作用。

2.3.2 价值共创的演化

（1）早期的价值共创思想

19世纪，价值共创思想初现，出现于一些服务经济学的研究文献之中，当时提到“服务过程需要生产者和消费者的合作”，这也意味着服务结果和服务价值的价值创造由生产者和消费者通过合作的方式来共同决定。后在研究服务经济和服务产业的重要性时也提出，在企业生产过程中，消费者也是一种生产要素，通过合作的方式对服务行业的生产效率产生影响。对于服务行业来说，消费者的知识、经验以及对企业的忠诚度在很大程度上会影响其生产效率。在20世纪60年代，经济学的一个理论分支——消费者生产理论，从经济学的角度阐述了消费者的价值创造作用，打破了消费者对价值创造贡献仅局限于服务经济领域的观点。从消费者生产理论角度上看，企业给消费者的所有商品都不能直接满足消费者的需求，而是需要消费者再通过自身的“生产”来得到满足，即要想满足自身的需求，需要由生产者提供的商品或服务加上消费者自己付出的时间、知识和能力等“消费资本”共同组成。在这个过程中，生产者的角色是帮助消费者完成他们的“生产过程”，其竞争优势和收益由生产者在消费者生产过程中发挥的作用和产品独特性所决定。消费者生产理论认为，在生产者能够提供物的前提下，消费者参与到了商品的生产过程，也是价值创造过程的参与者，生产者和消费者之间一直有着互动。所以由此看来，价值是由生产者与消费者共同创造出来的。早期的价值共创思想认为，消费者也具备一定的生产能力，消费者们通过自己独特的方式与生产者合作，从而产生对价值创造和服务效率的影响[2]。

（2）价值共创理论的演化路径

价值共创理论出现的时间还并不久远，管理学界对价值共创的大量研究也不过是从近年开始。到现在，价值共创理论主要可以分成两种观点：一种是基于消费者体验的价值共创理论；另外一种就是基于“服务主导逻辑”的价值共创理论。消费者体验的价值共创理论从企业竞争的视角体现了在新环境下因企业与消费者角色转变造成了企业经营理念与经营模式的变化，而企业制定新的战略目标和创造新核心能力的一个重要的方向是把握企业与消费者之间的价值共创关系，依靠两者之间的合作来产生更多的收益。

在 2004 年，Vargo 和 Lusch 提出了著名的“服务主导逻辑”，对经济基础和价值创造等问题发表了新的见解[3]。在服务主导逻辑被提出之后，引起了管理学界和营销学界的广泛研究，不同学者对相关学术的各种声音逐渐地完善了服务主导逻辑思想，最终出现了关于服务主导逻辑的十个假设，分别为：服务是一切经济交换的根本基础、间接交换掩盖了交换的根本基础、产品是提供服务的分销机制、操纵性资源是竞争优势的根本来源、一切经济都是服务经济、消费者是价值的共同创造者、生产者不能传递价值而只能提出价值主张、以服务为中心的观点是以消费者为导向并且关注关系重要性的观点、一切经济和社会行为主体都是资源整合者、价值总是由受益人独特地用现象学方法来决定的。

2.3.3　价值共创内容

价值共创是一种全新的价值创造模式，近几年来是学术界和营销界重点关注的领域。营销学界从狭义和广义两种层面来分析价值共创：从狭义上来说，价值共创主要是发生在企业与顾客直接交互环节中使用价值的共创；广义的价值共创除直接交互过程，还包括了顾客与企业在研发、设计、生产和消费等全过程的价值创造，通过直接或间接的互动与合作共同创造价值。受服务主导逻辑影响，现在的研究主要是以广义价值共创作为研究对象[4]。

不管是从广义还是狭义层面来看，价值共创一般包含企业与顾客两个主体。在合作理论的指导下，两者或多者之间的合作都要因为合作各方对其他合作者资源的需要，而且这些资源通过彼此间的合作才能获得到再加以使用。服务主导逻辑提出，企业拥有对象性资源（operand resources），如产品、自然资源等有形资源，而顾客拥有操作性资源（operant resources），如知识、技能、经验等无形资源，企业和顾客在不加以合作的前提下无法同时掌握价值创造的所有资源，所以两者存在着相互依存的关系，而这种关系也正是价值共创的前提。基于这个基础，顾客和企业投入各自拥有的资源，依靠互动和整合来实现不同资源的交换和利用，为合作各方创造价值。因此，价值共创是价值创造主体通过服务交换和资源整合而共同创造价值的动态过程，也是一种为企业和顾客双方创造价值的动态过程。企业和顾客所占用资源的类别不同，导致各自参与价值共创的方式也不尽相同，所以价值共创过程既包括企业作为对象性资源拥有者参与顾客“价值发展过程的共创”，也包括顾客作为操作性资源拥有者参与企业“价值形成过程的共创”。

从价值共创理论来看，顾客和企业共同参与价值共创的过程，顾客的角色不再只是过去被动的接受者，而已经转变成主动的参与者。顾客通过将自己已有的经验和技能，参与到价值共创的过程中，除获得商品的实用效能，还能获得成就感、满足感等体验价值。对于企业来说，通过与顾客的互动可以获得顾客对商品的意见和需求，以此根据顾客需求来为顾客提供定制化服务，从而提高自身的利润水平。价值共创理论主要分为三个流派：第一个流派是商品主导逻辑，形成于最初的工业革命背景下，它认为企业是产品的生产者，因此是价值的唯一创造者。第二个流派是服务主导逻辑，企业通过与顾客交互来获取顾客的知识与技能，再结合这些知识和技能，以产品为服务载体提供给顾客，使得顾客在使用过程中获得服务价值。第三个流派是顾客体验逻辑，顾客通过交互获得企业提供的产品或服务，结合企业提供的产品或服务，再用自己的知识和技能为自己创造价值。

（1）商品主导逻辑

商品主导逻辑（goods-dominant logic）是在工业革命背景下形成的。在当时，工厂是世界经济的基本生产单位，专业化和分工的观念根深蒂固，通信和航运也很落后，具有生产特色可用来出口的有形产品是国民财富的主要来源。在商品主导逻辑看来，企业作为产品的生产者，也是创造价值的唯一参与者，在生产环节，企业独自整合各种资源，自主决定价值创造，以向顾客提供的产品和服务为价值创造载体，在市场上通过交换的方式送到顾客手中，所以完成产品或服务的交换是生产者应该重点关注的对象；而顾客作为产品的被动接受者，是企业的服务对象，他们在市场上通过交换的方式来得到自己需要的产品或服务，在使用过程中消耗价值，而并非价值创造的参与者。企业生产环节以产品和服务为载体创造了价值，再通过市场实现交换价值，再由顾客将价值进行消耗。生产和消费两个环节相互独立，企业和顾客也只有在市场交换时才有互动。

（2）服务主导逻辑

伴随着消费相关实践和理论研究的进行，研究者们意识到商品主导逻辑似乎不能够对应价值创造的实际情况。随着社会和经济的高速发展，人们的消费水平和观念不断发展变化，人们对于商品的需求逐渐变多，获取信息的方式也越来越丰富，以往的商品主导逻辑已经不能应对现代商业环境的要求，急需一种新的思想来满足现代营销策略。2004 年，Vargo 和 Lusch 系统地总结了营销理论的发展和演变过程，并且提出了服务主导逻辑（service-dominant logic），彻底颠覆了盛行数十年的商品主导逻辑。在服务主导逻辑下，顾客并不只是价值的消耗者，他们也是价值的创造者之一，通过投入自己拥有的知识、经验参与到价值共创的过程中来，获得感知价值等体验价值，在满足自身需求的同时也帮助企业实现其价值。由此来看，价值是由企业和顾客共同创造的，他们通过互动将各方资源整合到一起来完成价值的创造。由于两者的互动和整合，顾客拥有的资源不再仅限于顾客单独拥有，而是企业资源的一部分，顾客也变成价值的一个创造主体，不再只是企业产品的被动接受者。服务主导逻辑下的价值创造注重的是顾客与企业的交互，通过各式各样的交互，顾客将自身的需求和建议反馈给企业，企业再根据顾客的需求生产出顾客想要的商品。在这个过程中，顾客是价值创造积极的参与者，而并非只是价值的消耗者，企业和顾客是平等的关系。

商品主导逻辑下顾客创造的价值是“交换价值”，而服务主导逻辑下顾客实现的是“使用价值”。使用价值是消费者在使用产品和消费服务的过程中，通过与生产者的互动而创造的价值。在价值共创中，消费者作为资源整合者，随着消费者的消费和互动整合、利用各种资源创造价值，不断动态地形成价值。对于消费者来说，价值形成的过程是与消费情境和消费需求相关的个性化创造过程；与此同时，生产者与消费者换位思考，设身处地地考虑消费者的使用需求，为消费者提供帮助，积极与消费者进行合作以创造价值。由此可见，从服务主导逻辑的角度来看，消费者和企业共同创造的价值一方面包括生产者提供的产品或服务的价值，另一方面包括消费者通过消费产品或服务而创造的价值。

（3）顾客体验逻辑

由于营销理念从商品主导逻辑变成了服务主导逻辑，深刻地影响了营销界，也改变了人们根深蒂固的企业创造价值的认知。然而随着学者们对价值创造不断地研究，发现服务主导逻辑仍然不能够完全匹配于现实中的价值创造，并且在继续改进。在服务主导逻辑下，顾客和企业都是价值的创造者，但是此逻辑下的价值主张、价值命题等专业术语仍然有认为企业是价值创造主导者的倾向。由于服务主导逻辑认为顾客所拥有的知识、经验和技能等操作性资源是价值创造过程中的重要决定者，所以有研究者提出，价值以及价值的创造都是由顾客决定并掌控的，而作为生产者的企业在这个过程中只是起到辅助作用。因此企业应该考虑的问题应该是顾客想要通过产品满足什么样的需求，而非生产的产品或提供的服务应该具备哪些功能。Heinonen 等根据服务主导逻辑又延展出顾客主导逻辑（customer-dominant logic），认为在价值创造过程中，应该是顾客而非企业占据主导位置，企业的关注重点也并非消费者以何种方式参与企业的价值创造，而是应该考虑自身企业如何能够参与到消费者的生活之中。

顾客体验逻辑认为，价值共创可以从消费者的角度对其含义、边界和轨迹进行全面、清晰的理解。价值由顾客日常生活而产生，也就是顾客通过企业提供的产品或服务，结合自身拥有的知识、技能等资源，通过日常生活实践获得的其他资源来改变产品或服务固有的功能和用途，满足特定情况下的需求，为自己创造价值，所以客户在主导逻辑下创造的价值是一种情境价值。

作为生产者的企业，它的终极目标也变为“顾客怎么通过企业提供的产品或者服务去满足自身的要求”，不再是“为顾客提供产品或服务”，企业所考虑的重点应该是顾客的消费，如消费实践、消费体验和消费情境。基于此，Gummesson 和 Mel 提到了价值共创过程中的概念框架和五个基本命题，并把价值共创过程分为主体互动阶段和资源整合阶段，丰富了价值共创的内涵。他们认为，商品主导逻辑注重的交换价值和服务主导逻辑注重的使用价值，都不能完整地表达出价值共创的内涵。在经过系统的归整之后，提出了情境价值的观点，并认为情境价值包括了顾客导向下的使用价值和企业导向下的交换价值，能够更为清楚地表达价值共创的含义。

2.3.4 价值共创的机制

随着学者们的深入研究，价值共创由商品主导逻辑向服务主导逻辑再向顾客主导逻辑不断地演变着，这代表着价值共创重视的角度在不断地变化着，即由企业主导的生产领域逐渐扩展到了顾客主导的消费领域。我们从中可以看到，只有商品主导逻辑认为企业是价值的唯一创造者，服务主导逻辑和顾客主导逻辑都认为价值创造的主体是多元的，包括企业和顾客。因此服务主导逻辑和顾客主导逻辑并不是完全相对的，只不过两者关于价值共创中占据主导地位的究竟是企业还是消费者的问题意见不统一，造成这种不统一的原因是两种逻辑下关于价值共创发生情境的观点不同。服务主导逻辑关注的是发生在生产领域的价值共创以及交互领域，而顾客主导逻辑侧重的则是消费领域的价值共创。在不同情境下，企业和消费者所处的地位和起到的作用也是不同的，所以价值共创的机制也不尽相同。以下是发生在不同领域的价值共创：

（1）生产领域的价值共创

生产领域的价值共创可以体现在不同的行业里，可以是制造业，也可以是服务业，并且在生产领域中的研究主要集中在顾客参与理论方面。顾客作为价值的创造者参与到生产过程之中，生产领域的价值共创既包括了生产者单独创造价值又包括了消费者和生产者共同创造价值。

1）生产者单独创造价值

生产者单独创造价值，是商品主导逻辑下的价值创造方式。生产者是价值的唯一创造者，通过整合各种资源并自主决定和创造价值，把企业制造的商品或提供的服务作为价值创造的载体，而完成那个商品或服务的交换就是企业要重点关注的目标；在商品主导逻辑下，消费者是企业所要服务的对象，代表了市场的需求，在市场上消费者通过交换的方式来得到自己想要的产品或服务，并在使用过程中完成价值的消耗。在这个过程中，消费者呈现的是价值的被动接受者，并没有参与到价值的创造过程中，而价值的产生过程在企业与消费者发生交换之前已创造，并通过交换得以实现。

2）生产者和消费者共同创造价值

由顾客主导逻辑和顾客体验逻辑看来，在生产领域中，价值的创造者不再只是企业，顾客也参与了此环节的价值创造，企业将顾客关于产品的需求和意见纳入本该由企业单独进行的研发、设计、生产等环节，以提高价值共创的能力。关于生产者和消费者共同创造价值的研究主要集中在顾客参与新产品研发方面。让顾客参与企业的设计和研发中，具有诸多好处，除能够降低成本、提高效率，根据顾客需求和意见设计并生产出来的商品更能满足消费者的需求，这样在激烈的市场竞争中更能获得竞争优势，得到更多消费者的选择，以此来提高消费者的满意度和重复购买率。

因此，让顾客参与到产品的生产环节中来，能够提高企业的设计感，增加企业面对市场需求的生产柔性和效率，共同为满足消费者的需求而努力，更好地为企业和顾客创造价值。作为生产者的企业，为了能够完成自身诸如提高财务收益、塑造更好的企业形象或者增强企业的竞争能力等目标，将自身所拥有的有形资源以及从消费者方获得的知识、经验等无形资源共同纳入价值共创的系统中来，根据消费者提出的需求来整合各方拥有的资源，并且通过与消费者直接或非直接的方式进行互动和合作来实现价值共创。这里所说的价值并不是真正意义上的顾客价值，而是一种潜在的价值，这是由于价值只有在消费者体验时才能体现出来。也只有当这种价值融入顾客体验过程中时，才能变成一种现实价值，企业也正是利用这种方式来让消费者参与价值共创中。

（2）消费领域的价值共创

消费领域的价值共创是一种新型的价值创造的方式，消费领域创造的是体验价值，是一种真正意义上的价值共创，这种价值由消费者主导和决定。消费领域的价值创造主要分为消费者单独创造价值、消费者与企业互动进行共创价值以及消费者与消费者互动进行共创价值三种类型。

1）消费者单独创造价值

消费者单独创造价值是指消费者在消费过程中使用企业所生产的商品提供的服务来创造价值。企业不参与消费者消费过程，而是由消费者单独进行价值创造。因此由企业是否参与消费者的消费过程，可以将服务逻辑分为全面服务逻辑和自我服务逻辑两种。全面服务逻辑是指作为生产者的企业积极与消费者进行信息、技术、技能等方面的沟通，以此参与到价值共创的过程中来，继而尝试影响消费者的价值偏好；自我服务逻辑是指消费者在获得到企业提供的产品后，在消费过程中根据自己的知识与技能自行创造价值，企业在提供价值主张之后不再参与消费者的消费过程，即消费者单独创造价值。

2）消费者与企业互动共创价值

价值共创理论持有的主要观点是消费者与企业通过互动来进行价值创造，企业的目标不是为顾客创造价值，而是鼓励消费者利用企业生产的商品或者提供的服务来创造出自己的价值。因此与消费者交流沟通比较频繁、关系密切的一些人员，比如商品配送人员、安装维修人员，在满足消费者需要的物质和服务需求之外，还可以通过良好的服务和友好的互动来增加顾客的体验价值，增加顾客的满意度。在消费领域，顾客与企业的互动不再仅限于可见性的互动，该环节更为重视的是与顾客之间的间接互动以及精神层面的互动，体现的是情境价值。在消费领域的价值共创之中，消费者依照个人的价值主张，并拥有整合资源的权利。企业通过产品或服务将资源传递给消费者，再结合自身拥有或者其他外在可以使用的资源，将产品或者服务运用到现实中，从而改进产品或者服务的功能及用途，以适应顾客自身的需求，为顾客和企业创造价值。

3）消费者与消费者互动共创价值

在消费领域中，除消费者与企业互动共创价值之外，通过消费者与消费者的互动来共创价值同样是价值共创的一部分。他们之间互动产生的并不是实用价值，而是一种体验价值，直接影响顾客对生产企业的满意度和忠诚度。消费者之间的互动对价值共创至关重要，因为在消费过程中，消费者对商品的选购不一定完全取决于对商品本质的认知，有时也依靠其他消费者对商品的评价和推荐，消费者的消费行为具有群体性，而且现在社会交往越来越便捷，社交沟通平台越来越多样化，消费者经常会在选购商品之前对商品评价进行浏览，或者向购买过该产品的消费者进行咨询，继而决定要不要进行选购。因此消费者对于商品的满意度和使用体验会对价值创造产生重要的影响。除此之外，消费者在给其他消费者推荐商品或提供建议的同时，还能够获得社会满足感和成就感，增进多方关系，推动消费者社会价值感和实用感的产生。消费者与消费者通过学习、创新、沟通以及信息共享进行互动，并以这种互动来激发新的消费者需求，进一步增大消费者价值，积极调整消费者与企业的互动。

（3）交互领域的价值共创

顾客和企业之间的价值共创发生在双方的交互过程，在这个交互过程之中，企业积极地参与顾客价值的创造中或者是直接影响顾客进行价值创造。在交互领域中，价值的共创依靠的是企业与消费者之间的直接互动，通过互动，消费者将自己对产品的意见或建议以及其他信息反映给企业，并提出相关需求，企业再根据这些信息进行商品的设计、生产，并最后送到消费者手中。消费者通过将自身需求提供给企业，同时提供自身具备的知识、经验，把已有的信息共享给企业，间接参与企业的决策，再亲自体验和消费企业提供的产品或服务，从而把消费者自身的潜在价值转化为实际存在的现实价值。交互领域中的价值共创主要是通过了解顾客对商品的价值需求并吸收整合顾客拥有的资源来进行的，因此在此领域的价值共创中，企业与消费者互动质量的高低非常重要，直接影响价值共创成功与否。而在互动中，有一类人的作用是不能被忽视的，即企业的员工。就员工本身来讲，也是消费者的一部分，而且他们代表着企业，是企业和消费者之间的桥梁，员工深入消费者群体，可以收集消费者对产品的直接意见和需求，这些信息的质量好坏和真实性直接影响企业产品或者服务能否满足消费者的需求，因此员工的沟通技能和服务质量在交互领域的价值共创是非常重要的。

2.4 供应链价值共创

2.4.1 供应链概念

供应链是生产及流通过程中，将产品或服务提供给最终用户活动的上游与下游组织所形成的网链结构，也就是说供应链是指围绕核心企业，从原材料开始，到制成中间产品直至最终产品，最后由销售网络把产品送到消费者手中，将供应商、制造商、分销商直到最终用户连成一个整体的功能网链结构。

一般情况下，供应链由以下几个部分组成：一是供应商，供应商处于供应链最上游的位置，为生产商提供原材料或者零部件；二是生产企业，它是供应链中最重要的一个部分，因为在供应链中是由生产企业来进行产品的开发和生产；三是批发商，批发商在供应链中起着承上启下的作用，批发商从生产企业批发产品，再把批发的商品运到各个地方的零售商手中；四是零售企业，零售企业是直接与消费者发生业务往来的企业，通过零售商将产品或服务送到消费者手中；五是供应链的最终一个环节即消费者，供应链的目的是为消费者提供满意的产品或服务，因此消费者在供应链中是至关重要的一个主体。

从供应链的流程来说，供应链分为物流、商流、信息流以及资金流四个流程。这四个流程有着不同的流动方向，同时起着不同的作用。物流是指物资的流动，在供应链中，这是一个货物由最上游的供应商运往最下游消费者的流程。一般情况下，该流程的步骤是由供应商运往生产商，在生产商完成产品的设计及生产过程之后，运往批发商，再由批发商运到零售商，最后送达消费者。商流是指发生交易的过程，即订货、购买等活动的商业流程，随着电商等新兴购物方式的发展，商业流通的方式不再仅限于传统的线下购买方式，更包括了电商、微商、团购等新型线上购物方式，商流的走向是在供应商和消费者之间双向流动的。随着经济的发展，商流和物流不再是相伴而流，而是产生了商物分离的现象。信息流是指商品信息与交易信息，信息流在供应链上是多向流动的。在传统的商品销售过程中，人们只注重产品的实物流动过程而忽略了信息的流动过程，但在信息化水平高度发展的当下，供应链上企业越来越认识到信息流的重要性，因为各个环节之间信息不对称会引起产品供需失衡，产生“牛鞭效应”，影响企业生产效率和效益。资金流是指货币的流通，为了保证企业能够开展正常的生产运作，就必须要保证资金在供应链中的合理流动。在供应链中，资金流的流动方向与物流的流动方向恰恰是相反的，由消费者流向零售商，再经由批发商、生产商流往供应商。

2.4.2　供应链价值共创

进入新时代，随着经济社会的发展，人们逐渐意识到企业之间的竞争已经不再是单纯的企业间的竞争，而是已经升级成供应链与供应链之间的竞争。而供应链能够在激烈的市场竞争中占据独特的竞争优势的一个重要依据是供应链是否具有良好的价值共创能力，所以企业要想在市场竞争中长期处于不败之地，就要注重所处供应链的价值创造能力。因此如何提高供应链的价值共创能力成为诸多学者和企业重点关注的问题，而随着越来越多学者对价值共创的研究，发现供应链上各主体之间的协同与合作、信息的整合等都是价值创造的重要途径。由于可以把供应链看成一个系统，因此由系统论的角度来看，供应链的价值创造系统是由供应链价值创造主体和主体间的作用机制构成并决定。

在以往商品主导逻辑下，把企业当作供应链价值创造的唯一参与者，企业通过生产商品或提供服务来完成价值的创造，并经由市场上的交换把价值传递给消费者，而消费者在商品的整个生命周期内，仅仅处于价值消耗者的地位，而不参与价值的创造。但我们从供应链的定义可以看出，供应链并不是由一个主体组成的，而是多个主体共同参与并且涉及多个环节的整体，在这个复杂的环节中实现价值的增值。而随着学者对消费者实践理论的广泛研究，价值共创理论逐渐被“刷新”，与消费者进行价值共创打破了原来由企业独自创造价值的逻辑，同时发现企业与消费者进行合作也是价值创造的一个重要途径。

由此看来，供应链单主体价值创造的方式已经转变为“企业+消费者”两类多方主体的价值共创方式。如今对消费者与企业共同进行价值创造的研究已经有了不少成果，这些成果认为价值的创造一般涵盖了两部分，首先是体现消费者最终获得的价值——消费者剩余，其次是全部供应链价值创造的参与者所产生的利润之和——生产者盈余。基于此，也有一部分学者证明了把消费者考虑到价值共创过程中对于供应链价值的影响，并试图对额外产生的收益在双方之间进行分配。

在供应链各个主体进行独自价值的创造之外，供应链主体间的价值共创是实现供应链增值的一种新型有效方式，而主体间的价值共创的关键是互动，其形式具有多样性，并且发生在各个主体之间。供应链上各个主体存在着差异性，他们之间的属性、性质和诉求都不尽相同，但他们拥有一个共同的目标，即获得更多价值，因此基于这个共同的目标，不同的主体通过不同的互动方式来实现价值的共创。互动存在于供应链价值创造的各个环节中，是研究供应链价值创造问题的核心，是实现增值的根本途径，也是供应链价值发现、创造以及获得的过程，互动是基于供应链上各个主体进行价值创造，为提高供应链价值起到了重要作用。

供应链价值共创的主体包括了供应链上所有的参与者，主要分为企业、消费者以及其他的利益相关者。这三类主体通过互动来进行价值创造活动，其中企业和消费者是发挥主要作用的链上参与者，其他利益相关者是链外的价值创造辅助参与者。

（1）企业

企业作为生产者，从单独生产的角度来看，企业是单独于消费者存在的，但在共同范围内，消费者的加入导致企业和消费者都成了共同的生产者。从价值创造的角度来看，如果在企业单独进行价值创造的范围内，消费者没有参与价值创造的机会，企业作为唯一的价值创造者整合初始资源进行价值创造。为了让消费者加入价值创造中，企业渐渐地向消费者开放原本处于封闭状态的企业系统，消费者进入企业的生产之中并产生互动活动，如此形成一个共同范围。在这个范围内，企业提出自己的价值主张，继而与消费者进行互动，来完成企业与消费者的价值共创。但是碍于企业无法进入消费者单独的范围，因此只能以价值推动者的角色来推动消费者进行价值创造。

（2）消费者

消费者无法直接参与企业单独的生产活动中，只能在消费者与企业共同经营的范围内以共同参与者的身份进行价值创造。在这个范围内，消费者扮演了两个角色，如果企业与消费者的接触是发生在购买商品或者服务时，消费者扮演的是价值的创造者；如果两者的接触是发生在交流互动环节时，消费者与企业都是价值共创者。

（3）其他利益相关者

现代供应链、价值链之间的价值共创一般以多主体共同参与的形式进行，除链上的消费者和企业这两类主体之外，还有一类主体的重要性也不可忽视，即其他利益相关者。在价值创造的过程中，企业与消费者拥有的资源及获取资源的能力是有限的，需要从作为利益相关者的第三方获得资源，利益相关者可以是其他企业也可以是其他消费者，从他们的手中获取有价值的资源来协助企业与消费者之间的价值共创。其他利益相关者并不直接参与价值共创的过程，而是作为推动者的角色来提供资源，存在于价值共创的全过程中[5]。

我们从创造主体及享用主体两方面综合界定了三种供应链价值创造的类型，分述如下：

（1）经济价值

经济价值是指对供应链上的价值创造主体或者其他利益相关者从产品和服务得到价值的衡量，它可以以货币的形式表现出来。创造经济价值是由供应链的属性来决定的，它附着在供应链的全过程中。经济价值的创造主要体现在四个方面：一是企业间的互动。通过企业和企业之间的互动来做到信息共享，企业间产生协同，避免因信息不对称而导致的供需不平衡，企业间通过互动还能够促进企业间的资源整合，产生协同效应和联结效应，以达到长期稳定的合作进而降低企业因搜寻合作伙伴所带来的成本，最终提高供应链效率，为企业创造更多的经济价值。二是消费者与企业的互动。通过互动，消费者将自己的知识、经验纳入企业产品的开发与更新中，以价值共同创造者的身份参与价值创造。三是消费者之间的价值共创。消费者之间通过共享信息、讨论和推荐来影响其他消费者对企业产品或服务的购买、消费体验，提高消费者满足感、社会归属感等体验价值。四是链外相关方参与供应链的价值共创中，为链上主体提供意见，解决问题，以此来创造价值。现代供应链不再仅靠链上主体来参加价值的创造，还需要作为链外参与方的诸如政府等机构与链上主体共同合作、共享信息来完成价值的创造。

（2）消费者价值

消费者价值主要是指体验价值，它是由消费者与其他供应链价值创造主体或者是相关参与方之间进行互动所产生的价值。这种体验价值不能用金钱来衡量，体现在情感、认知和地位等方面，是消费者因商品或服务而获得的某种主观感受，即体验满足。体验价值可以分为两部分：一部分来源于消费者和企业的互动，此部分的互动体现在在购买商品或服务时，通过享受企业提供的体验环境，得到令消费者满意的消费体验感；另一部分是消费者之间互动带来的体验感，消费者可以通过自我创新来增加消费者的体验感，或是从产品或服务中获得效用以此来增加情感价值，或是通过与消费者的互动来增加归属感、社会价值感。

（3）社会价值

供应链和社会大环境是相互影响的，企业和消费者在创造价值时，一方面要追求价值的最大化，另一方面要注重社会中利益相关者的价值需求。供应链创造的社会价值主要分为两个部分：一部分体现在供应链的闭环环节，它包括了产品回收和生命周期内的逆向物流，供应链合理的闭合环节可以起到降低成本、提高原材料利用率以及提高顾客满意度的作用，形成供应链的协同效应；另一部分是对一些有害物质进行回收，可以减少对环境和社会大众的危害，降低社会风险，对环境具有保护作用，降低碳足迹以及防止污染[6]，促进环境的可持续发展。

2.4.3 平台企业概念

随着“互联网+技术”的发展，平台经济逐渐成为经济社会中一个新的商业形式，越来越多的学者开始对平台型企业进行关注和研究。平台的概念来源于双边市场理论，而平台型企业是双边市场研究的重点。平台企业的发展得益于两方面，一方面是互联网技术的发展作为平台企业的基础，另一方面是人们生活水平的提高对平台企业具有推动作用。

平台型企业有两个比较明显的特征：首先是技术基础作支撑，构建平台架构设施，提高了企业在互动、交易等方面的效率；其次是“聚合”效应，平台企业连接了诸多用户，通过搭建互动场景和优化服务的方式促进交易的进行，以“连接”和“聚合”的方式为双边或多边用户提供互动场景和服务。

2.4.4 平台供应链价值共创

平台企业实际上提供了一个多边自组织、自适应系统，它的主体是由各方利益相关者构成。在价值共创的背景下，一个平台企业要得到长期稳定的发展，不仅要依靠平台企业自身的努力，更要依靠平台企业所在供应链其他参与方的支持和配合。所以平台企业要综合自身的价值以及顾客的需求，把多方价值共创的成果转化为企业的利润和效益。随着现代信息技术的发展，企业和消费者具有多种方式的互动，双方价值共创涉及的领域也在逐步扩大。有学者认为，在企业实施服务一体化时，最重要的部分是构建服务生态系统。供应链双方一同完成商业生态系统的价值创造，在这个过程中，平台企业起到的作用是帮助双方交易和服务的顺利进行，促进价值的创造和传递。根据不同企业在商业生态系统中扮演的角色和起到的作用对成员进行划分，可以分为四类：网络核心型、支配主宰型、坐收其利型以及缝隙型。网络核心型是生态系统的核心，是其他成员的支撑，为其他成员的互动和沟通提供一个平台；支配主宰型是指创造并且主宰价值分配，掌握着价值创造也掌握着价值分配行为的一类企业；坐收其利型是指这类企业不是价值的重要创造者，却要从生态系统中获取利益；缝隙型是指在生态系统中人微言轻，却能利用系统优势发挥专长的一类企业，这种类型的企业数量较多，种类复杂，因此整体影响力较大[7]。

在平台供应链价值创造系统中，一方面，扮演价值主张倡导者的企业通过不断对自身或者是其他供应链上主体资源的整合来提高自身的能力，并且通过多种多样的客企互动平台向外宣传自己的价值主张，来吸引与自身价值观念相契合的顾客参加价值共创；另一方面，扮演着价值创造者身份的客户通过个人有价资源的习得和整合，传递反馈个性价值，提升参与价值共创的能力水平，不断进行识别、甄选、匹配和试错，寻找与自身价值主张相契合或者资源互补的合作伙伴，与多方合作实现资源整合，在异质交互中发挥自身最大的价值。除企业和顾客外，作为价值推动者的其他利益相关者也发挥着重要的作用，诸如数据商、物流商等利益相关企业贡献和整合自身资源，弥补了客企双方资源不足，推动价值共创的完成。平台供应链通过不同参与主体广泛的异质交互，推动各方资源的理念共识、共享、能力共演和价值共创。平台供应链的价值共创可以分为四种，即企业与企业的互动、消费者与平台的互动、消费者与消费者的互动，以及平台服务创新[8]。

（1）企业与企业的互动

企业是供应链上重要的一类主体，企业与企业通过合作来实现价值共创。

平台企业利用自身规模和销售渠道来吸引供应商，并根据种类和质量选择供应商及商品。通过各种供产销信息共享和资源的整合，精准把控平台供应链各个环节中的运作情况，消除信息不对称带来的供销失衡，使各环节能够根据精确信息进行采购及生产，提高整体柔性，降低系统库存。通过资源的整合减少相关设施、设备的投入，扩大资源的共享程度，弥补各方资源、能力不足的缺陷，降低企业风险，实现价值共创。长期稳定、相互信赖的合作关系，减少了企业间不必要的沟通成本和搜寻成本，使整个供应链条的价值实现增值。

（2）消费者与平台的互动

服务主导逻辑提出，客企互动是价值共创的主要来源。平台企业通过各种途径收集消费者对产品的需求，再对消费者需求进行分析，根据消费者的消费需求提出价值主张，做到精准营销，刺激消费者对平台产品的消费需求；消费者通过平台提供的途径反馈和评论与平台企业进行互动，让企业在互动中了解消费者的消费需求和消费习惯，预测消费者对商品质量、种类以及价格的需求，进行个性化推荐。消费者通过与平台的互动，利用自身拥有的经验、知识与技能与企业共享，加入商品的设计生产、营销等环节，实现与企业的价值共创。

（3）消费者与消费者的互动

供应链最终面对的对象是消费者，而其目标是提供消费者满意的商品。消费心理学提出，消费者在进行商品选购时，在很大程度上会受到其他消费者观点的影响。而消费者通常以消费者群的方式存在，消费者群之间的良好互动充分发挥了宣传价值，为平台带来良好的口碑。在实际生活中，很多平台企业已经提供了一种可供消费者互动的社群平台，消费者在这个平台上可以对商品进行评价和互动，让更多消费者了解商品和企业。此外，消费者在与其他消费者互动的过程中，通过多元互动和情感观念共享，能够有效推动消费者的身份构建，一方面能够调整与企业的互动，促进自我价值的实现；另一方面，在互动中树立积极的自我形象，可以提高顾客的满足感和成就感，提升顾客诸如专属感和团体感的体验价值。因此在平台供应链的价值创造中，平台企业通过对客户互动平台的搭建，有助于消费者使用、享乐和实现社会价值；可以有效利用客客互动的资源，发挥消费者的宣传价值，快速掌握消费者感兴趣的需求走向；最后还可以通过消费者之间的学习、沟通和创新来激发新的消费需求，积极调整客企互动。

（4）平台服务创新

服务创新是价值共创中的一部分，不管是对于平台企业还是普通企业都是至关重要的。面对消费者需求的迅速变化，创新是企业能够生存下去的必要条件，也是获得竞争优势所要关注的核心问题。构建创新生态系统，是平台创新的一种表现形式，可以提高企业的运行效率，有效促进系统各单元间的互动。从这一角度来看，创新生态系统的构建是平台型企业在市场竞争中获得竞争优势、实现可持续发展的动力[9]。

综上所述，平台价值共创模式具有以下几个特点。

（1）网络效应

网络效应是平台型企业的一大特征。消费者和供应商在平台企业的两端，消费者数量的增加会引起供应商数量的增加，而供应商数量的增加会引起消费者数量的增加，两者互相作用。这是由于多种层次、种类的供应商能够提供满足更多消费者需求的产品，因此会导致顾客数量的增加。而消费者数量和类别的增加会产生更多的消费需求，促进更多商家加入平台供应链中来。

（2）消费者参与商品制造

现代信息技术发展迅速，使消费者参与价值创造中不再困难。在多种客企互动方式的加持下，平台供应链中企业和消费者之间的联系越来越密切，消费者可以通过多种渠道把自己的消费偏好、知识技能传递给企业，参与商品研发、设计、生产、销售等各个环节，完成与企业的价值共创。

（3）平台企业收集分析消费者的需求数据和行为数据

大数据在近些年的迅猛发展为平台企业搜寻消费者需求和行为数据提供技术基础，通过对消费者数据的收集和积累，企业已经形成了包含大量信息的数据库。平台企业通过对每个用户行为数据和需求数据的分析，对消费者进行“画像”，识别消费者的需求和消费偏好，提供个性化推荐服务，实现精准营销[9]。

2.5 博弈理论

2.5.1 博弈的相关介绍

（1）博弈论的起源

博弈论（game theory）又称对策论，起源于20世纪初，1944年冯·诺依曼和摩根斯坦恩合著的《博弈论与经济行为》奠定了博弈论的理论基础。20世纪50年代以来，纳什、泽尔腾、海萨尼等进一步发展创新使博弈论最终成熟并进入实用。近20年来，博弈论作为分析和解决冲突和合作的工具，在管理科学、国际政治、生态学等领域得到广泛的应用。简单地说，博弈论是研究决策主体在给定信息结构下如何决策以最大化自己的效用，以及不同决策主体之间决策的均衡。

（2）博弈论的概念形成与应用及发展竞争历史

博弈论竞争是指任何两个人在平等的各种竞争对局中各自可以借助彼此的竞争策略来相互变换利用对方的各种竞争对局策略，达到相互获得胜利的竞争目标。博弈论的哲学思想自古已有之，中国古代的《孙子兵法》

等学术著作不仅是我国一部很重要的军事理论学术著作，也是最早的第一部关于军事博弈理论的学术著作。最初，博弈论主要研究棋类、牌类中的胜负问题，人们对博弈局势的把握只停留在经验上，没有向理论化方向发展。近代对于量子博弈论的广泛研究，开始于策梅洛、波莱尔及冯·诺依曼。1928 年，冯·诺依曼证明了博弈论的基本原理，从而宣告了博弈论的正式诞生。1944 年，冯·诺依曼和摩根斯坦共著的划时代巨著《博弈论与经济行为》将两人博弈推广到多人博弈结构，并将博弈论系统地应用于经济领域，从而奠定了这一学科的基础和理论体系。1950—1951 年，约翰·福布斯·纳什利用不动点定理证明了均衡点的存在，为博弈论的一般化奠定了坚实的基础。纳什的开创性论文《n 人博弈的均衡点》（1950）、《非合作博弈》（1951）等，给出了纳什均衡的概念和均衡存在定理。此外，莱因哈德·泽尔腾、约翰·海萨尼的研究也对博弈论发展起到推动作用。今天博弈论已发展成一门较完善的学科。

（3）博弈论的基本因素

①决策者：在博弈中率先做出决策的一方，这一方通常依据自己的感觉、经历和表达状态来优先选择或采取某种具有方向性的行为。②对抗者：在博弈二人对局中行动滞后的那个人，与决策人要作出基本反面的决定，并且他的动作是滞后的、默认的、被动的，但最终占优。他的策略可能依赖于决策人劣势的策略选择，占去空间特性，因此对抗是唯一占优的方式，实为领导人的阶段性终结行为。③新的局中人：在任何一场激烈的商业竞争或一场博弈中，每一个已经拥有最大战略决策权的比赛参加者往往都会逐渐变成一个新的局中人。只有两个不同局中人的这种博弈现象被简单统称为“两人博弈”，而多于两个不同局中人的这种博弈被简单统称为“多人博弈”。④博弈战略：在一局局的博弈中，每个博弈局中人都认为应该必须拥有正确地为其选择实际可行的完整博弈行动和解决方案，即一个博弈战略解决方案应该并非仅仅是某一个全局阶段性的博弈行动和解决方案，而是对其指导整个博弈行动的一个博弈战略和解决方案。一个博弈局中人的一个可行的、全局性的对其进行战略筹划的博弈战略和解决方案，统称为这个博弈局中人的一个博弈战略。如果在一个有限博弈中局中任何一个博弈人都保持有限个数的博弈策略，则这个策略方法被统称为“有限博弈”，

否则这个策略方法被统称为“无限博弈”。⑤博弈得失：一局局的博弈到最后才是最终得失，也被统一地称为全局得失。每个博弈局中人在连续博弈中的一局结束时的胜利得失，不仅与当前某局的下一局中其他人自行选择的整个博弈布局策略息息相关，而且与当前某局的下一局中其他人所已经自行取定的任何最后一组人的博弈布局策略息息相关。所以，一局局的博弈过程开始或者结束时，每个全体局中人的“得失”这个函数都可能是由处在全体局中的人做出取舍决定的一组博弈支付策略的一个函数，通常统称为一局博弈支付策略函数。⑥决策次序：各种类型博弈方的各种决策策略具有先后顺序之分，且一个好的博弈方只要是同时进行不止一次的次序决策和策略选择，就很有可能出现各种次序性的博弈问题。⑦均衡博弈：均衡是平衡的意思，在经济学中，均衡意即相关量处于稳定值。在供求关系中，某一商品如果在某一价格下，想以此价格买此商品的人均能买到，而想卖的人均能卖出，此时我们就说，该商品的供求达到了均衡。博弈均衡是指使博弈各方实现各自认为的最大效用，即实现各方对博弈结果的满意，即使各方实际得到的效用和满意程度是不同的。在博弈中，均衡指所有参与者都不想改变自己策略的这样一种相对静止的状态。

（4）博弈论的类型

一般认为，博弈主要可以分为合作博弈和非合作博弈。合作博弈和非合作博弈的区别在于相互发生作用的当事人之间有没有一个具有约束力的协议，如果有，就是合作博弈，如果没有，就是非合作博弈。

从行为的时间序列性，博弈论进一步分为静态博弈、动态博弈两类：静态博弈是指在博弈中，参与人同时选择或虽非同时选择但后行动者并不知道先行动者采取了什么具体行动；动态博弈是指在博弈中，参与人的行动有先后顺序，且后行动者能够观察到先行动者所选择的行动。通俗的理解：“囚徒困境”就是同时决策的，属于静态博弈；而棋牌类游戏等决策或行动有先后次序的，属于动态博弈。

按照参与者对其他参与者的了解程度，博弈可以分为完全信息博弈和不完全信息博弈。完全信息博弈是指在博弈过程中，每一位参与者对其他参与者的策略空间、策略组合及收益信息有完全的了解。如果参与者对其他参与者的策略空间、策略组合及收益信息了解得不够确切，或者说并没有掌握所有参与者的策略空间、策略组合及收益信息，在此种情况下进行的博弈就是不完全信息博弈。此时，参与者所做的是努力使自己的期望支付或期望效用最大化。

经济学家们所广泛讨论的这些博弈学理论，通常认为是专门用来泛指非合作博弈，由于合作博弈较非合作博弈更加复杂，在博弈理论上的成熟应用程度已经远远超过了非合作博弈。非合作博弈可以分为：完全信息静态博弈、完全信息动态博弈、不完全信息静态博弈、不完全信息动态博弈。与上面四种博弈相适用的均衡博弈概念分别可以表示为：纳什均衡（Nash equilibrium）、精炼纳什均衡（Perfect Nash equilibrium）、贝叶斯纳什均衡（Bayesian Nash equilibrium）、精炼贝叶斯均衡（Perfect Bayesian equilibrium）。

博弈论分类在实践中可能还有很多种逻辑分类，比如以各种博弈处理方式持续进行的博弈时间段和次数或是博弈持续时间的长短的分类；还有划分为有限逻辑博弈或者无限逻辑博弈；以其他的博弈表现形式还可以将其划分为普遍型（具有策略性）博弈或是不断展开型博弈；以各种博弈处理方法的基本逻辑性为依据，又可以划分为不断传统性的逻辑博弈与不断演化性的逻辑博弈。

（5）博弈论的运用

运用博弈论方法可以解决和证明人们现实生活中许多有趣的问题。例如，多劳并不多得，公共资源的过度浪费，非合作者会在相当长的一段时期内选择与坏人合作去做好事。尽管这些研究的结论都被认为是基于一个非常强烈的假设，即所有的参与者都是合乎理性的，并且有着最大化自身效用的倾向，但结论却具有深厚的哲学含义。目前我国经济学上所讲的委托制、代理权和激励思想等理论已经可以通过博弈论方法去分析。现代企业之间的竞争很多时候都处于合作背景之下。比如一些垄断市场的寡头 a、b，他们之间就可以达成协议，指定石油产量来保持自己的最大收入。但在许多情况下总会出现为了保护自己的局部利益而擅自提高生产的情况，结果造成了价格的下降，利润也随之流失。竞争情报通常在这样的情况下发挥着重要的作用，如果 a 已经掌握了 b 的实际生产能力，就会使 a 可以通过调整自身的生产量乃至打破协议，从而在竞争中形成一种新的均衡。

（6）博弈理论的基本假设

博弈理论基本假设。影响博弈双方做出决策行动主要有两个因素：决策者做出的根本性目标和其追求行动的能力。一般而言，博弈中的双方均以各自的态度去追求个人收益的最大化，并作为其行为的目标，即“个体理性”。追求目标的能力是指人们在追求最大收益或者实现目标的最大化的过程中具有准确分析判断的能力。不会出现选择误差的行为，被视作“完全理性”。综上，博弈理论的基本假设主要为：①有限理性和完全有限理性。博弈论理论往往包括复杂的相互依存关系，博弈分析过程通常是极其复杂的，博弈双方想要在了解复杂环境和各种偏差因素的基础上，通过博弈分析找到使个体收益最大化的均衡解，即完全理性情况下的博弈问题。但现实生活中，由于博弈双方知识的有限性和环境的复杂性，不能完全掌握影响博弈的各种因素，即博弈双方的分析判断能力的失误，因此也需要考虑到有限理性的情况。②个人理性与集体理性。理性的经济人是指博弈双方的决策活动行为是把个体利益的最大化作为根本目的。但实际上，博弈双方并非常常根据个人利益的最大化做出决策或者行为，至少从一个局部的问题上，还存在着追求集体效益的最大化或者以最优作为其最终目标，将这种追求集体效益最大化或最优作为其目标称为集体合理。一般来说，人们在进行博弈活动时所采取的各种方式和手段所达到的行为目标应该是个体的理性而不是集体的理性，除非在博弈中存在具有约束力的契约或者协议。当处在博弈过程中的贸易双方之间未能签署贸易合同或者贸易协议时，使得处在博弈过程中的任何个体利益未发生重大受损，同时集体利益也未达到成本最大化的一种情况下，在协议中约定博弈方能够得到有限的补偿，这时个体和集体利益的矛盾得以解决。通常将存在具有约束力的协议或者契约的博弈称为合作博弈，不存在具有约束力的协议或者契约的博弈被称为非合作博弈。

2.5.2 斯坦克尔伯格博弈理论

（1）斯坦克尔伯格博弈分析模型的理论起源

斯坦克尔伯格式的博弈推理模型最早是由一位德国著名经济学家冯·斯坦克尔伯格在 20 世纪 30 年代于美国首次明确提出。斯坦克尔伯格博弈是一种动态的、博弈参与者有行动次序的博弈模型。博弈的参加者被分为两大类，即领导者与追随者。在这场博弈当中，领导者因为具有先行优势而率先做出了决策，追随者则根据领导者所做出的决策结果来制定自己的决策。因此领导者在进行决策时，会充分考虑到追随者对其所做决策的回应，并将追随者的回应考虑在内进行决策。斯坦克尔伯格博弈的均衡解也叫作斯坦克尔伯格均衡（Stackelberg equilibrium）。

（2）斯坦克尔伯格模型简介

斯坦克尔伯格模型属于一种完全的信息动态博弈，需用逆向归纳法求解，是分析寡头垄断市场的一个常见模型。该模型认为，寡头垄断市场上企业的产量决策有先后顺序。假设市场上有两个企业，企业 1 和企业 2，企业 1 先选择产量，企业 2 在观察到企业 1 的产量后选择自己的产量。与其他的古诺模型方法相比，在斯坦克尔伯格模型中，企业 1 有先动优势。与古诺均衡相比，企业 1 的利润增加，而企业 2 的利润减少。古诺模型最早是法国著名经济学家安东尼·奥古斯丁·古诺在 1838 年首次正式提出。它可能是纳什均衡系统应用的最早一种版本。通常会将古诺模型作为对各种寡头经济理论问题进行综合分析的理论基础和主要出发点。古诺模型主要指的是仅限于两个寡头竞争的一个简单竞争模型，该简单模型也因此被称为“双寡头模型”，或者是双寡头企业垄断竞争理论。该模型明确地阐述了相互竞争却没有相互协调的大型跨国企业在不断进行增加产量和产品销售时的战略决策过程中，如何能产生共同的市场竞争力并在完全行业竞争与完全行业垄断之间得出均衡解。古诺模型研究的结论能够非常轻松地推广至三个甚至三个以上高度寡头化的厂商。

（3）斯坦克尔伯格博弈和经典博弈比较

它们的相同之处是都属于非合作博弈的类型；它们的不同之处是经典博弈为静态博弈，而斯坦克尔伯格博弈为动态博弈。在经典博弈中，两个局中人同时做出了决策，而在斯坦克尔伯格博弈中，领导者与跟随者之间并非同时做出了决策，而是先由领导者做出了决策后，跟随者对领导者的决策方式做出了最优反应，最后领导者再根据跟随者的决策方式做出最有利自己的决策。斯坦克尔伯格博弈与经典博弈的根本差别在于经典博弈是对称博弈范畴，而斯坦克尔伯格博弈属于非对称博弈的范畴。在经典博弈过程中的每个不同参与者和领导者在这场战略博弈过程中的战略地位都可能是一致的，而斯坦克尔伯格博弈过程中的每个不同参与者之间的战略地位可能是不一致的，跟随者的战略方向选择则主要取决于领导者的战略方向选择[10]。

（4）斯坦克尔伯格博弈模型的应用

斯坦克尔伯格博弈模型也称为主从博弈。它的实际应用非常广泛，尤其是在经济学领域的应用。它的模型往往被用来描述任何一家在行业中已经处于了支配地位而且充当了自然领袖的企业。

2.5.3 演化博弈理论

（1）演化博弈概述

在我国传统的博弈学理论中，常常会假定一个参与者自己是完全具备理性的，且一个参与者是在完全具备信息的条件下开展进行的。但对于现实经济生活中的一个参与者来说，参与者完全具备理性与完全具备信息的条件却是很难实现的。在一个大型企业的协同竞争中，参与者之间往往有着巨大的区分，由于市场经济环境和博弈问题自身的复杂性导致产品的信息不完整和参与者的有限合理性往往是显而易见的。

与其他传统的博弈学理论不同，演化博弈学的理论并非一定要求所有参与者都具备完全合乎逻辑的基础和必须具备完全合乎逻辑的基本条件。有限理性的概念最初是由西蒙在研究决策问题时首先提出的，它仅仅是泛泛地指人类的行动只能被定义为“意欲合理，但只能有限达到”。威廉姆森在深入研究一系列影响交易成本因素时，对有限理性的问题作了分析归纳总结，认为人的有限理性主要是由两个方面的因素引起：一方面主要是受到人的感觉和认识能力的限制，导致个人在使用信息的过程中不可能做到精确无误；另一方面则主要是我们语言表达的原因，在通过语言、数字或者图表等来表达自己的知识或者感情时具有有限性。演化分析博弈论主要是指将动态博弈经济学基础理论演化分析与各种动态博弈演化过程理论分析有机结合的博弈理论。在均衡博弈论的方法中，不同于传统的均衡博弈论把人的注意力主要集中在一种静态均衡与比较性的静态均衡关系上，强调的是一种新的动态均衡。现代经济学家通过运用演化博弈论来分析社会习俗、规范、体系或制度的主要影响因素和解释它们的演化过程，演化博弈论目前已经成为现代演化经济学的一个重要的分析方法和手段，并逐步发展成现代演化经济学研究的一个新领域。

（2）博弈理论的演化根源

经济学的基本演化论和思想很早就已经广泛存在于现代主义经济学的基本理论中，即便是在以传统静态经济分析方法研究为主的新古典主义经济学鼎盛的历史时期，演化论的思想也依旧在现代经济学中享有一席之地。马歇尔（Marshall，1948）就曾多次明确指出，演化的基本概念比传统经济静态的演化概念更复杂，因此大量的关于社会主义经济学基础理论的深入研究还是以对经济机械的演化类比、均衡、稳定、决策等几个方面的问题为主。阿尔钦（Alchian，1950）提出了在社会经济学的演化分析中应该考虑采取自然选择的概念，他认为适度自由竞争就是一种能够决定多样化的经济形式动态自然选择的机制。在这种机制下，即使不把行为主体看作是理性的，但来自社会的演化压力（优胜劣汰）也将促使每个行为主体采取最适合自身生存的行动，从而使达到的演化均衡为纳什均衡。阿尔钦的这种演化观不仅为新制度经济学研究制度的选择提供了一个思路，而且为演化博弈论的发展提供了思路。纳什（Nash，1950）的“群体行为解释”，则被认为是包含较完整的演化博弈思想的最早理论成果。纳什认为，不需要假设参加者有关于总体博弈结构的充分知识，也不要求参加者有进行任何复杂推理的愿望和能力，只需假定参加者能够积累关于各种纯策略被采用时的相对优势的实证信息，纳什均衡仍可达到。

（3）演化博弈论的发展

20 世纪 70 年代，生物学家梅纳德·史密斯在博弈论基础上提出了演化博弈论。在企业之间的合作和竞争中，参与主体往往存在着较大差别，因此不同的内外部环境、问题的复杂程度都会导致信息不完整和参与主体的有限理性。演化博弈论（evolutionary game theory）不再将人模型化为超级理性的博弈方，而是认为人通常是通过试错达到博弈均衡的，与生物进化原理具有共性，所选择的均衡是达到均衡的均衡过程的函数，因而历史、制度因素以及均衡过程的某些细节均会对博弈的多重均衡的选择产生影响。演化博弈论研究对象是有限理性的，运用演化博弈论可以分析实际问题并为参与主体的行为提供决策参考。

一般的演化博弈理论具有如下特征：它的研究对象是随着时间变化的某

一群体，理论探索的目的是理解群体演化的动态过程，并解释说明为何群体将达到这一状态以及如何达到。影响群体变化的因素既具有一定的随机性和扰动现象（突变），又有通过演化过程中的选择机制而呈现出来的规律性。大部分演化博弈理论的预测或解释能力在于群体的选择过程，通常群体的选择过程具有一定的惯性，同时这个过程也潜伏着突变的动力，从而不断地产生新变种或新特征。几乎所有的演化博弈理论都具有上述特征。然而，演化博弈论在经济学领域的应用与运用演化博弈理论解释生物进化现象有所不同，演化博弈理论中的一些生物进化的概念在经济学领域中无法应用。比如，性别和交配，染色体和代际等，这些概念很难被引入经济学领域中来。演化博弈论在经济学领域的应用主要是考虑微观个体在演化的过程中可以学习和模仿其他个体的行为，即沿用拉马克的遗传基因理论。

一般的演化博弈模型的建立主要基于两个方面：选择（selection）和突变（mutation）。选择是指能够获得较高支付的策略在以后将被更多的参与者采用；突变是指部分个体以随机的方式选择不同于群体的策略（可能是能够获得高支付的策略，也可能是获得较低支付的策略）。突变其实也是一种选择，但只有好的策略才能生存下来。突变是一种不断试错的过程，也是一种学习与模仿的过程，这个过程是适应性且是不断改进的。不具备这两个方面的模型不能称为演化博弈模型。比如，艾格则等（Agiza，Hegazi & Elsadany，2001）提出了一个动态演化的博弈模型，它在有限理性的企业都采取一定的行为规则（产量调整机制）的假设下研究企业重复博弈是否可以达到纳什均衡。这个模型虽然研究的是有限理性个体和动态演化过程，但不属于演化博弈模型，因为没有包含选择和突变的过程。如果把这个模型作如下修改，便可以看作演化博弈模型：假设企业有许多不同的行为规则，而采用某些行为规则的企业比那些不采用这些行为规则的企业获益更大；随着时间的推移，采用这些行为规则的企业生存下来，而不采用这些行为规则的企业被淘汰。这样修改后的模型既有选择过程又有突变过程，便成为一个演化博弈模型。

常见的选择机制动态方程有三类：第一类为正支付动态方程，在这类动态方程中，所有获得的支付大于群体所获得的平均支付的纯策略都有正增长率，所有获得的支付小于群体所获得的平均支付的纯策略都有负增长率；第二类为单调动态方程，在这类动态方程中，若一个纯策略或混合策略获得的支付大于另一个纯策略所获得的支付，则前者的增长率大于后者；第三类为弱正支付动态方程，在这类动态方程中，至少有某些获得的支付比群体所获得的平均支付高的纯策略（若存在）有正的增长率。显然，弱正支付动态方程包含了正支付动态方程和单调动态方程。

在演化博弈论中运用最广泛的选择机制动态方程是泰勒和朱克（Taylor & Jonker，1978）提出的复制者动态方程，当时他们仅仅研究了对称两人博弈。随后，泰勒（Taylor，1979）把对称情形推广到不对称情形。在复制者动态方程中，纯策略的增长率与相对支付或适应度（纯策略所获得的支付与群体所获得的平均支付之差）成正比。复制者动态方程在经济领域的应用最为广泛，学者们运用复制者动态方程对社会习俗、制度、行为规范等一系列社会经济问题进行了成功的研究。

（4）演化博弈论的相关概念[11]

1）演化稳定策略（ESS）

演化稳定策略（ESS）是演化博弈论的一个重要概念，其基本理论构成是：某一个突变群体能够彻底地消除在某一个行为过程中的任何其他突变群体，直至该过程中不再出现其他突变群体，则说明该突变群体的行为可以得到比其他突变群体更高的费用和支付，该突变群体的这一策略即为演化稳定策略[12]。

2）复制者动态指标

演化博弈模型主要包括两个行为的演化机制：①选择性的机制，参与者不断地选择一种可以获得更高费用支付的策略；②突变的机制，突变比较少见，群体中的一个突变群体通常会以随机的方式进行选择策略，根据其演化稳定的策略，只有那些选择了可以从群体中获得较高支付的策略的突变群体才真正可以生存[13]。其中，最常见的应用方式是复制者动态指标，复制者的动态指标是某策略个体的期望收益与群体的平均期望收益的差值。[14]。

（5）演化博弈论的特点和优势

演化博弈论具有四个重要的优势：①演化博弈论假设条件遵循有限理性原则，并将群体中每个个体与系统之间的关系集合起来纳入演化博弈模型中，构成微小的宏观模型，使得所研究的结论变得更加富有说服力；②所谓参与者的有限理性，指的是参与者在追求自身利益最大化的同时，还要依靠参与者之间的互相信任和对现状理性判断的能力；③演化博弈理论过程中的时间总量是不可逆的，随着时间的推移，参与者需要不断地调整自己对策略的选择，达到最后的均衡状态；④演化博弈论的选择机制方程是正支付动态方程、单调动态方程以及弱正支付动态方程，复制者动态方程包含的范围更广，分析更加全面，运用复制者动态方程获得的演化稳定策略为演化均衡策略。以上四个优势是传统博弈理论所不具备的，说明演化博弈理论在分析问题方面更具适用性。

（6）演化博弈论与经典博弈论的区别

①双方基础假设不同。演化博弈论认为人是“有限理性”的，不可能完全掌握决策所需信息。而经典博弈认为人是“完全理性”的，他们有能力根据信息做出最有利的决策。一般情况下，可以影响博弈决策的因素有很多，参与者不可能完全掌握所有信息。②均衡概念不同。演化博弈论通过稳定策略预测均衡，即描述在遇到变异情形下保持既定策略的条件；而经典博弈论采取纳什均衡方法进行预测，无法显示动态演化过程。③研究的对象和方法不同。经典博弈论是针对“个体”问题进行的研究，根据对方决策制定自身策略。演化博弈论则针对“群体”，群体之间的活动和行为相互作用，并进行多次博弈，由初始状态和演化路径决定最终的结果。④动态概念不同。经典博弈论参与者不受其他因素干扰，依据自身情况做出决策。演化博弈论认为博弈者自身行为是一个动态的不断调整的过程。

（7）演化博弈论的应用

演化博弈论能够在各个不同的领域得到极大的发展应归功于斯密斯（Smith，1973）与普瑞斯（Price，1974），他们提出了演化博弈论中的基本概念——演化稳定策略（evolutionary stable strategy）。斯密斯和普瑞斯的贡献把人们的注意力从博弈论的理性陷阱中解脱出来，从另一个角度为博弈论的研究寻找到了可能的突破口。可以说，斯密斯和普瑞斯的演化稳定策略的提出是演化博弈论理论发展的一个里程碑，从此以后演化博弈论迅速发展起来。20 世纪 80 年代，随着对演化博弈论研究的深入，许多经济学家把演化博弈论引入经济学领域，用于分析社会制度变迁、产业演化以及股票市场等，同时对演化博弈论的研究也开始由对称博弈向非对称博弈深入，并取得了一定的成果（Selten，1980，1983）。20 世纪 90 年代以来，演化博弈论的发展进入了一个新的阶段。温布尔（Weibull，1995）比较系统、完整地总结了演化博弈论。与此同时，演化博弈论在社会主义经济学领域中的实际应用和研究得到了飞速发展。弗里德曼认为，演化博弈论在社会主义经济学研究领域中有着巨大的实际应用和发展前景，并对一些具体实际应用和具有发展前景的动态系统问题进行了深入探讨；巴苏深入研究了公民的规范与演化之间的相互作用关系，认为规范的长久存在主要取决于其演化的过程和各种自然选择；弗里德曼以日本和美国的各种企业组织管理模式为研究背景，用演化博弈论深入地分析了在无贸易和没有商品的情形下各种企业组织管理模式的发展与演化；拜斯特与古斯采用演化博弈论研究了人类在社会经济活动中的利他行为及其发展的演化稳定性。登弗伯格和古斯在"双寡头"垄断竞争的情形下比较了两种解释经济制度的方法——间接演化方法和策略代理方法，研究了在怎样的市场环境中这两种方法会导致相似的市场结果；戈特曼用演化博弈论研究了互惠主义在有机会主义存在的群体中是否能够生存的问题；青木昌彦从认知的角度提出了一个关于演化博弈论的主观博弈模型；哈如威和普拉赛德运用演化博弈论的方法研究在具有网络外部性的条件下软件的最优价格和质量；科斯菲尔德建立了德国超市购物时间反常的演化博弈模型；奈宝格和瑞戈用演化博弈论研究了顾及别人感受的吸烟行为的社会规范的形成；加斯米那和约翰研究了三种不同的学习规则在公共物品博弈中仿制人类行为时谁表现得更好的问题；丹尼尔、阿瑟和托德研究了四种不同类型的"囚徒困境"博弈，指出这四种"囚徒困境"要达成合作所需的演化和信息要求。

演化博弈论也是国内关注的重点研究领域。谢识予、张良桥、盛昭瀚和蒋德鹏先生介绍了演化博弈论的一些基本概念和其他一些相关的研究内容；崔浩、陈晓剑和张道武使用了演化经济博弈论的综合计算分析方法，综合分析了在共同管理的经济结构下，有限理性的利益相关者如何参加企业资产所有权的合理配置，从而达到纳什均衡；胡支军和黄登仕给出了在选取的中国证券投资组合某个阶段实现演化经济博弈的计算方法；高洁和盛昭瀚深入地研究了当前我国农村电力供应商在电力行业市场竞争过程中的演变过程及其稳定竞争战略；周峰和徐翔运用演化经济博弈论深入地探讨了当前我国推进农村企业税收制度改革当中存在的一些问题；刘振彪和陈晓红提出了创新企业投资决策从单阶段发展到多阶段的演化博弈均衡战略模型，深入地研究了我国企业家进行创新企业投资决策的关键问题；石磊、李然和肖条军在博弈均衡模型已有研究基础上，深入研究了“双寡头”市场商品化和零售服务市场的价格竞争战略的演化过程及其演化后的稳定性。易余胤等通过系统地运用演化博弈论深入分析了银行信贷竞争市场、“双寡头”竞争市场、自主创新市场行为等一系列的社会问题。从以上研究可以看出，近年来，我国已经有越来越多的专家学者涉足该领域，并使用演化博弈论来探讨其在经济学研究领域中的问题。

2.5.4 合作博弈理论

合作博弈主要是泛指一些参与者通过同盟、合作等多种方式共同进行的博弈，这种博弈活动是不同的参与者之间的竞争和对抗。合作博弈实际上是博弈论的一个重要组成部分，合作博弈也被称作正和博弈，泛指博弈过程中两方的利益都会随着时间推移而增加，或者至少是一方的利益有所增加，而另一方的利益不受到任何损害，因而整个社会的共同利益有所增加。合作博弈理论强调人们的集体合作理性，主要研究了人们在达成协议时如何合作获得收益，但不考虑人们是如何形成合作契约的。

合作博弈是一种合作的手段或者做法，即博弈过程中的参与者之间存在着妥协。因为通过相互的妥协、相互的协作，合作博弈可以使双方产生剩余，而剩余存在的原因就是合作，所以可能会增加博弈时双方的利益。这种合作剩余主要从合作的方式及其关系中生产而成，且以此为界限。博弈过程中各个参与者怎样分配合作剩余，受到博弈中各方的技术应用及其力量的对比影响。因此，合作博弈必然要经过各方参与谈判，初步达成共识后，进而开展合作。在这里，争取合作剩余，是双方达成妥协的一个重要条件，同样也是妥协的结果。

2.5.4.1 合作博弈的定义

合作博弈最重要的两个概念是联盟和分配[15]。纳什对合作博弈与非合作博弈进行了界定，即是否存在具有约束力的协议。合作博弈的分配结果必然是一个帕累托改进，即博弈各方的利益均有增加，或在其他各方利益不受损害的前提下至少一方的利益有所增加。合作博弈能够产生合作剩余，这是合作博弈能使共同利益有所增加的原因。合作剩余的分配既是合作的结果，又是达成合作的条件。合作博弈的描述是以特征函数的形式来表示结成的联盟，称为博弈的特征型。设由 n 个参与者组成的集合 N，即 $N=\{1, 2, \cdots, n\}$，S 是 N 的子集，指的是参与者的联盟，即 $S\subseteq N$，于是合作博弈的定义如下：

定义 2. 1：给定由 n 个参与者组成的集合 $N=\{1, 2, \cdots, n\}$，合作博弈的特征型是有序对 (N, v)，特征函数 v 是从 $2^N=\{S \mid S\subseteq N\}$ 到实数集 R^N 的映射，即 v：$2^N \rightarrow R^N$，且 $v(\Phi)=0$。那么把有序对 (N, v) 表示一个合作博弈。

其中 Φ 表示空集，在不混淆的前提下，有时以特征函数 v 代替有序对 (N, v) 表示一个合作博弈。特征函数 $v(S)$ 是联盟 S 中参与者获得的效用，在合作博弈中，效用可能是收益，也可能是成本（负效用）。效用既可能用货币度量，也可能用非货币度量。如果在不同的参与者之间可以转移效用，那么这种博弈被称作可转移效用博弈，否则称为不可转移效用博弈。

定义 2. 2：如果对于任何子联盟 S，$T\subseteq N$，$S\cap T$，有 $v(S)+v(T) \leqslant v(S\cup T)$，合作博弈 (N, v) 是超可加的（super additive）；如果对于任何 S，$T\subseteq N$，$S\cap T$，有 $v(S)+v(T) \geqslant v(S\cup T)$，合作博弈是次可加的（sub additive）；如果对于任何 S，$T\subseteq N$，$S\cap T$，有 $v(S)+v(T)=v(S\cup T)$，合作博弈是可加的（additive）。

定义 2. 3：如果对于任何 S，$T\subseteq N$，有 $v(S)+v(T) \leqslant v(S\cup T)+(S\cap T)$，则合作博弈 (N, v) 是凸的；如果对于任何 S，$T\subseteq N$，有 $v(S)+v(T) \geqslant v(S\cup T)+(S\cap T)$，则合作博弈 (N, v) 是凹的，其中假设 $v(\Phi)=0$。

两个联盟如果一起结合了（交集可以不为空），新的联盟所能够取得的收益如果超过或者不小于原先两个联盟的收益总数之和，我们把具有这种性质的博弈称作凸博弈（convex game）。如果一个博弈是凸博弈，就意味着随着整个联盟规模的增加，合作将会给企业带来较为巨大的规模和经济效益，即该合作实际上是规模和报酬都递增的。凸博弈是具有诸多良好性质的一类博弈。

定义 2. 4：如果函数 f 给每个 n 人合作博弈 (N, v) 分配 R^n 空间中的一个（可能为空集）子集 $f(v)$，那么函数 f 是合作博弈的一个解。

当博弈的参与者同意进行合作时，就存在一个问题，即如何将合作的收益在所有的参与者之间进行分配，这就涉及合作博弈的解的概念。一个理性的参与者，在评价某一个解给出的分配计划时，会把自己在联盟中取得的收益和离开了联盟单干取得的收益进行对比，只有留在联盟中取得的收益大于单干取得的收益时，留在联盟中才是符合个人理性（individual rational）的，当所有的参与者决定组成大联盟 N 后，有效的分配方式应该是把合作取得的收益在所有的参与者之间恰好分配完毕。

定义 2.5：如果 $\sum x_i = v(N)$，那么合作博弈（N，v）的解 $x \in R^n$ 是有效的。

有效性反映了所有参与人的集体理性，同时满足个体理性、联盟理性和集体理性的配置称为核。合作也许是不稳定的，因此合作博弈的解需要具备的一个重要特性就是稳定性，即内部稳定性（internal stability）和外部稳定性（external stability）。核同时满足内部稳定性和外部稳定性：一方面，核内的任意两个配置不可能存在相互占优的关系，即满足内部稳定性；另一方面，对于核外的任意一个配置，核内总是存在某个配置，它们优于这个配置，即满足外部稳定性。以核作为一个求解的观点，美中不足的是它往往是空集。而且即便不是空集，核分配也很可能不是唯一的[16]。

2.5.4.2 合作博弈存在的条件

合作博弈存在需要同时满足两个基本条件：①对于联盟来说，整体的收益超过了每一位成员在单干时的平均收益总和。②对于联盟内部而言，存在着一种具有帕累托改进性质的资源分配原理，即每位成员均可以从中获得不低于其在加入联盟时获得的收益。

合作博弈是指通过建立一种信息相互交流和网络互通的方式，使得单独的博弈参与者能够在增加共同利益的基础前提下去追求相同的合作目标而最终达成一个合作联盟。

如何确保联盟实现并且满足条件，是由合作博弈的本质特征决定的[17]。就是说，联盟内部各个成员之间的资料和信息都是完全可以直接进行交换的，协议一定要被强制履行。这些有别于非合作博弈中每一个参与者都独立地进行决策，而且并无义务去履行共同的协议的情况。

从我们现实社会的经济和生活中还可以清楚地看到，能够促进合作生存、巩固和发展的关键因素之一是可转移支付（或者收益），即按照某种分配的原则，可以在同一个联盟的内部组织成员之间重新配置资源，并进行分配。因此，可转移支付函数的存在，是进行合作博弈理论研究的一个根本前提条件。

合作可以按照合作之后的收益变化分为本质性的合作和非本质性的合作，本质性的合作是指在合作之后，各方收益和总体收益都有所增加；而如果在合作之后，各方收益或者总体收益不增反减，则这种合作是非本质性的合作。

2.5.4.3　合作博弈的发展历程

对于合作博弈和非合作博弈的研究，最早可以追溯到 20 世纪 40 年代博弈论模型诞生的初期，然而研究博弈理论的学者直到 20 世纪 50 年代才将非合作博弈从合作博弈理论模型中明确区分开来，合作博弈的发展历程可以分为四个阶段[18]。

（1）起步发展阶段

合作博弈从 20 世纪 40 年代开始起步，《博弈论与经济行为》（*Theory of game and economic behavior*）首次明确提到了关于合作博弈（cooperative game）的概念与其他关于合作博弈稳定解集的计算分析方法，以求寻找到一种使得合作联盟内外部资源保持稳定分配的方式，也正是基于这本著作，学术界开启了对合作博弈理论与实际应用的深入研究。20 世纪 40 年代末至 50 年代，纳什对合作与非合作博弈行为进行区分，第一次清晰地阐述了合作博弈与非合作博弈的区别。此后，一些重要的合作博弈的解析方法和解的概念被陆续提出。美国加利福尼亚大学教授夏普利在 1952—1953 年提出“夏普利值”这一合作博弈解的定义，并结合模型公式加以阐述。夏普利根据参与主体的期望边际收入提出夏普利值法，用定量的研究方法来探索利益分配问题，以合作联盟中参与主体选择放弃合作带来的联盟利益损失来衡量该参与主体的价值贡献，根据参与主体对合作联盟的边际贡献分配联盟的合作剩余，体现了合理性与公平性，有利于保持合作联盟的长期稳定。

（2）相对低谷阶段

20 世纪六七十年代是博弈论及其相关理论进一步快速发展并逐渐走向成熟的时期。在此期间，非合作博弈因其与数理经济学深度结合能够解决实际的决策问题而迅速受到人们的追捧，成了博弈论研究发展的热门主流，而合作博弈的研究则进入了相对低谷。这个时期也仍有不少研究成果产生，丰富和完善了合作博弈理论，比如 1973 年 Smith 和 Price 的演化稳定策略、1964 年 Aumann 和 Maschler 的可转移效用合作博弈概念以及更多的合作博弈解的概念相继被提出，这些成果使得合作博弈理论的应用范围得到扩展，对实际问题的解释也更为系统合理，一些基本的、公理性的概念得到了认可。

（3）快速发展阶段

20 世纪 80 年代，合作博弈在社会政治经济学中开始得到广泛应用，使合作博弈理论迎来了更为快速的发展阶段。在 1985 年，Aumann 和 Aumaschler 首次提出了用来表示和分析非线性转移博弈效用的简单博弈公理集，不但大大扩展了该理论的应用领域，并且产生了很多新的、有历史意义的成果。

20 世纪 90 年代，有关专家和学者从高新技术领域资源整合的角度给出了合作博弈的定义，认为合作博弈是一种方法和手段，参与者或组织由于自身资源条件的限制，结成一个合作联盟，以获得更多的利益，这种关于合作博弈的定义在高新技术领域相关研究中较常见；Teece 和 Pisano（2006）是最早基于资源基础理论提出合作博弈联盟定义的专家和学者，他们指出了合作博弈是一种参与者和各个主体之间为了达到优势互补和同时实现人力资源共享的目标而相互进行的以信赖为基础并且有所承诺的一种合作性交易行为，合作联盟参与主体在结构上存在一定的关联，且彼此具有资源的流动特征；Gulati 在 1998 年从社会学角度提出合作联盟的定义，认为合作联盟是参与主体之间为获得共同利益而签署的合作协议，是一种自发形成排他性的社会网络。参与主体作为一种组织形式，在社会中具有融入性和存在性等客观需求，希望与合作伙伴通过签署某种合作协议达到阻止外部潜在竞争者进入的效果，以创造更多价值，实现互利共赢的目标。

（4）应用扩展阶段

21 世纪初，Stuart 等对合作博弈的概念作了进一步的拓展研究，在 Teece 和 Pisano 的资源基础理论的基础上提出合作博弈是参与主体为达到互惠互利目的结合各自资源差异性和互补性进行的合作。国内外学者将合作博弈运用到多个领域，一些学者开展了线性供应函数的合作博弈与非合作博弈的纳什均衡解研究，在合作博弈中以纳什讨价还价模型研究供应商的合作行为，并结合案例对比分析合作博弈与非合作博弈参与主体行为参数的变化[19]；也有学者研究采用一种新的随机规划方法，以核和夏普利值法作为合作博弈方法来实现虚拟电厂分布式能源的利益分配[20]。还有些学者基于合作博弈理论对集中库存管理系统进行论述，并介绍了多客户分布网络模型[21]。

2.5.4.4　合作博弈和非合作博弈的联系与区别

博弈论问题是专门研究一个决策过程中各个主体之间的行动与其他因素在发生直接或间接相互作用时所做出的决策以及决策的均衡性问题，一个主体的决策和选择会受另一个主体策略的影响，同样另一个主体的决策和选择也受该主体策略的影响。作为其他现代博弈学理论和布局方法学理论研究的重要依据，博弈论中最主要的两个组成部分是合作博弈（cooperative game）与非合作博弈（uncooperative game）。合作博弈和非合作博弈的实质区别是联盟内部各种信息之间是否可以有效互通和是否具备可执行性的契约。这种作为博弈成立基础条件的信息交流互通，使得相互独立的参与者能够在拥有共同利益的情况下追求相同的目标而达成联盟。所谓“非合作”不是指任意两个参与者都拒绝了合作，而是指参与者从自己的实际利益出发来选择自己的决策集。在一个非合作博弈中，即便每个参与者在进行博弈之前都可以进行沟通，但是参与者之间除了博弈所规定的条件和准则外，仍然没有办法采取具备一定约束力的交易协议。因此，非合作博弈中，不完全知道对方意图往往会导致参与者两败俱伤。这样，与其他参与者密切相关的方方面面都必须详细化并且应用于博弈的规则当中。尽管参与者只是被各自的利益所驱使，但其内生的合作仍然很有可能达到。相比之下，合作博弈则假设所有参与方之间的协定都是具有约束力和能够确保执行的，因此也被称为联盟博弈。在某种程度上，合作博弈也可以被认为是非合作博弈的一种扩展，即从外部植入一种约束条件的特定情况。一般认为，在合作博弈中，具有约束力的协议是被强制实施的，并且合作收益会大于联盟内部成员单独行动时收益总和，同时在联盟内部的分配准则具有帕累托改进性质。在非合作博弈中，我们强调的是每个理性行为人拥有什么样的策略集，采取什么样的行动以及行动会对其他参与者产生什么样的影响。另外，在合作博弈中，人们关注的是联盟如何生成，以及联盟内部如何将收益合理分配而不造成冲突。虽然近年合作博弈理论重新兴起，吸引了大家的高度重视，但是相对于非合作博弈而言，合作博弈仍然存在一些缺点。比如在现实中的博弈存在着一部分完全不可能被强制执行的协议；一部分协议是参与者已经被强制达成了的，而另一部分协议是参与者远远无法强制达成的；在其协议实施的整个过程中，只有若干步协议能够被强制执行，其余的则仍然不能被强制执行。因此，博弈在实际的生活中大多是处于非合作博弈和合作博弈之间。

2.5.4.5 合作博弈的解

合作博弈研究的是合作之后收益分配的问题，主要解决合作博弈解的存在性和唯一性[22]，而不是联盟如何取得收益的问题。合作博弈与非合作博弈最大的不同在于合作博弈没有一个统一的“解”的概念，因为在众多可能的解中没有哪一个解能满足所有参与者对联盟收益合理分配的要求，因此这是合作博弈最困难也是最核心的问题。在现实生活中，人们往往更希望得到唯一的解，这样省去了在多个分配方案中权衡选择的麻烦，有利于问题的解决。随着合作博弈理论的发展，已经有很多成熟的核分配方法。纳什（1950）的谈判博弈和 L. 夏普利（1953）的夏普利值的公理化方法是合作博弈最基本的解法。

合作博弈从博弈的参与结构可以分成两种：两人参与的合作博弈与多人参与的合作博弈。其中两人参与的合作博弈又称为讨价还价问题，而该问题解的公认较优结果是纳什均衡解。多人参与合作博弈比较完善的解是占优解法和以夏普利值为代表的估值算法。占优解法由于存在缺陷而应用范围较窄[23]，夏普利证明夏普利值是合作博弈中同时满足虚拟性、有效性、匿名性、可加性四个性质的唯一解。夏普利值依据各参与者在合作过程中所产生贡献的大小来分配合作收益，符合亚当斯的公平理论。公平理论认为如果在利益分配时采用贡献率，即根据团队（联盟）成员贡献的大小来分配资源，可以提高团队的产出水平并激励成员合作的积极性。由于夏普利值较好地反映了人们对什么是“公平”的看法，所以夏普利值在联盟收益分配和成本分摊中获得了广泛的应用。

夏普利值法是由 L. 夏普利于 1953 年提出的一种公理化方法，是在博弈的三个公理的基础上推理的用来解决多人合作联盟收益分配问题的数学方法。它的解作为解释多人合作博弈的结果相当于纳什均衡在解释非合作博弈理论中的地位。夏普利值法不是简单的平均主义，而是基于期望边际收益思想，具有一定的合理性[24]。夏普利值法假设几个参与主体形成合作关系，并且这种合作关系会给他们带来比不合作更多的整体收益。在这种假设前提下，合作博弈的关键问题是这种合作博弈带来的利润应该如何在各个参与主体之间分配。夏普利值定义了参与主体在合作博弈情况下分配收益比例的向量。

基于夏普利值进行联盟成员的利益分配体现了各联盟成员对联盟总目标的贡献程度，避免了分配上的平均主义，比任何一种仅按资源投入价值、资源配置效率及将二者相结合的分配方式都更具合理性和公平性，也体现了各联盟成员相互博弈的过程，它能够在很多领域帮助分析合作博弈法利益分配情况。

利用夏普利值法进行利益分配应具备的前提条件是：要求每个参与者对在不同联盟组合状态下的收益有一个较为准确的预期；此外，还要对这种复杂的计算方式有一个清楚的了解。联盟的总收益有时可能是不确定的，不同联盟组合状态下的收益也可能是不确定的，这会在一定程度上影响夏普利值法的应用。对于总效用（总收益）不确定的情况，为了获取一个比较合理的不同联盟组合状态下的效用值，可以采用 AHP 法、ANP 法、模糊数学等综合评价方法来估算各种联盟组合状态下的可能效用值，从而获得夏普利值法所需要的数据，再进行具体利益分配上的计算。

夏普利给出了一组对策应满足的公理，证明了在这些公理下合作对策是唯一的。

（1）对称性。设 π 是 $I=\{1, 2, 3, \cdots, n\}$ 的一个排列，对于 I 的任意子集 $S=\{i_1, i_2, \cdots, i_n\}$，有 $\pi s=\{\Pi_{i1}, \cdots, \Pi_{in}\}$。若定义特征函数 $w(s)=v(\pi s)$，则对于每个 $i \in I$ 都有 $\Phi_i(w)=\Phi_{\pi i}(v)$。这表示合作获利的分配不随每个人在合作中的记号或次序变化。

（2）有效性。联盟成员的效用之和应该等于该联盟的总效用。联盟成员都想获得尽可能多的效用，如果联盟的效用不完全分配，那么成员将会对剩下的效用讨价还价以争取更多效用。

（3）冗员性。若对于包含成员 i 的所有子集 s 都有 $v(s \backslash \{i\})=v(s)$，那么

Φ_i（v）=0。其中 $s \backslash \{i\}$ 为集合 s 去掉元素 i 后的集合。这个公理说明如果一个成员对于任何他参与的合作联盟都没有贡献，则他不应当从全体合作中获利。

（4）可加性。如果 I 上有两个特征函数 v_1，v_2，那么就有 Φ（v_1+v_2）= Φ（v_1）+Φ（v_2）。此条公理表明当有多种合作时，每种合作的利益分配方式与其他合作结果是不相关的。

夏普利值证明了满足这四条公理的 Φ（v）是唯一的，并且它的公式是 $\varphi_i(V)=\sum_{i \in s \subseteq 1} W(|S|)[V(S)-V(S-\{i\})]$。

如果说夏普利值主要运用于多人合作博弈，那么纳什谈判模型主要用于两人合作博弈。纳什在 1951 年研究了两人合作博弈的双边谈判解，提出以下定理：

定理 1：任何一个具有纯战略的两人合作博弈至少存在一个双边谈判解。纳什提出的这一定理指出两人合作博弈总存在均衡解。那么在两人合作博弈中的双边谈判解是什么？也就是谈判双方都愿意接受的收益或效用是什么？为了回答这个问题，需要利用“占优”及帕累托最优的概念。

定义 1：在两人合作博弈中，我们把所有的二维效用向量的集合记为 I。若存在两个效用向量 $x=(x_1,x_2)\in I$，$y=(y_1,y_2)\in I$，如果且 $x_1 \geqslant y_1$ 且 $x_2 \geqslant y$，则称 x 占优 y，或者 y 被 x 占优，记为 xy。

定义 2：在两人合作博弈中，若效用向量(x,y)没有被任何其他效用向量占优，则称之为帕累托最优。

所有的帕累托最优效用向量的集合称为帕累托最优集。参与人总是希望自己获得的效用尽可能大，因此会对帕累托最优集中的效用向量感兴趣，而对那些被占优的效用向量往往不会采用。在帕累托最优集上，不可同时提高双方的效用，一方的效用提高，另一方的效用必然会降低。我们把帕累托最优集称为有效边界。

定义 3：在两人合作博弈中，有效边界由帕累托最优集构成。

有效边界曲线上所对应的效用组合都是符合集体理性的，也是满足帕累托最优的。也就是说，两人如果在有效边界上达成合作契约，那么则不存在帕累托改进的机会来同时提高两人的效用。但如果在有效边界之外达成合作契约，则双方都有可能进一增加效用。因此理性的参与者应该在有效边界上达成谈判契约。这就涉及谈判集的概念。谈判集最早由冯·诺依曼和摩根斯坦提出，谈判集的定义如下：

$B=\{(u,\ v)\ \mid u\geqslant u_1,\ v\geqslant v_1,\ (u,\ v)\ \}$ 满足个人理性且为帕累托最优

$u_1=\max\ \min r_1\ (x,\ y)$；$v_1=\max\ \min r_2\ (x,\ y)$

$x\in X,\ y\in Y$

其中 $(x,\ y)$ 为战略向量，$(X,\ Y)$ 为战略向量空间，$r_1(x,y)$、$r_2(x,y)$ 分别为参与者 1 和 2 的效用函数，是二维战略向量空间到实数集合的一个映射。

纳什对谈判集概念做了拓展，其只要求合作收益区域是一个可行集。同时合作的起始点也不一定要求是最大最小值，而是收益区域中的任意某个效用向量 (u_0,v_0)，将之称为现状点（或称冲突点）。

纳什的谈判集可表示为：

$B=\{(u,v)\mid u\geqslant u_1,v\geqslant v_1,(u,v)\}$ 满足个人理性且为帕累托最优，I 为有界凸集。纳什认为，谈判解应该满足以下性质：

性质 1：个体理性。$(u_1,v_1)\geqslant(u_0,v_0)$，即 (u_1,v_1) 占优 (u_0,v_0)，(u_0,v_0) 为现状点，即谈判的结果应该使双方的效用得到增进。

性质 2：集体理性。谈判的结果是满足帕累托效率最优，不存在占优 $(u_1,\ v_1)$ 的效用组合，即谈判解应该在有效边界上。

性质 3：对称性。如果两人谈判中，两位参与者的地位完全对等，那么两人谈判获得的效用应该一样。

性质 4：线性不变性。对合作博弈中参与者的效用函数做线性变换不会改变谈判结果。原因在于对效用函数做线性变换并不改变参与者的偏好关系，正如把摄氏温度计改用为华氏温度计测量气温，数据变化并不改变真实的天气气温一样。

性质 5：无关选择性。设 T 是一个谈判博弈，谈判集为 I，谈判解为 (u_1,v_1)。设 T' 为另一谈判博弈，谈判集为 I'。谈判集 I 包含 I'，谈判解 (u_1,v_1) 在 I' 内，则 (u_1,v_1) 仍为 T' 的解。

根据以上五个性质，纳什证明了如下定理：

定理 2：合作博弈的解 $U=(u_1,v_1)$ 应满足 $(u_1,v_1)\in I,u_1\geqslant u_0,v_1\geqslant v_0$，且使 $(u_1-u_0)(v_1-v_0)$ 取得最大值。

2.5.4.6 夏普利值在供应链的应用

将夏普利值用于供应链的利益分配，可以有效解决供应链各成员因为利益分配不公平而不愿意进行合作的问题，可有效提高供应链合作的稳定性。它的具体做法如下（见表 2-1）：

表 2-1 不同状态参与下的夏普利值参数

分配模型	A	A+B	A+C	A+B+C
$V(S)$	a_{11}	a_{12}	a_{13}	a_{14}
$V(S-\{i\})$	a_{21}	a_{22}	a_{23}	a_{24}
$V(S)-V(S-\{i\})$	A_1	A_2	A_3	A_4
$\|S\|$	1	2	2	3
$W(S)$	1/3	1/6	1/6	1/3
$W(S)[V(S)-V(S-\{i\})]$	$A_1/3$	$A_2/6$	$A_3/6$	$A_4/3$

在供应链中，$\varphi_i(V)$为合作联盟取得最大收益时成员 i 能够分配到的收益值，合作分配的策略为：

$$\varphi_i(V)=\{\varphi_1(V),\varphi_2(V),\cdots,\varphi_n(V)\}$$

对于任意一个 n 主体的合作博弈来说，夏普利值是唯一存在的。可以表示为：

$$\varphi_i(V)=\sum_{i\in s\subseteq 1}W(|S|)[V(S)-V(S-\{i\})],\ i=1,2,\cdots,n$$

其中，$V(S)$ 指 A 参与联盟的特征函数的表达式，$V(S-\{i\})$表示联盟 S 中除 A 之外其他参与者的贡献值，$V(S)-V(S-\{i\})$表示 A 在合作联盟中的贡献值，$|S|$表示集合 S 中的元素个数，$W(S)$表示参与者 A 应当获得的收益分配值，$W(S)[V(S)-V(S-\{i\})]$表示 A 在合作联盟中做出贡献的加权因子。从式（2-1）可以看出，夏普利值法得出的主要依据是成员对联盟所做出的利益贡献值，成员做出的贡献越大，他所能获得的收益就越多，从而避免了平均主义。

夏普利值法是常见的供应链合作利益分配方法之一，利用企业在供应链创造收益过程中做出的边际贡献来确定对应的夏普利值。经典夏普利假设认为在一个商品供应链上的各个子节点均为平等的，也就是说将每个节点所承担的影响因素都视作均等的，但从社会和经济的角度进行考虑，显然是不符合实际情况的。后来随着研究的深入，发现仅考虑企业的重要程度远达不到公平分配的要求，还需根据企业战略联盟的具体特点，通过风险因素或创新指数等对夏普利值法进行修正，使收益分配方案更具科学性。

2.6　区块链理论

2.6.1　区块链概念

（1）区块链的含义

区块链是一种带有数据“散列验证”功能的数据库。作为比特币的底层技术，区块链实质上是按时间顺序将一个个数据区块链接而成的链状数据结构，是一种用密码学保证的不可篡改、安全、透明的去中心化的分布式数据库或电子账簿[25]。数据区块主要由区块头与区块体共同组成，区块头包含版本号、区块的哈希值、前一区块的哈希值、前一区块共识过程的解随机数、时间戳和 Merkle 树根节点。区块体包括当前交易记录及之前所有验证成功的交易记录[26]；各区块头都包含前一区块的哈希值，以此哈希值为链接将各区块串联起来，形成一条从创始区块开始的最长的主链，时间戳记录区块交易写入的时间，Merkle 树根节点储存着区块的交易记录，可以快速校验交易是否存在或被篡改。

（2）区块链的定义

我国工信部于 2016 发布的白皮书中将区块链定义为：“区块链是分布式数据存储、点对点传输、共识机制、加密算法等计算机技术在互联网时代的创新应用模式。”

区块链技术是指多个节点间，基于加密链式区块结构、分布式节点共识协议、P2P 网络（对等网络）通信技术和智能合约等技术组合而成的一种去中心化基础架构。区块链是由一些已经成熟的技术整合而成，区块链目前主要有公有链、联盟链及私有链三类，数据层、网络层、共识层、激励层、合约层和应用层构成了区块链底层基础架构[27]。

2.6.2 演进历程

2008 年 11 月 1 日，一位自称中本聪（Satoshi Nakamoto）的人发表了《比特币：一种点对点的电子现金系统》一文[28]，阐述了基于 P2P 网络技术、加密技术、时间戳技术、区块链技术等电子现金系统的构架理念，这标志着比特币的诞生。2009 年 1 月 3 日，第一个序号为 0 的创世区块诞生。2009 年 1 月 9 日，出现序号为 1 的区块，并与序号为 0 的创世区块相链接形成了链，标志着区块链的诞生[29]。

区块链 1.0 时代的标志是比特币诞生，其主要是通过数字签名和共识机制的保证构建了一个安全、透明和去中心化的电子账簿，全部网络节点可共享其数据库，每个节点权利义务平等，共同维护整个网络[30]。

2014 年，区块链 2.0 为第二代可编程区块链，经济学家们认为它是一种可以允许用户写出更精密和智能的协议的编程语言。区块链 2.0 技术跳过了交易和“价值交换中担任金钱和信息仲裁的中介机构”。它们被用来使人们远离全球化经济，使隐私得到保护，使人们“将掌握的信息兑换成货币”，并且有能力保证知识产权的所有者得到收益。第二代区块链技术使存储个人的“永久数字 ID 和形象”成为可能，并且对“潜在的社会财富分配”不平等提供解决方案。

区块链 3.0 是价值互联网的内核。区块链能够对每一个互联网中的代表价值的信息和字节进行产权确认、计量和存储，从而实现资产在区块链上可被追踪、控制和交易。价值互联网的核心是由区块链构造一个全球性的分布式记账系统，它不仅能够记录金融业的交易，而且几乎可以记录任何有价值的能以代码形式进行表达的事物：教育程度、财务账目、医疗过程、保险理赔、投票等。因此，随着区块链技术的发展，其应用能够扩展到任何有需求的领域，包括审计公证、医疗、投票、物流等领域，进而扩展到整个社会。

未来区块链 4.0 时代将融合大数据、人工智能等形成如神经网络共识、链内外算力共享等新兴技术，更加有效支持大规模产业级复杂应用[31]。

2.6.3 区块链分类

区块链按照开放程度分为公有区块链、私有区块链以及联盟区块链三类。

（1）公有区块链

公有区块链（public block chains）产生时间最早，应用也最为广泛。开放和透明的公共链，使世界上的任何个人或团体都可以在其区块链上进行交易，所有节点共同参与记录。所以公有区块链的去中心化性质最强，其典型代表为比特币。

公有区块链架构的基本特征如下：首先，公有区块链采用开放读写及交易权限的去中心化的分布式账本；其次，公有区块链采用共识算法及加密算法的去中介化的数字信任机制；最后，公有区块链实行用工作量证明及权益证明的虚拟货币的激励机制。用户可以从公有区块链的每一节点上自由地进出网络，还可以读写公有区块链上的每一组数据。公有区块链的联通模式是扁平的拓扑结构，即没有任何一个节点是中心点，所有的节点都是相同的。公有区块链体系结构中也存在技术性缺陷：硬件要求高且交易速度慢。如果公有区块链在交易速度和资源利用效率等方面能够突破技术瓶颈，实现公众认可的可靠性，或许公有区块链在社会生活和现代商业中的领地可以得到较大的扩展。

（2）私有区块链

私有区块链（private block chains）相对封闭，它被某个机构或者组织所控制，记账权并不公开，区块链上信息的读写、记账规则、权限全部由该组织根据自身需求而改变。

私有区块链的特点是内部控制着每一个节点的写入权，从外部是不可以对节点进行写入的，但是相应的组织可以根据实际的情况对大众开放一部分的读取权。私有区块链跟公有区块链和联盟区块链一样具备区块链多节点运作的总体架构，私有区块链更适合用在特定机构的内部数据管理与审计上。私有区块链架构的基本特征是：有中心的分布式账本。私有区块链采用一个不强调“去中介”的数字信任机制，因为其读写权限及交易权限受“中心”的约束和限制，需要得到“中心”的许可批准。私有区块链本质上采用了分布式账本、加密算法和智能合约等区块链技术，同时具有传统的信息技术架构的“中心化”特征。因此区块链平台很容易与现有信息技术平台集成，建立一个局域性的多维度的交互架构，不但可以提高数据处理的速度，还可以提高数据处理的质量。

(3) 联盟区块链

联盟区块链(consortium block chains)又称联合(行业)区块链,其开放程度介于公有区块链与私有区块链之间。它由某一个群体内部选定的多个预选节点进行记账,每个区块的产生由所有预选节点共同决定,节点的进入和退出必须由所有预选节点同意。正是由于其多中心化的特点,保留了公有区块链与私有区块链各自的优势,可以发展联盟区块链作为金融行业和企业的技术解决方案。

一般通过点击联盟区块链上的某个节点,就能够进入其所对应的某个组织,每一个节点都对应着一个机构。一般不能够自由地进出,必须要得到相应组织的许可。每一个组织的背后都牵涉了一个由利益关系连接在一起的联盟,联盟区块链就是由此而来。联盟区块链可以很好地应用在金融领域。在金融业,大、中、小型金融机构可以通过联盟区块链技术构建一个共同参与的分布式账本系统,从而打造一个联盟的所有金融机构均可参与的互联互通的技术平台。在这个联盟平台上,现有系统与创新系统可以无缝连接,金融服务系统与客户之间可以直线连接,联盟平台可以为客户提供更高效率的金融服务,实现信息、产品和服务三共享。联盟区块链数字信任机制不强调"去中介"的特性,而是采用有中介的分布式和多中心架构,可以实现有限的许可、授权的读写及交易权限。联盟区块链的基本特征是开源式、多中心的分布式账本。从这个意义上讲,联盟区块链可以看作私有区块链的集合。与传统的大中心数据架构不同,联盟区块链的"中心"地位可能是由技术的先进性和服务的友好性竞争的结果,而非由行政管理部门指定的。联盟区块链的"信任"既可以是来自依托传统信用模式的中介,也可以是来自去中介的技术性信任。

2.6.4 区块链基础架构

一般区块链的基础架构模型可以分为六层,从下而上依次为数据层、网络层、共识层、激励层、合约层和应用层[32]。数据层封装了底层数据区块以及相关的数据加密和时间戳等基础数据和基本算法;网络层则包括分布式组网机制、数据传播机制和数据验证机制等;共识层主要封装网络节点的各类共识算法;激励层将经济因素集成到区块链技术体系中来,主要包括经济激励的发行机制和分配机制等；合约层主要封装各类脚本、算法和智能合约，是区块链可编程特性的基础；应用层则封装了区块链的各种应用场景和案例[33]，如图 2-2 所示。

图 2-2　区块链基础架构

（1）数据层

数据层的数据区块主要由区块头与区块体共同组成，区块头包含版本号、区块的哈希值、前一区块的哈希值、前一区块共识过程的解随机数、时间戳和 Merkle 树根节点。区块体包括当前各企业交易记录及之前所有验证成功的信息和交易记录。区块的链式结构，使区块形成一条可以从开始到结束的溯源路径；而 Merkle 树的二项树结构可以实现信息的快速查询和定位错误数据；

哈希值的灵敏性为信息不可篡改提供了技术支持。通过算法生成公匙和私匙，密钥之间唯一的数学关系使得私钥在消息上的签名，只有对应公钥在相同的消息上才可以与之匹配。

（2）网络层

网络层中 P2P 网络结构是分布式储存的基础，扁平式拓扑结构的 P2P 组网方式实现区块链网络节点之间的信息交互，整个网络的正常运转不会被部分节点的损坏而影响，但同时提高了维护全部节点的成本。全部网络节点会实时监听网络中的广播信息，发现其他节点的广播数据后，会查看交易中的签名和时间戳等标记，并利用区块的工作量证明验证此次交易和区块的有效性。若通过验证，则进行存储并继续转发广播；否则，废弃此数据信息并不再转发。节点通过广播将自己生成的交易信息向周围节点发送，其他节点验证通过后继续传播，当大多数（51%）节点接收到信息后即为交易通过；若信息验证未通过，便会废弃，停止继续传播错误信息[27]。

（3）共识层

共识层包含了在网络节点上的各种共识算法。共识算法包含两个层面，第一个是点的层面，即多个节点对某个数据达成一致共识。该节点可以是任意的计算机设备，比如个人电脑、笔记本、手机、路由器等，数据可以是交易数据、状态数据等。第二个是线的层面，即多个节点对多个数据的顺序达成一致共识，这是很多共识算法要解决的本质问题[23]。目前共识机制有 POW 工作量证明（通过计算出哈希值获得新区块记账权，随后其他节点验证结果正确性后同步消息）、DPOS 股份授权证明（根据节点拥有的权益投票选出几个节点，类似于董事会，轮流进行记账）和 PBFT 拜占庭容错算法（选出分记账节点通过投票的方式达成共识）等常见机制。在 POW 机制中，如果篡改或伪造区块，必须对此区块以及后面的所有区块都重新寻找随机数[34]。

（4）激励层

激励层其实是区块链共识过程通过汇聚大规模共识节点的算力资源来实现共享区块链账本的数据验证和记账工作，因而其本质上是一种共识节点间的任务众包过程。在激励层将经济因素集成到区块链体系之中，共识节点之间构成了服务众包机制[35]。共识节点既可最大化自身的利益，又可保障整个系统有效的整体运作。比特币系统常见的分配机制有每 N 股支付、每股支付和按比例支付等。

（5）合约层

合约层封装区块链系统的各类脚本代码、算法以及由此生成的更为复杂的智能合约。如果说数据、网络和共识三个层次作为区块链底层“虚拟机”分别承担数据表示、数据传播和数据验证功能，那么合约层则是建立在区块链虚拟机之上的商业逻辑和算法，是实现区块链系统灵活编程和操作数据的基础，包括比特币在内的数字加密货币，大多采用非图灵完备的简单脚本代码来编程控制交易过程，这也是智能合约的雏形。随着技术的发展，目前已经出现了以以太坊为代表的可实现更为复杂和灵活的智能合约的脚本语言，使区块链能够支持宏观金融和社会系统的诸多应用[36]。

（6）应用层

应用层包含了区块链的各种应用场景和案例。区块链 1.0 支持虚拟货币相关应用，可构建与转账、数字化支付相关的去中心化电子货币应用，能够实现跨国交易和快捷支付等多样化服务，比特币应用是其典型代表。区块链 2.0 增加了智能合约的创新应用，智能合约在金融领域被作为金融市场的公正基石之后，在债券、股票、产权、贷款和抵押等方面便可得到广泛应用；同时将技术拓展到可支撑一个去中心化的市场的水平，扩大交易范围。区块链 3.0 则是以“去中心化”的思想配置全球资源，将区块链的应用范围拓展到货币和金融以外的领域，比如政府选举、文化版权、社会公正和健康医疗等[27]。

2.6.5　区块链关键技术

（1）分布式账本

区块链在 P2P 分布式网络中，由各个节点共同以协议验证并维护一个账本，每个节点都存储着这个账本和智能合约。账本以区块的形式存在，每个区块通过哈希值和之前的区块相连。其中包含了分布式、记账、传播、存储的“去中心化”的概念。首先，分布式区块链系统超级账本的运行，都是由一组分散于各地的节点（通信设备）组成；传播就是这些节点在互联网中互相通信接收“交易信息”和发出信息；记账和储存是节点通过共同的协议验证“交易信息”并达成一致，然后更新各自账本完成备份；记账系统区块链内容的实质是一条条“键值对”形式的“交易信息”。交易记账由分布在不同位置的多个节点完成，每个节点记录网络中的所有交易记录，使其参与交易合法性监控，共同证明交易[37]。

（2）共识机制

区块链中交易必须按照发生的顺序更新记录到账本中，不同节点集合在网络中的交易需要建立交易的顺序，且必须采用一种方法来拒绝错误（或恶意）插入账本中的非法交易。保持账本在整个网络中同步的过程称为共识。此过程确保只有在交易得到适当数量的参与者批准的情况下才更新账本，并且如果更新账本，则以相同的顺序更新相同的交易。共识机制代表了所有记账节点之间的共识，以确保数据记录的有效性，不仅可用于识别，还可用于防止篡改。许多分布式区块链如以太币和比特币，任何节点都可以参与共识过程，交易被排序并打包成区块。系统依靠概率共识算法最终保证账本一致性高，但仍容易受到“分叉”影响[29]。

区块链共识机制下所有节点都有权进行共识的提出和验证，并具有成为最终结果的机会。共识机制有 POW 工作量证明、DPOS 股份授权证明和 PBFT 拜占庭容错算法等常见机制。联盟区块链的共识机制是 Kafka 集群，节点提交提案经背书节点背书，然后将背书的提案上传至 Kafka 集群，经排序节点将信息按时间排序（避免双花问题）打包成区块下发给通信节点，各个节点根据背书策略验证通过后更新到自己账本。以比特币为例，采用的是 POW 工作量证明，需要控制 51% 的节点才可伪造数据，当节点足够多时，伪造成本会高于收益[38]。

（3）Merkle 树

Merkle 树是特殊二叉树结构，它由一组叶子结点（存储数据）、一组中间结点和一个根节点（存储哈希值）组成，又称哈希树。这种二叉树的结构可以实现信息的快速查询和定位错误数据，每组叶子节点都是一个交易的哈希值，它们两两成对，组合出新的哈希值构成中间节点，继续重复两两成对直到下一个节点即根节点：一个根哈希值和时间戳、上一区块的哈希值、版本号和共识参数等保存在区块头中。任何叶子节点的内容发生改变都可以影响父节点的哈希值，并一直将这种影响延伸至根节点，凭此可以直观地看到数据是否发生变化并很快确定是哪个叶子结点发生了变化。

（4）哈希函数

哈希算法是散列函数，经哈希运算它可以将任意输入映射为固定长度的散列值、哈希值。哈希值的空间一般远小于输入的空间，这意味着不同的输入可以映射到同一个输出上，从而无法从哈希值中确定输入值的唯一性。由此可以看出，哈希算法是只有加密过程，没有解密过程的一种单向密码机制，由明文到密文的不可逆映射构成。哈希函数可以利用单向机制和固定数据长度生成数据和消息。

目前实际应用中，SHA256、MD5 和 MD4 等应用较多。区块链中普遍应用的是 SHA256 算法，对于任意输入信息 SHA256 算法会将输入压缩为一个 256 位的哈希值（消息摘要），抗穷举性高，在确定哈希值和哈希函数的情况下，基本无法反向推导出原始信息。区块链加密、共识过程中哈希函数不可或缺，输入信息微小的变化都会改变哈希值，输入任意两条信息得到的哈希值也不可能相同，碰撞性和安全性可以很好地满足区块链可靠性需求。

（5）非对称加密

非对称加密算法可以为交易双方提供去中心化下信息交换保障，满足区块链安全性和所有权验证需求。非对称加密常用 RSA、DSA 和 ECDSA 等算法，在区块链中，非对称加密的公钥和私钥对信息加密、解密是数字签名和加密认证的重要方式。区块链中数字签名是将交易信息经哈希运算生成摘要，通过私钥加密摘要生成数字签名，区块链其他节点通过公钥解密数字签名，并与自己哈希运算交易信息生成摘要进行对比，检验数据真实性和信息发布者身份的验证。公钥是公开的，私钥是保密的，公钥无法反推出私钥，公钥和私钥加密的信息可以互相解密。非对称加密技术广泛应用于区块链数字签名和加密认证等。

（6）智能合约

智能合约到目前为止尚未形成公认定义。1994 年 Nick Szabo 最早提出智能合约的定义为“一套以数字形式指定的承诺，包括合约参与方可以在上面执行承诺的协议”。智能合约是运行在区块链上去中心化、去信任化、自我验证、自动执行合约条款完成信息交换、价值转移和资产管理的计算机交易协议。智能合约通过联盟各主体成员制定合约内容，并设置触发条件，生成代码后经全网共识验证并部署到各节点，各节点上传信息通过智能合约自动验证并存储到区块链。

智能合约和账本一起构成了区块链的核心，它们一起布署到节点上，应用程序通过调用智能合约来实现对账本数据的查询、写入和删除等操作。智能合约是开发人员将业务流程、法律语言和协议规则等转换为编程语言，用可执行的代码定义不同组织间的规则，从而实现各种各样的新可能和拓宽了区块链的应用领域。

在超级账本中，智能合约在区块链网络组织所有节点运行，智能合约提取一组名为交易提案的输入参数，并将其与程序逻辑结合使用以读写账本。对“世界状态”的更改被捕获为交易提案响应（以下简称“交易响应”），该响应包含一个读写集，其中既含有已读取的状态，也含有还未书写的新状态（如果交易有效的话）。一项交易被分发给网络中的所有节点，各节点通过两个阶段对其进行验证。首先，根据背书策略检查交易，确保该交易已被足够的组织签署。其次，继续检查交易，以确保当该交易在收到背书节点签名时它的交易读写集与世界状态的当前值匹配，并且在中间过程中没有被更新。如果一个交易通过了这两个测试，它就被标记为有效。所有交易，不管是有效的还是无效的，都会被添加到区块链历史中，但是仅有效的交易才会更新“世界状态”。

2.6.6 区块链特征

区块链的主要特征包括去中心化、公开透明、信息不可篡改、匿名性、自治性、可追溯性、集体维护和智能性[30]。

（1）去中心化

区块链是由 P2P 网络中各个节点共同以协议验证并维护的一个账本，每个节点都存储着该账本和智能合约。区块链中的交易信息不需要中心节点来处理，根据算力、预选节点轮流或者选举等共识方式，确定记账节点进行数据的打包，所有节点可以进行验证信息的真实性。这种自动根据预设规则和全员参与、不需要中介和信任机构背书是区块链最突出的特性。

节点之间的数据交换是通过数字签名技术验证的，不需要相互信任，只要按照系统的既定规则通过数字签名技术验证节点之间的数据交换。在此过程中，节点不能误导其他节点，节点的损坏或丢失不会影响整个系统的运行。

每个节点都有高度的自治权。节点之间可以自由连接，形成一个新的连接单元。每个节点都可以成为一个阶段性的中心，但不具有强制性的中心控制功能。节点之间会通过网络形成非线性的因果关系。这种开放、扁平、平等的制度现象或结构，即为去中心化。

（2）公开透明

区块链的信息是公开透明的，因其系统的开放性，除了各节点私密信息加密外，所有节点都有一份分布式账本的副本。每个节点设备都可以单独验证、调用数据和开发相关应用；区块链的共识机制使得数据的更新方式和访问数据都是相同的，区块链所有成员在系统内的交易数据都是可见的，破坏数据的行为很容易被追踪发现，保证了区块链的信息透明性。

（3）信息不可篡改

交易信息在区块链中经过哈希运算和共识算法验证后，打包成块添加到区块链存储。区块的链式结构和哈希函数的特性使上链的有效信息不可篡改，一是因区块的链式结构使区块形成一条可以从开始到结束的溯源路径；二是 Merkle 树的二叉树结构可以实现信息的快速查询和定位错误数据；三是哈希值的灵敏性为信息不可篡改提供了技术支持，SHA256 算法使输入信息微小的变化都会改变哈希值，输入任意两条信息得到的哈希值不可能相同，除非同时控制超过 51% 的节点才可以伪造区块链信息，但成本远高于收益而不可能实现，相当于一人对抗全网算力。

（4）匿名性

区块链中各节点身份通过 CA 认证机构颁发证书后，通过算法生成公匙和私匙，密钥之间唯一的数学关系使私钥在消息上的签名，只有对应公钥在相同的消息上才可以与之匹配。公匙公开，私匙保密，交易双方可以用对方公匙验证消息来源的身份获取信任；消息发送者私匙保密，不需验证现实身份信息来产生信任。因此匿名性是区块链很明显的特征之一。

（5）自治性

区块链中利用非对称加密算法和共识算法，营造了安全可信的数据交换环境，使所有节点从“信任人”转变为“信任机器”。区块链系统中发生的交易和信息的交互会通过共识算法和非对称加密的赋能，为系统的运转提供安全、可信和自治的环境。

（6）可追溯性

区块的链式结构、时间戳和 Merkle 树等对于数据追溯提供了从源头到终点的溯源可能性。交易信息经共识验证通过后添加到区块，数字摘要、时间戳和上一区块的哈希值保存到区块头，相邻区块以链式结构相连，实现了有序排列。信息在链条中流转为溯源提供了很好的途径。

（7）集体维护

区块链中所有节点都拥有一个账本副本，全部网络节点权利义务平等，共同共享和维护数据库。在区块链系统中任一节点可验证交易和发起交易，参与共识并更新自己的账本数据。

（8）智能性

区块链拥有以上 7 个特性的同时还具备可编程性，可承载业务流程编程语言化等智能合约技术。该特性使区块链具备了灵活性和多样性，在区块链上创建和布署相关的程序，可以实现自动执行的智能性。

本章参考文献

［1］陈静怡. O2O 商业生态系统下零售行业多元价值共创实现机理研究：以永辉超市为例［J］. 北京科技大学学报（社会科学版），2021，37（1）：74-83.

［2］武文珍，陈启杰. 价值共创理论形成路径探析与未来研究展望［J］. 外国经济与管理，2012，34（6）：66-73，81.

［3］VARGO SL，LUSCH R F. Evolving to a New Dominant Logic for Marketing［J］. Journal of Marketing，2004，68（1）：1-17.

［4］胡观景，袁亚忠，张思，等. 价值共创研究述评：内涵、演进与形成机制［J］. 天津商业大学学报，2017，37（2）：57-64.

［5］张培，刘凤. 基于多主体的价值共创过程机理：以广东品胜电子股份有限公司为例［J］. 中国科技论坛，2016（12）：154-160.

［6］万骁乐. 共创视角下供应链互动增值研究［D］. 济南：山东大学，2017.

［7］张秀妮. 基于价值共创的平台企业商业生态系统演化研究［D］. 秦皇岛：燕山大学，2020.

［8］赵哲，贾薇，程鹏，等. 垂直电商的服务创新与价值共创实现机制研究：基于服务主导逻辑的视角［J］. 大连理工大学学报（社会科学版），2017，38

(4)：64-73.

[9] 陈嘉男. 电商平台价值共创模式探析 [D]. 南昌：江西财经大学，2019.

[10] 邓喜才. 主从博弈 [D]. 贵阳：贵州大学，2009.

[11] 王文宾. 演化博弈论研究的现状与展望 [J]. 统计与决策，2009 (3)：158-161.

[12] 张良桥. 论进化稳定策略 [J]. 经济评论，2003 (2)：70-73.

[13] 张良桥，郭立国. 论模仿者动态理论 [J]. 中山大学学报 (自然科学版)，2003 (3)：97-98.

[14] 郑凯清. 基于演化博弈的共享快递包装多主体决策机制研究 [D]. 徐州：中国矿业大学，2019.

[15] 刘绍鹤. 基于合作博弈的协同创新主体动态利益均衡研究 [D]. 长沙：湖南大学，2017.

[16] 汪翔. 基于Shapley值的研发联盟收益分配及风险分担研究 [D]. 重庆：重庆大学，2016.

[17] 李劢. 基于合作博弈的农民专业合作社利益分配问题研究 [D]. 咸阳：西北农林科技大学，2014.

[18] 王选飞. 基于合作博弈理论的移动支付商业模式运行机制研究 [D]. 广州：华南理工大学，2017.

[19] RASHEDI N，KEBRIAEI H. Cooperative and noncooperative Nash solution for linear supply function equilibrium game [J]. Applied Mathematics and Computation，2014，244 (2)：794-808.

[20] DABBAGH S R，SHEIKH-EL-ESLAMI M K. Risk-based profit allocation to DERs integrated with avirtual power plant using cooperative Game theory [J]. Electric Power Systems Research，2015，121 (4)：368-378.

[21] FIESTRAS-JANEIRO M G，GARCíA-JURADO I，MECA A，etal. Cooperative game theory and inventory management [J]. European Journal of Operational Research，2011，210 (3)：459-466.

[22] 陈思源. 合作博弈Shapley值的扩展与应用 [D]. 西安：西安电子科技大学，2011.

[23] 王泰. 基于农业全产业链合作博弈的利益分配与金融服务研究 [D]. 哈尔

滨：哈尔滨工业大学，2014.

[24] 王城松. 基于修正 Shapley 值法的中小企业供应链协同创新收益分配研究［D］. 长沙：湖南大学，2017.

[25] 贺海武，延安，陈泽华. 基于区块链的智能合约技术与应用综述［J］. 计算机研究与发展，2018，55（11）：2452-2466.

[26] 李燕，马海英，王占君. 区块链关键技术的研究进展［J］. 计算机工程与应用，2019，55（20）：13-23，100.

[27] 孙善勇，张玉清. 区块链技术［J］. 首都师范大学学报（自然科学版），2020.

[28] 中本聪. 比特币：一种点对点电子现金系统［EB/OL］. docin. com/p-2454400001. html.

[29] 范希文. 金融科技的赢家、输家和看家［J］. 金融博览，2017（11）：44-45.

[30] 冯毅. 基于区块链的智能物流系统的研究与实现［D］. 成都：电子科技大学，2019.

[31] 朱建明，张沁楠，高胜. 区块链关键技术及其应用研究进展［J］. 太原理工大学学报，2020，51（3）：321-330.

[32] 付金华. 高效能区块链关键技术及应用研究［D］. 郑州：战略支援部队信息工程大学，2020.

[33] 袁勇，王飞跃. 区块链技术发展现状与展望［J］. 自动化学报，2016，42（4）：481-494.

[34] 邵奇峰，金澈清，张召，等. 区块链技术：架构及进展［J］. 计算机学报，2018，41（5）：969-988.

[35] 蔡维德，郁莲，王荣，等. 基于区块链的应用系统开发方法研究［J］. 软件学报，2017，28（6）：1474-1487.

[36] 袁勇，王飞跃. 区块链技术发展现状与展望［J］. 自动化学报，2016，42（4）：481-494.

[37] 董慧，张成岩，严斌峰. 区块链技术应用研究与展望［J］. 互联网天地，2016（11）：14-19.

[38] 马瑞鹏，张珂雯. 区块链发展历程与研究初探［J］. 数码世界，2020（12）：7-8.

第3章

社区电商平台供应链价值共创分析

社区电商平台一跃成为人们进行生活用品选购的重要途径，社区电商供应链的价值共创能力也受到广泛关注。为提高社区电商供应链价值共创能力，本章分析了供应链参与主体和主体行为网络，构建了社区电商供应链价值共创模型，分别对社区电商平台供应链整体、链上企业联盟价值、消费者价值展开了探讨，得出企业联盟考虑消费者价值时能够提高供应链整体价值和消费者价值，但会降低企业联盟价值的结论。进而对提高的价值进行再分配以平衡这种合作带来的影响，并使用 MATLAB 软件对模型进行数值检验来进一步验证得到的结论，最后针对这些结论提出了合理建议。

3.1 社区电商平台相关研究

社区电商平台是依赖于社交应用、运营小程序和 App 工具，将线上和线下相结合，以满足一定区域内消费需求的商业模式。社区电商平台具有受众面广、使用方便、能够与消费者面对面沟通的优势，获得了广泛认可并得到了快速发展。在我们现在所处的 21 世纪，企业与企业之间的竞争归根结底是供应链与供应链之间的竞争，而供应链的竞争优势是各个供应链价值创造的能力。因此社区电商企业要在激烈的竞争中处于优势地位，必须提高整个供应链的价值共创能力。社区电商平台供应链是以社区电商平台为核心企业，以满足消费者最终需求为出发点，涉及商品生产流动全过程的由供应商、核心企业、物流服务商、社区自提点（社区团长）以及消费者等全部参与者共同组成的网链结构。如何提高整个供应链的价值创造能力，成为社区电商平台企业最为关心并且最重要的事情，因此社区电商平台供应链价值共创成为重点研究对象。

通过对以往文献的梳理可以发现，关于价值共创已有不少研究，主要分为服务主导逻辑和顾客体验逻辑两大类别。在服务主导逻辑的观点下，价值是一种互动的产物，企业通过互动与消费者进行交流沟通，促进各方资源的优势整合，让消费者用自己的知识、经验参与到产品的设计生产过程中来，进一步实现价值的互惠增生。在顾客体验逻辑下，顾客通过互动来获取企业的产品或服务，并利用自身的知识及技能为自己创造价值。张培等（2016）从多主体的角度分析了价值共创的内涵和特征，指出价值共创具有主体多元性、过程动态性、资源匹配性，共创过程包含生产和价值创造两个过程，各主体在不同的过程中承担不同的角色[1]。简兆权等（2016）分析了顾客体验、服务主导逻辑等五个角度，发现各角度的分析并不是完全对立的，而是能够互相补充和促进的[2]。万骁乐等（2017）构建了开放式创新主体供应链的价值创造模型，并对开放式创新主体对供应链价值、消费者价值等产生的影响进行了数值分析[3]。陈静怡（2021）对 O2O 商业生态系统多元价值共创实现机理进行了研究，提出在核心价值创造过程中，一方面零售企业要整合自身及供应链上的资源并不断增强自身，另一方面客户要借助个人有价资源的整合以及个性价值主张的传递与反馈来提高自我参与价值共创的能力，其他利益相关者也需通过资源的传递和整合来推动价值共创[4]。张秀妮（2019）构建了基于价值创造的平台企业商业生态系统模型，分析了其价值创造系统并对各方主体合作关系进行了研究，阐述了各方利益相关者之间的价值关系[5]。赵哲等（2017）发现垂直电商企业通过资源整合和协同最终实现价值创造是通过消费者与企业以及供应商和企业等多方的互动来进行的[6]。杜华勇等人（2020）通过研究得出电商交易平台的价值共创受到平台设计和客户参与两方面的影响，并且在价值创造过程时具有因果不对称性[7]。对于社区电商平台也有了一些研究，匡晶（2019）认为社区电商平台供应链竞争激烈，模式趋同化，而供应链环节是社区电商的要害，良好的供应链可以保证效率实现成本最优[8]。邵文君等（2020）认为现在的社区生鲜电商冷链需求大但供应链不完善，生鲜电商物流成本和运营成本高昂难以实现高额利润，需要供应链上各企业优势互补进行强强联合[9]。

通过对文献的梳理发现，既往对于社区电商平台的研究往往是对模式、发展情况以及发展趋势的研究，而对社区电商平台供应链价值共创的研究比较少。

3.2　社区电商平台供应链价值共创网络分析

价值共创活动是以客企互动为主体、多方互动为支撑的合作维系、资源整合和价值实现的多元参与、渐进演化的过程[4]。供应链价值创造系统由供应链价值创造主体和价值创造模式两部分组成，因此要研究供应链价值共创首先要对价值创造主体进行分析。社区电商供应链价值创造主体包括供应链上的各个节点，在传统情况下，人们普遍认为价值是由单个或多个企业创造出来的，消费者不参与创造价值而只是接受价值；但事实上，消费者很大程度地参与到商品生产或服务提供的各个过程中。因此价值共创不仅是由供应链中的各个企业来完成的，还是由包含消费者在内的全部节点来协作完成的，而且价值共创的基础也正是各节点之间的整合和互动[10]，他们用自己的知识和经验参与到价值共创中[11]。

3.2.1　主体分析

根据实际情况，社区电商平台供应链包含的主体可能有所不同，但一般是供应商、社区电商平台、网格站服务商、社区团长（社区自提点）以及消费者。社区电商平台供应链价值共创系统主体构成如图 3-1 所示。

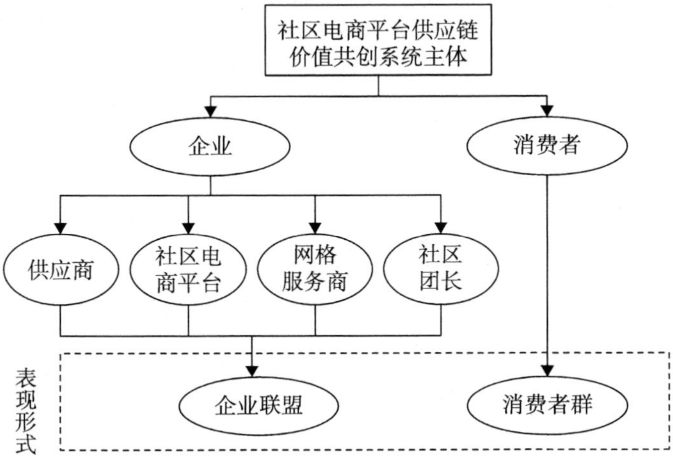

图 3-1　社区电商平台供应链价值共创系统主体构成

（1）供应商

供应商作为供应链的起点，是社区电商平台供应链一个重要的主体，为整个供应链提供流动的物质基础。供应商提供商品的优劣是保持供应链竞争优势的必要条件，因此选择良好的供应商并处理好供应商关系是供应链价值创造的重要前提。

（2）社区电商平台

社区电商平台是整个社区电商平台供应链的核心，连接从供应商到消费者之间的所有环节，将各方参与者的资源整合到供应链内，为链内其他成员提供交易和沟通的平台。电商平台进行供应商的选择并将供应商提供的商品信息上架供消费者浏览和挑选，消费者可以在电商平台里查看商品详情以及买家评价并在平台进行下单操作。

（3）网格服务商

网格服务商负责商品的分拣和物流服务，完成商品在供应链中从供应商到消费者的流动过程。社区电商平台一般承诺当天下单、次日到货，这就需要网格服务商能够快速准确地根据消费者的需求进行商品的拣选和运送。它的服务质量对整个供应链的质量和顾客满意度有较大影响。

（4）社区团长

社区团长是商品在整个供应链末端环节的直接把控者，社区团长的个人作用在社区电商模式下很大程度地被放大，他们的销售能力同样影响社区电商平台所在区域的消费者人数以及销售额度。社区团长的加入，使社区电商平台除满足消费者的物质需求外更具温度，也更具有质量效率。社区团长与消费者之间的分享和沟通加强了消费者黏度，可以提高供应链的质量。

（5）消费者

消费者是商品的终端接受者，商品在供应链顺利结束的标志是商品送达消费者手中，而供应链的目的是满足消费者的需求。价值共创理论认为，消费者并不是只是价值的消耗者，与供应链中其他节点一样，他们也是价值的创造者，通过自我学习和与企业或者其他消费者的互动，实现供应链价值共创。

以上是对社区电商平台供应链主体的分析，根据各主体在供应链上的位置和性质，可将其分为两大类。一类是供应链企业（企业联盟），包括供应商、社区电商平台、网格服务商以及社区团长，它们是在所生产的商品或者提供的服务在交付给消费者之前的所有企业或者个人组织。供应链各企业通过创新利用内外部渠道获取企业先进的知识技能，使企业能够以最快的速度、最小的成本来增加企业的价值创造或者增值能力；供应链各企业之间通过互动、资源整合，吸引和确定价值观念相契合的伙伴参与共创，利用联盟的形式弥补各方企业资源、能力的不足，寻求超额利润获得竞争优势，进行价值的创造，实现整体供应链的价值最大化。

另一类就是消费者。消费者在实践中的地位一直在发生变化，是除企业外进行价值创造的另一个主体。消费者价值创造的活动发生在生产领域和消费领域。在生产领域，消费者个性化的需求影响着商品的生产和后续流通，通过与企业的互动，提高企业生产效率，与企业共同实现价值创造。在消费领域，消费者组成消费者群，通过学习、体验获得体验价值或者对商品的评价，共享给其他消费者，从而实现消费领域价值的创造。

3.2.2　行为网络分析

社区电商平台供应链的价值共创是通过不同主体持续广泛的异质交互来实现的，他们通过对资源的整合和服务的互换，加以制度的约束来进行价值共创的实现[12]。在这个过程中，主要侧重于各方理念的交互、各方优势资源整合、信息共享，最终实现价值共享。在价值共创的过程中，主要是通过企业与消费者的互动、企业之间的合作、消费者之间的互动等来实现，社区电商平台主体行为网络如图 3-2 所示。

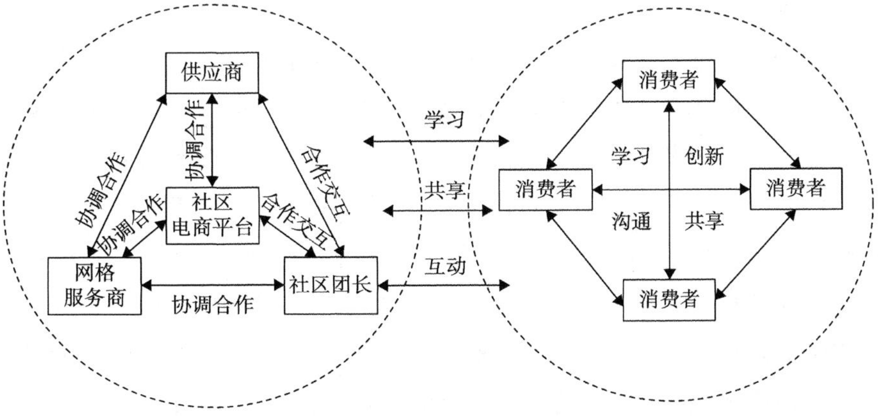

图 3-2　社区电商平台主体行为网络

（1）企业与消费者互动

服务主导逻辑指出，客企互动是价值创造的关键，社区电商平台通过线上平台以及社区团长推荐的方式向消费者展示商品详情和各种促销活动，刺激消费者进行选购，获取消费者的消费偏好和消费品类；客户通过线上平台进行商品价格的查询和比较，浏览买家评价等操作进一步了解商品相关信息。通过这种互动，平台可以运用大数据建立消费者“画像”，了解消费者对商品质量、种类以及价格的需求，并对消费者在平台上的留言、评论、问答互动进行分析，了解消费者对于商品设计、质量以及使用情况的需求及感受，从而使社区电商平台企业与供应链上其他合作企业进行从商品设计、生产到商品组合、配送全过程优化和重造，将消费者自身拥有的知识、技能以及创新与企业共享并加入商品优化之中，实现与企业的价值共创。

其中，社区团长作为企业主体中重要的一员，在此供应链的客企互动中发挥着举足轻重的作用。社区团长一方面可以收集消费者对于商品、平台的建议或者意见反馈给平台或者供应商和网格服务商；另一方面可以给消费者群推荐合适的商品，解决消费者购买商品的售后问题，听取意见，实现消费者情感价值的增加。这样通过社区电商和消费者之间有效的互动，消费者主动向企业传递需求信息，可以充分了解客户的需求，将客户需求参与到商品的设计和生产之中，为消费者提供更好的商品以及服务；反过来又会使消费者增加满意度，完成消费者在供应链中的价值实现。

（2）企业之间合作

企业是供应链上重要的一类主体，企业与企业通过合作为消费者提供商品或者服务，最终取得收益实现共赢，它们之间的价值创造需要依靠互动和资源整合两个方面来实现。①通过互动，一方面社区电商平台企业及社区团长可以将消费者反馈的信息及时传递给供应商和网格服务商，使相关合作伙伴能够了解和合理预测消费者需求，并根据实际用户情况调整商品的设计、生产以及配送状况；另一方面企业选择与自身相比具有异质性和互补性资源或者服务的组织结成联盟，进行优化整合和流程再造，发挥企业之间的协同效用，实现成本的缩减，增加供应链的柔性。②在供应链中，独木不成林，一个企业的资源和能力无法完成全部流程，要使供应链流程顺利进行，需要节点企业之间进行资源整合来实现协同。整合的资源包括信息资源、物流资源以及关系资源[13]，通过资源的整合来减少相关设施、设备的投入，扩大资源的共享程度，弥补各方资源、能力不足的缺陷，降低企业的风险，实现价值共创。长期稳定、相互信赖的合作关系，减少了企业间不必要的沟通成本和搜寻成本，使整个供应链的价值实现增值。

（3）消费者群互动

供应链是以满足顾客需求、让顾客满意为最终目标，因此消费者是供应链最重要的一个环节。消费者往往以消费者群的形式存在，并且通过他们之间的互动来进行价值创造。在选购商品的过程中，除了受商品本身的影响外，在很大程度上还受消费者观点的影响。良好的消费者群互动可以发挥宣传价值，为社区电商平台带来良好口碑，提升客户人数及销售量，实现平台的价值最大化。除此之外，消费者之间通过信息的共享可以提升消费者的体验价值，包括专属感以及团体感，促进价值共创还可以提高消费者成员的成就感[14]。社区电商平台供应链中消费者群的互动与其他电商平台有所不同，受社区电商本身性质的影响，此平台的消费者群往往是来自同一个社区，除了能够在线上平台进行互动外，还可以在线下进行面对面、有温度的沟通互动，消费者可以向其他消费者传递体验价值[15]，分享对商品的使用感受，这种互动以及和谐的邻里关系可以提高消费者的满足感和成就感，增进多方关系，推动消费者使用以及其社会价值感的产生。总之，消费者之间的互动可以提升顾客的体验价值，从而促进消费者参与价值共创中[16]。另外，消费者之间通过学习、创新、沟通以及信息共享进行互动，并通过这种互动来激发新的消费需求，进一步增大消费者价值。

3.3　社区电商平台供应链价值共创模型

本章对社区电商平台供应链主体进行了分析，将主体分为供应链企业（企业联盟）和消费者两大类，而价值共创行为网络关系可以分为企业与消费者关系、企业与企业关系、消费者与消费者关系。但正如服务主导逻辑所指出的，客企互动是供应链价值创造的关键所在，即企业联盟与消费者关系是供应链价值共创的关键，也是价值共创应重点关注的部分。就目前来说，社区电商平台供应链尚处在发展期，众多平台一拥而入，过多的加入使得此行业的竞争尤为激烈，因此某社区电商平台要想在竞争中生存下来，除需处理好供应商和相关企业的合作关系，还必须重视与消费者建立起良好的合作和依赖关系，让这种合作为供应链的稳定发展打下坚实的基础。所以在本章的模型构建中，选取了企业联盟与消费者之间的价值共创作为研究的重点。

另外，由于社区电商平台供应链中包含了大量企业与消费者的互动整合，而且价值的创造是基于各主体之间的异质互动以及资源整合等来实现的，所以本章的探究内容为企业联盟和消费者互动合作对于供应链以及企业联盟和消费者价值的影响，两者之间的互动和合作表现为企业联盟将消费者的需求和期望纳入生产销售过程中。企业联盟在进行决策时，既要关注自身价值也需考虑消费者的价值。

3.3.1 企业联盟和消费者之间的价值共创

3.3.1.1 模型构建

本章认为社区电商平台供应链价值由企业联盟价值以及消费者价值共同组成。由于本章重点考虑的是链上企业联盟和消费者关系对于价值共创活动的影响，需要说明的是，此部分暂且假设企业之间相互信任、互利共生以达到企业联盟的最大价值。社区电商平台供应链价值共创主体关系如图 3-3 所示。

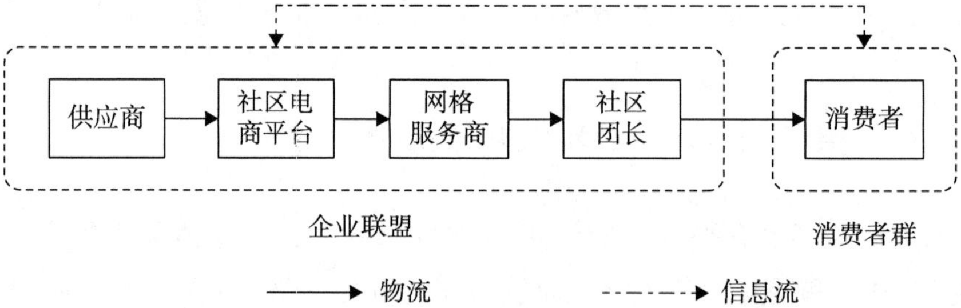

图 3-3 社区电商平台供应链价值共创主体关系示意

为清晰地探究社区电商平台供应链的价值共创过程，假设供应链只包括企业联盟和消费者两个主体。设企业联盟将产品卖给消费者的价格是 P，其单位成本是 C，供应链的产量是 Q。对于供应链上的消费者，其对企业联盟的需求由市场需求函数得出，不再进行单独计算。由于社区电商平台所提供的商品是完全竞争性产品，商品的异质性和独特性不明显，因此商品的价格和产量两者彼此互相影响，降价会使需求量上涨，正如经济人假设所说的，每个人都希望以最小的经济代价去获得最大的价值收益。在此设企业联盟面临的市场反需求函数为 $P=a-bQ$。式中 a 表示市场可接受的价格上限，若超过这一上限时需求为 0；b 表示需求量对于价格的敏感系数；a、b 均为大于零的常数。消费者价值由消费者通过消费所带来的净效用，即消费者获得的总效用减去支付的成本，即消费者剩余表示[17]。

令企业联盟价值为 EVA，消费者价值为 CS，即

$$EVA = (P - C)Q = aQ - bQ^2 - CQ = (a - C)Q - bQ^2 \tag{3-1}$$

$$CS = \int_0^Q P\mathrm{d}Q - PQ = \int_0^Q (a - bQ)\mathrm{d}Q - PQ = \frac{bQ^2}{2} \tag{3-2}$$

因此社区电商平台供应链的价值为 ESV，则：

$$ESV = EVA + CS = (a - C)Q - \frac{bQ^2}{2} \tag{3-3}$$

在此令企业联盟决策目标中对消费者价值考虑程度由 α 表示，α 的取值范围是（0，1）。因此企业联盟的决策目标是：

$$EVA + \alpha CS = (a - C)Q + \frac{\alpha bQ^2}{2} - bQ^2 = (a - C)Q - \frac{(2 - \alpha)bQ^2}{2} \tag{3-4}$$

供应链以企业联盟的价值最大化作为决策目标。由上可知，社区电商平台供应链价值最大化的模型为

$$\max ESV_1 = (a - c)Q - \frac{(2 - \alpha)bQ^2}{2} \tag{3-5}$$

当函数 $f(Q) = (a - C)Q - \frac{(2 - \alpha)bQ^2}{2}$ 的导数为 0 时，即为社区电商平台供应链的最优产量，解得最优产量 Q^*，并能够求得最优价格 P^*：

$$Q^* = \frac{a - C}{b(2 - \alpha)} \tag{3-6}$$

$$P^* = a - bQ = \frac{a - a\alpha + C}{2} - \alpha \tag{3-7}$$

由最优产量 Q^* 和 P^* 可以求得考虑消费者利益的最大企业联盟价值 EVA^*、消费者价值 CS^* 以及社区电商平台供应链最大整体价值 ESV^*，即

$$EVA^* = (a - C)Q^* - bQ^{*2} = \frac{(1 - \alpha)(a - C)^2}{b(2 - \alpha)^2} \tag{3-8}$$

$$CS^* = \frac{bQ^{*2}}{2} = \frac{(a - C)^2}{2b(2 - \alpha)^2} \tag{3-9}$$

$$ESV^* = EVA^* + CS^* = \frac{(3 - 2\alpha)(a - C)^2}{2b(2 - \alpha)^2} \tag{3-10}$$

3.3.1.2 模型分析

为了与企业联盟和消费者进行互动整合的供应链进行对比，充分说明企业联盟考虑消费者价值对于供应链价值的重要性，本章引入不将消费者价值考虑到企业联盟决策的供应链价值来进行对比。不考虑消费者价值的社区电商平台供应链的决策目标为使企业联盟价值最大化，即

$$\max ESV_2 = (a - C)Q - bQ^2 \tag{3-11}$$

当函数 $f(Q) = (a - C)Q - bQ^2$ 的导数为 0 时，社区电商平台有最优产量 Q^{**} 以及最优价格 P^{**}，即

$$Q^{**} = \frac{a - C}{2b} \tag{3-12}$$

$$P^{**} = \frac{a + C}{2} \tag{3-13}$$

此时可以求得企业联盟不将消费者价值考虑在内的社区电商供应链，它的最大企业联盟价值 EVA^{**}、消费者价值 CS^{**} 以及社区电商平台供应链最大整体价值 ESV^{**} 为

$$EVA^{**} = (a - C)Q^{**} - bQ^{**2} = \frac{(a - C)^2}{4b} \tag{3-14}$$

$$CS^{**} = \frac{bQ^{**2}}{2} = \frac{(a - C)^2}{2b(2 - \alpha)^2} = \frac{(a - C)^2}{8b} \tag{3-15}$$

$$ESV^{**}=EVA^{**}+CS^{**}=\frac{3(a-C)^2}{8b} \tag{3-16}$$

根据以上对是否将消费者价值考虑到企业联盟决策目标的两种情况下社区电商平台供应链价值创造的实际水平，本章对供应链价值、企业联盟价值以及消费者价值进行以下分析。

（1）社区电商供应链价值

在上述两种情况下，供应链整体价值的差值为

$$ESV^{*}-ESV^{**}=\frac{(3-2\alpha)(a-C)^2}{2b(2-\alpha)^2}-\frac{3(a-C)^2}{8b}=\frac{\alpha(4-3\alpha)(a-C)^2}{8b(2-\alpha)^2}$$

由于 α 的取值范围为（0，1），a 和 b 都是大于 0 的常数，可知 α，$4-3\alpha$，$(a-C)^2$，b，$(2-\alpha)^2$ 的符号都为正，即 $ESV^{*}-ESV^{**}>0$。因此获得命题 1。

命题 1：当企业联盟考虑与消费者合作时，整个供应链价值高于不合作时的价值。

由于 $ESV^{*}>ESV^{**}$，可知企业联盟将消费者价值考虑到其决策时会使得社区电商平台供应链整体价值创造能力增强，双方的合作使整个供应链价值实现增值。这一结论充分说明了客企互动在供应链价值创造中的重要意义，即服务逻辑主导理论指出的客企互动是供应链价值创造的关键。

由计算可知 $\frac{\partial ESV^{*}}{\partial \alpha}=\frac{(\alpha-1)(a-C)^2}{b(\alpha-2)^3}$，由 α 取值范围以及 b 值可知 $\frac{\partial ESV^{*}}{\partial \alpha}>0$，由此可得命题 2。

命题 2：企业联盟对消费者价值的重视程度越高，社区电商供应链价值就越大。

$\frac{\partial ESV^{*}}{\partial \alpha}>0$，即社区电商供应链价值创造能力的大小与企业联盟决策目标中所考虑的消费者价值比例的增减方向相一致，两者保持正向变化关系。因此企业联盟和消费者群之间保持充分的信任，并且能够进行信息交换、资源共享等互动合作可以增大供应链整体的价值。归根结底，供应链价值需要企业联盟和消费者共同来创造。

（2）企业联盟价值

分析上述两种情况下企业联盟价值的变化情况，$EVA^{*}-EVA^{**}=$

$\frac{(1-\alpha)(a-C)^2}{b(2-\alpha)^2}-\frac{(a-C)^2}{4b}=-\frac{\alpha^2(a-C)^2}{4b(2-\alpha)^2}<0$，可以得到命题3。

命题3：当企业联盟在决策中考虑消费者价值时，企业联盟价值会随之降低。

这一结论表明，当企业联盟将消费者价值考虑进决策目标中时，会降低企业联盟的价值。这是因为企业联盟会损失一部分自身利益来实现消费者价值的提升。而从本质上看，企业联盟将消费者价值考虑进决策会减少自身价值在供应链价值中的份额，把一定的利益让给消费者，使得其价值最大点下滑，从而造成企业联盟价值的减少。

通过计算可知，$\frac{\partial EVA^*}{\partial \alpha}=\frac{\alpha(a-C)^2}{b(\alpha-2)^3}<0$，因此可以得出命题4。

命题4：企业联盟对消费者价值的关注程度越大，企业联盟价值的降低幅度就越大。

由于$\frac{\partial EVA^*}{\partial \alpha}<0$，可知企业联盟价值与消费者价值在企业联盟决策中所占的比例α成反比关系，即α越大，企业联盟价值就越小。因此对于企业联盟来说，在进行决策时要合理控制α的大小，该值的大小直接影响到企业联盟所创造价值的大小。

（3）消费者价值

供应链产物的最终对象为消费者，因此消费者价值在社区电商平台供应链价值共创过程中是非常重要的一部分，所以有必要对消费者价值进行分析。对于消费者来说，直接影响到其价值的主要因素是商品价格P和购买量Q。通过计算可得$P^*-P^{**}=\frac{a-a\alpha+C}{2}-\alpha-\frac{a+C}{2}=-\frac{\alpha(a-C)}{2(2-\alpha)}<0$，$Q^*-Q^{**}=\frac{a-C}{b(2-\alpha)}-\frac{a-C}{2b}$，经观察可知两者差值大于0，因此可以得出命题5。

命题5：当企业联盟将消费者价值考虑进决策中时，会降低商品价格，即$P^*<P^{**}$，$Q^*>Q^{**}$。

这一结论表明，对于消费者来说，当企业联盟考虑消费者价值即消费者与企业联盟充分合作时，带给消费者的是供应链最优价格的降低，并且购买量增长。正如在一定范围内，价格的降低会引起数量的增长一样。

对消费者价值 CS 进行分析，通过计算可以得出 $CS^{*} - CS^{**} = \frac{(a-C)^2}{2b(2-\alpha)^2} - \frac{(a-C)^2}{8b} = \frac{\alpha(\alpha-4)(a-C)^2}{8b(2-\alpha)^2} > 0$，由此可以得到命题6。

命题 6：当企业联盟考虑消费者价值时，消费者获得的价值会比不考虑时的大。

这一结论表明，当企业联盟考虑消费者价值时，消费者剩余得到了增加。所以对于消费者来说，与企业联盟之间保持良好的合作关系是非常有必要的，这不仅可以实现供应链整体价值的共创能力的提高，而且最主要的是可以通过这种方式提高自身的价值。

计算消费者价值 CS 和 α 的关系，通过计算可得 $\frac{\partial CS^{*}}{\partial \alpha} = -\frac{(a-C)^2}{b(\alpha-2)^3} > 0$，$\frac{\partial Q^{*}}{\partial \alpha} = \frac{a-C}{b^{*}(\alpha-2)^2} > 0$，$\frac{\partial P^{*}}{\partial \alpha} = \frac{C-a}{(\alpha-2)^2} < 0$，因此可以得出命题 7。

命题 7：企业联盟在决策中对消费者价值的考虑程度越高，最优价格就越低，最优产量越高，消费者价值也越大，即 $\frac{\partial P^{*}}{\partial \alpha} < 0$，$\frac{\partial Q^{*}}{\partial \alpha} > 0$，$\frac{\partial CS^{*}}{\partial \alpha} > 0$。

这一结论说明，社区电商平台供应链的最优价格与消费者价值在企业联盟决策中所占的比例 α 成反比关系，最优产量与 α 成正比关系，消费者价值与 α 成正比关系。企业联盟对消费者价值的关注程度越高，给消费者带来的最优价格会降低，越有利于消费者价值的创造。

3.3.1.3 供应链增加价值的二次分配

通过对于上述模型的分析可以发现，当企业联盟将消费者利益考虑进其决策中时，会增大整体供应链以及消费者的价值创造能力，但是对于企业联盟来说，其利益受到了威胁，甚至会减少大部分的收益，这显然是企业联盟所不能接受的。因此要想让这种对于供应链有益的合作关系长期稳定地发展，就必须寻找一种有效的且双方均可接受的方式将供应链增加的价值进行二次分配，让企业联盟价值和消费者价值都多于他们不进行合作时的价值，使企业联盟和消费者都是合作的受益者。

通过上一部分的计算，合作带给供应链的额外收益为

$$\Delta ESV = ESV^{*} - ESV^{**} = \frac{(3-2\alpha)(a-C)^2}{2b(2-\alpha)^2} - \frac{3(a-C)^2}{8b} = \frac{\alpha(4-3\alpha)(a-C)^2}{8b(2-\alpha)^2}$$

对产生的额外收益按照一定的比例给企业联盟和消费者进行二次分配，确保两者合作产生的收益是正向的。此时设企业联盟对供应链额外收益的分配比例是β，因此分配比例β需同时满足不等式①和②。

不等式①

$$EVA^{*}+\beta\Delta ESV > EVA^{**} \tag{3-17}$$

不等式②

$$CS^{*}-\beta\Delta ESV > CS^{**} \tag{3-18}$$

代入EVS和CS，不等式可表示为

$$\frac{(1-\alpha)(a-C)^2}{b(2-\alpha)^2}+\beta\frac{\alpha(4-3\alpha)(a-C)^2}{8b(2-\alpha)^2} > \frac{(a-C)^2}{4b}$$

$$\frac{(a-C)^2}{2b(2-\alpha)^2}-\beta\frac{\alpha(4-3\alpha)(a-C)^2}{8b(2-\alpha)^2} > \frac{(a-C)^2}{8b}$$

通过解上述不等式可以得出，β的取值范围为

$$\frac{2\alpha}{4-3\alpha}<\beta<\frac{4-\alpha}{4-3\alpha} \tag{3-19}$$

因此，要保证在合作之后，企业联盟和消费者的价值均不少于合作之前获得的价值，企业联盟对供应链额外收益的分配比例β需要满足上述得出的取值范围，即当β在（$\frac{2\alpha}{4-3\alpha}$，$\frac{4-\alpha}{4-3\alpha}$）中取任意值时，能使两者价值都大于不合作时。而在这个范围内，β越大，企业联盟分配的价值就越大，反之就越小。对于消费者来说，β越大，消费者分配的价值就越小，反之就越大。两者成反向关系。

对供应链进行利益的再分配，要遵循利益分配原则。在分配中企业联盟和消费者共享所有的利益，并且遵循公平兼顾效益原则，做到利益与所承受的风险相适应、与付出的投入相适应、与做出的贡献相适应[18]。利益再分配的合理性越高，双方的满意度也就越高，整个供应链的竞争性和稳定性就越高。除此之外，还要根据企业联盟和消费者在供应链上的议价能力，诸如两者之间的关系以及双方在买卖关系中所处的地位等多种因素来进行分配，但最终分配比例要在（$\frac{2\alpha}{4-3\alpha}$，$\frac{4-\alpha}{4-3\alpha}$）之间，这样才能达到利益再分配的

目的。

3.3.2　社区团长在企业联盟价值创造中的作用

3.3.2.1　模型建立

社区团长在社区电商平台供应链中起着至关重要的作用，这也是社区电商平台与其他供应链一个很大的区别。社区团长的存在使供应链更具温度和人情味，社区团长推荐并提供灵活方便的取货和售后服务会正向影响消费者的购买量，总体来说可以让供应链的产量增加。因此本章对社区团长在企业联盟价值创造过程中产生的影响进行分析。

设社区团长带给供应链产量增加的幅度为 μ，社区团长的单位收益为 d，社区团长不加入企业联盟情况下企业联盟的单位利润为 M，这里 μ 和 d 均为常数且大于 0。社区团长在企业联盟中虽然重要，但是其影响力毕竟是有限的，因此假设 μ 的取值范围为（0，1），同时社区团长也会产生诸如时间成本、空间占用成本及其他成本，社区团长成本用 C_1 来表示。社区团长在企业联盟中的关系如图 3-4 所示。

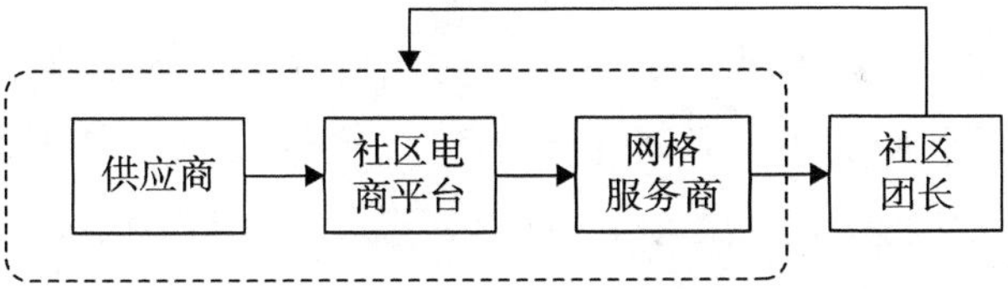

图 3-4　社区团长在企业联盟中的关系

令有社区团长加入的企业联盟价值为 EVA_1，社区团长价值用 CV 表示：

$$EVA_1=(M-d)(1+\mu)Q \tag{3-20}$$

$$CV=(1+\mu)Qd-C_1 \tag{3-21}$$

3.3.2.2　模型分析

为讨论社区团长对企业联盟价值创造的作用，在这一部分引入没有社区团长时的企业联盟价值，通过对比这两种情况下企业联盟价值情况来进行分析。

令无社区团长加入时的企业联盟价值为 EVA_2，即

$$EVA_2 = MQ \tag{3-22}$$

（1）企业联盟价值分析

通过数值计算可以发现，当 $EVA_1 = EVA_2$ 时，d 和 μ 之间存在如下关系：$d = \mu M/(1+\mu)$。

即当 $d = \mu M/(1+\mu)$ 时，无论有无社区团长的加入，企业联盟所创造的价值是相同的。也就是社区团长所带来供应链产量的增加与企业联盟中支付给社区团长的所需的成本对企业联盟价值创造的影响相抵消，此点是社区团长对于企业联盟的收支平衡点。

当 $d < \mu M/(1+\mu)$ 时，$EVA_1 > EVA_2$。社区团长带来产量的增加所产生的影响大于所消耗的成本，总体上为社区电商平台供应链带来了价值的增加，企业联盟实现收益。

当 $d > \mu M/(1+\mu)$ 时，$EVA_1 < EVA_2$。社区团长占用企业联盟的成本比产量增多所带来价值大，对于企业来说，社区团长的加入带来的实际上是价值的减少。

（2）社区团长价值分析

对于社区团长来说，加入企业联盟需要消耗一定的成本，比如时间成本、方便消费者提货所占用的地点成本甚至为此放弃工作的机会成本。因此社区团长需要权衡得到的报酬与所消耗的成本来决定是否加入企业联盟。

由社区团长价值 $CV = (1+\mu)Qd - C_1$ 可知，其大小由 μ、d 以及 C_1 共同决定。通常情况下，社区电商平台企业拥有单位报酬定价权，社区团长并不能参与单位报酬决策，所以社区团长价值取决于产量增加量和消耗成本。因此社区团长需要从上述两方面入手进行价值创造。

当 $(1+\mu)Qd = C_1$ 时，社区团长从企业联盟中获得的收益等于他所付出的成本，此时实现收支平衡，社区团长的价值为 0。

当 $(1+\mu)Qd > C_1$ 时，社区团长实现的收益大于所付出的成本，$CV > 0$，社区团长价值为正，此时社区团长才能够获取收益。

当 $(1+\mu)Qd < C_1$ 时，社区团长实现的收益小于所付出的成本，$CV < 0$，社区团长价值为负。

3.4　数值检验

本章 3.3 节对社区电商平台供应链中价值共创模型进行了分析，得出相关结论。本节进行数值检验来更为直观地验证这些结论。在此假设社区电商平台上架的某商品成本为 30 元，若售价定为 50 元，其销量是 2 万份；若售价为 45 元，销量为 2.5 万份。由此可知此商品的逆市场需求函数为 $P=70-10Q$，即 $a=70$，$b=10$。由此，我们可以得到图 3-5、图 3-6、图 3-7。

图 3-5 是企业联盟对消费者价值考虑程度 α 对企业联盟价值的影响。当 $\alpha=0$ 时，为企业联盟在决策时不考虑消费者价值。当 α 逐渐变大时，企业联盟的价值呈现降低趋势，并且在完全考虑消费者价值时，即完全让利于消费者，企业联盟的价值变成了 0，与本章 3.3 节得出的企业联盟对消费者价值的考虑会降低企业联盟价值的结论相一致。

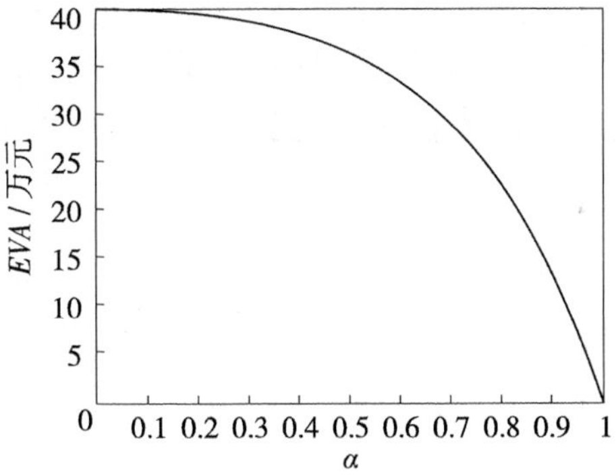

图 3-5　α 对企业联盟价值的影响

图 3-6 为 α 对消费者价值的影响。当 $\alpha=0$ 时，为企业联盟在决策时不考虑消费者价值时的消费者价值。随着对消费者价值的考虑程度 α 的变大，消费者价值在不断变大，当 $\alpha=1$ 时，消费者价值也达到了最大值，与本章 3.3 节得出的企业联盟对消费者利益的关注程度的提高可以增加消费者价值的结论相一致。

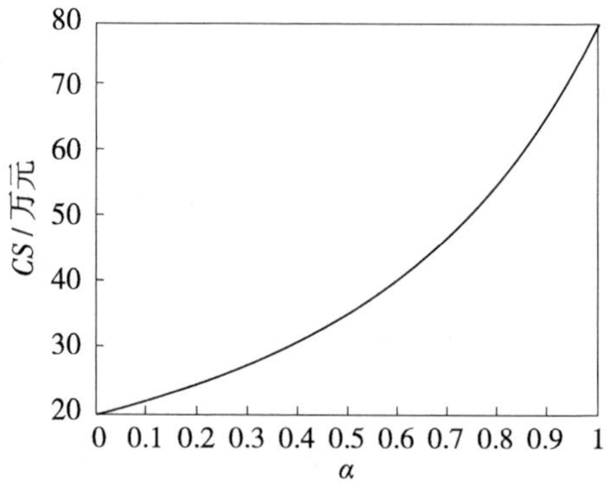

图 3-6　α 对消费者价值的影响

图 3-7 为企业联盟对消费者价值考虑程度 α 对社区电商平台供应链价值的影响。当 α=0 时，即为企业联盟不将消费者价值考虑在内的社区电商平台供应链价值，此时供应链价值为 60 万元。不难发现，将消费者价值考虑到企业联盟决策中会使供应链价值增加，而且 α 与社区电商平台供应链价值存在正向增长关系，α 越大，社区电商平台供应链价值越大，并在 α=1 时，供应链价值达到了最大值 80 万元，与本章 3. 3 节模型分析所得出的结论相一致。

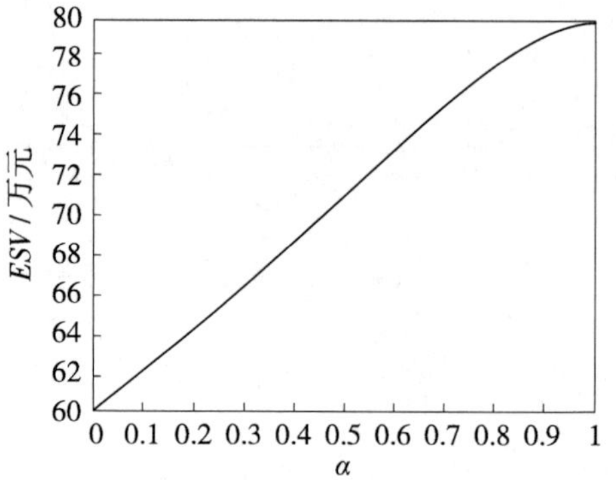

图 3-7　α 对社区电商平台供应链价值的影响

通过图 3-5、图 3-6、图 3-7 的分析，再一次验证了本章 3. 3 节得出的结论：为解决企业联盟和消费者合作带来企业联盟价值降低的问题，需进行利益的二次分配。首先，企业联盟不与消费者合作时，通过计算可得企业联盟

价值 $EVA=40$ 万元，消费者价值 $CS=20$ 万元。企业联盟和消费者合作的情况下，假设 $\alpha=0.5$，β 在（$\frac{2\alpha}{4-3\alpha}$，$\frac{4-\alpha}{4-3\alpha}$）的范围内，即 β 的取值范围为（0.4，1.4）。图 3-8 和图 3-9 为企业联盟和消费者合作并进行利益再分配后的企业联盟价值和消费者价值，从图中可知，在 β 的取值范围内，企业联盟价值 EVA_1 和消费者价值 CS_1 皆大于不进行合作时的价值。因此合作带给双方利益增加，对利益进行二次分配可以稳定两者的合作。

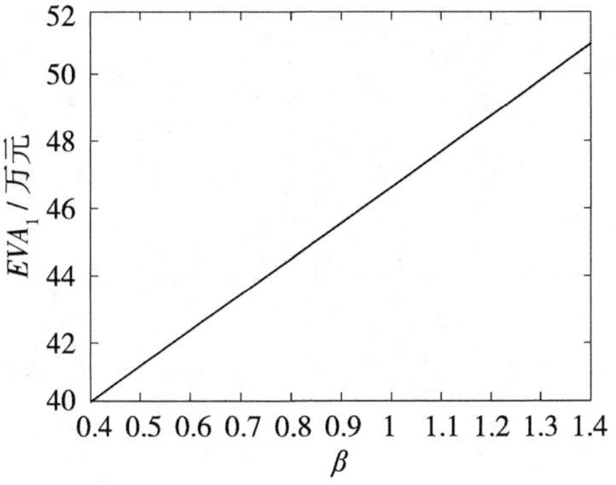

图 3-8　β 对企业联盟价值的影响

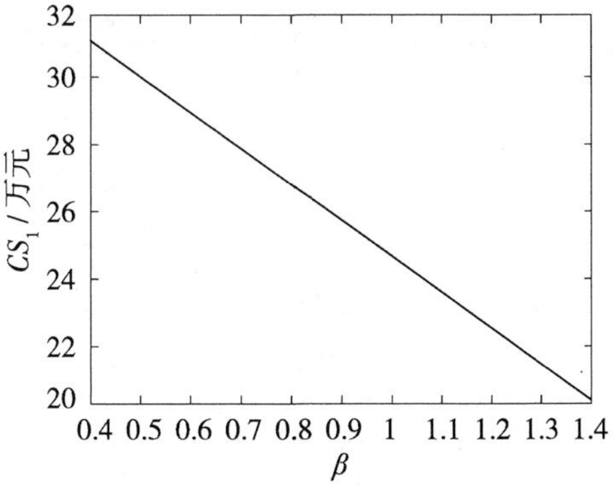

图 3-9　β 对消费者价值的影响

为能够直观地看出社区团长对于企业联盟价值的影响，在此令该商品售价为 50 元，那么其利润即为 20 元，此时销量为 2 万份。假设每单位报酬 d 的取值范围是（0，10），使供应链产量增加的幅度 μ 的取值范围是（0，1）。根据本章 3.3 节的模型，可以得到图 3-10。

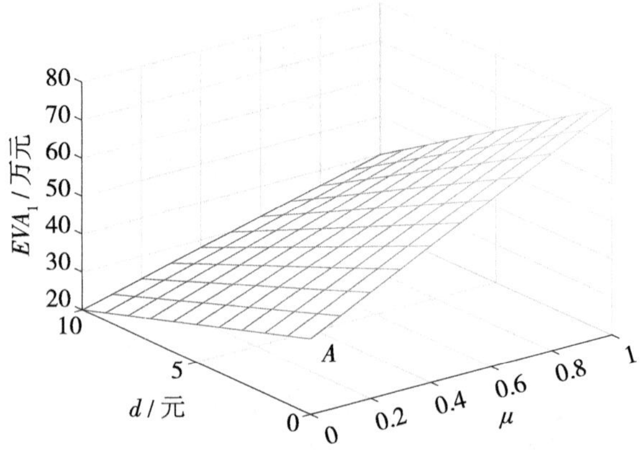

图 3-10　d 与 μ 对企业联盟价值的影响

在图 3-10 中，当 d 和 μ 都为 0 时，A 点为没有社区团长加入时的企业联盟价值 EVA_1。而当社区团长加入时，EVA_1 不总是增大的，这与社区团长单位报酬 d 与社区电商平台供应链产量的增加幅度 μ 有关，两者需要满足一定的关系才能实现供应链价值的增值，与本章 3.3 节由模型分析得出的结论相一致。当 μ 一定时，单位报酬 d 越小，企业联盟价值 EVA_1 越大；而当 d 一定时，增加幅度 μ 与企业联盟价值的增长成正比关系，增加幅度 μ 越大，企业联盟价值就越大。

由图 3-11 可知，社区团长成本 C_1 和社区团长使社区电商平台供应链产量的增加幅度 μ 对社区团长价值 CV 的影响，CV 受到 C_1 和 μ 的共同作用，当两者满足一定关系时，才能够使社区团长实现价值的创造。当供应链产量增加幅度一定时，社区团长付出的成本越大，他所创造的价值就越小；当社区团长成本一定时，供应链产量增加幅度越大，社区团长价值也就越大，两者是正向增长关系。这也符合本章 3.3 节中对社区团长价值分析所得出的结论。

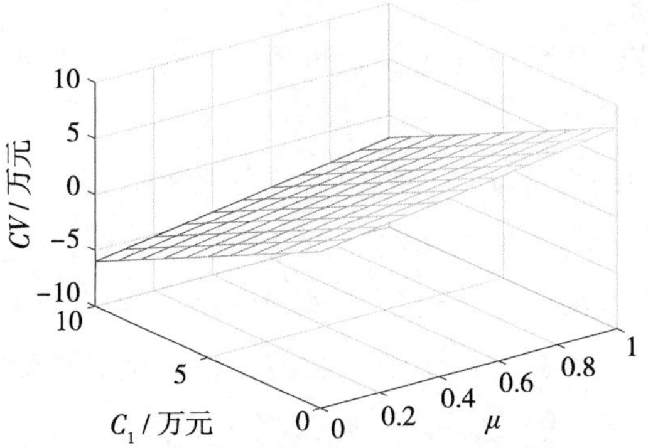

图 3−11　C_1 和 μ 对社区团长价值的影响

3.5　结论与启示

在当今时代，一个企业的发展不再仅由企业自身所决定，而是由它的上下游企业甚至是整个供应链企业共同决定。因此对于一个社区电商平台来说，其所处供应链的整体价值创造能力是判断该社区电商平台在市场上是否具有竞争力的重要标准，供应链整体的价值创造能力越强，越有利于这个供应链上企业的整体发展。本章通过对社区电商供应链中企业联盟与消费者之间的价值共创分析和数值检验，得出以下结论，并针对这些结论得到了一些启示和建议，希望能够为社区电商供应链的价值共创和发展提供可参考的依据。

3.5.1　研究结论

（1）在社区电商平台供应链价值共创过程中，消费者的积极参与可以提高整个供应链价值。将消费者价值纳入社区电商平台企业的决策目标时，可以使供应链的产量提高，单位价格降低，总体上对价值共创能力具有促进作用。

（2）对于社区电商平台供应链中的消费者，当企业将消费者价值考虑到决策中时，其获得的收益即消费者价值得到了增加，而且对消费者价值的考虑程度越大，消费者获得的收益增加额就越大。

（3）社区电商平台供应链上企业联盟和消费者的合作，虽然对于消费者价值和供应链整体价值都是有利的，但是对于供应链中的企业，由于企业充分考虑消费者价值，导致自身价值过度弱化，降低了企业联盟的价值，为企业联盟的利益带来了损失。

（4）通过利益的再分配可以将两者合作带来的利益进行重新分配，避免了企业联盟因考虑消费者价值而给自身带来损失。因此寻求一种新的利益分配方式是必要的，将供应链价值创造过程中增加的价值进行重新分配，使企业联盟和消费者都能够在合作中增加收益，稳定企业联盟和消费者群之间长期合作的关系，这样才能使合作互助的关系持续下去。

3.5.2 管理启示

（1）对于社区电商平台供应链上的企业，一方面应该充分考虑消费者的价值，从各个渠道加强与消费者的学习和互动，把消费者对商品或服务的使用感受和期望需求考虑到商品的设计、制造以及销售的全过程中，提高消费者的满意度，进而通过消费者之间的互动进行商品的推荐，增加社区电商平台知名度和商品销售量，实现供应链价值的最大化。另一方面吸收消费者的建议和意见，刺激消费者产生新的消费需求，让消费者和企业共同参与到价值共创活动中来[19]。

（2）对于社区电商平台供应链上的消费者，应该积极踊跃地参与到社区电商供应链的价值共创中来。通过上述的分析，我们已经得出了企业联盟和消费者之间的合作可以带给消费者单位商品价格的降低以及消费者价值的增大，因此这种合作对于消费者来说是有利而无害的，提高了消费者的实用价值。另外，通过消费者之间的互动还可以提高消费者的体验价值、享乐价值以及社交价值，消费者从交互中获得各种价值的提升。因此，消费者应该做好与企业联盟的合作以及和消费者之间的交流，与企业联盟的合作可以在平台的评论区来反馈所购商品意见、提出建议，也可以将意见反馈给社区团长，让社区团长作为消费者和企业联盟的桥梁来协助合作的进行。

（3）通过利益的再分配可以稳定企业联盟和消费者群长期合作的关系。若没有利益的再分配，考虑消费者利益带给企业联盟的价值的减少必然导致企业联盟不愿意也不会接受，这就使企业联盟与消费者难以进行合作，但是这种不合作带给供应链整体利益的减少，不能达到价值共创的最大化，造成价值的损失和浪费。因此若要提升整体供应链的价值，能够在竞争中长期处于优势地位，就必须把供应链上的企业和消费者联结起来，通过两者的合作来实现供应链的价值增值。因此，在实际中，要重视供应链上企业和消费者合作的同时也要充分考虑好利益的二次分配，不能让任意一方在合作中吃亏，找准利益分配的分配原则和分配系数，做到合理分配和有效分配，让消费者和供应链上各企业在合作中都能够得到好处，主动且积极地参与到社区电商供应链的价值共创中来。

（4）社区电商平台作为社区电商平台供应链的核心企业，首先应该把控好供应链上游的商品质量，做好供应商的选择工作，相关企业应做好比如网格服务商和社区团长的筛选工作，在企业联盟内部实现信息的共享和优势资源的整合，保证企业联盟本身具有竞争性，只有这样才能提高消费者的满意度，发挥好消费者之间广泛的信息交流功能，通过他们的口口相传提高平台的声誉，扩大影响面和产品销售量。除此之外，电商平台应该加强与消费者的交流和互动，在平台线上开设专门的互动沟通模块，收集消费者对于平台所售商品的意见、建议以及消费者在平台上希望获得到的商品或服务，以对消费者的需求有进一步的认识和了解，尽可能地上架一些消费者需要但还没有的商品，扩大平台的服务辐射面，以此做到更好的价值共创。

（5）加强社区团长的责任意识和主人翁精神。社区团长是社区电商平台供应链与其他供应链最大的区别所在，不论在消费者购买过程的实现还是收集消费者反馈意见的过程中都起着不可替代的作用。对于消费者来说，社区团长就是企业联盟的代表者，是消费者能够直接接触到的企业主体，社区团长的形象直接代表着平台的形象，因此社区电商平台要注重提升社区团长的综合素质，加强对社区团长服务意识的培养和管理，增加消费者的社交价值以及其他感知价值。对于消费者来说，情感价值也非常重要[20]，而感知价值也会直接影响到顾客的购买意愿[21]。另外，消费者对于商品的选购很大一部分取决于社区团长的推荐，因此应该使社区团长树立主人翁精神，乐于积极主动地向消费者进行优质商品的推荐，实现供应链产量的增值。

本章参考文献

[1] 张培，刘凤. 基于多主体的价值共创过程机理：以广东品胜电子股份有限公司为例［J］. 中国科技论坛，2016（12）：154-160.

[2] 简兆权，令狐克睿，李雷. 价值共创研究的演进与展望：从“顾客体验”到“服务生态系统”视角［J］. 外国经济与管理，2016，38（9）：3-20.

[3] 万骁乐，郝婷婷，戎晓霞，等. 共创视角下考虑开放式创新的供应链价值创造研究［J］. 中国管理科学，2017，25（7）：57-66.

[4] 陈静怡. O2O 商业生态系统下零售行业多元价值共创实现机理研究：以永辉超市为例［J］. 北京科技大学学报（社会科学版），2021，37（1）：74-83.

[5] 张秀妮. 基于价值共创的平台企业商业生态系统演化研究［D］. 秦皇岛：燕山大学，2020.

[6] 赵哲，贾薇，程鹏，等. 垂直电商的服务创新与价值共创实现机制研究：基于服务主导逻辑的视角［J］. 大连理工大学学报（社会科学版），2017，38（4）：64-73.

[7] 杜华勇，滕颖，王汝平. 电商交易平台价值共创组态研究：一项模糊集定性比较分析［J］. 社会科学家，2020（12）：76-81.

[8] 匡晶. 浅析社区社群电商发展现状及趋势［J］. 中国集体经济，2019（33）：56-57.

[9] 邵文君，马坤. 社区生鲜电商的发展路径探析：以同程生活为例［J］. 营销界，2020（38）：14-16.

[10] GUMMESSON E，MELE C. Marketing as Value Co-creation Through Network Interaction and Resource Integration［J］. Journal of Business Market Management，2010，4（4）：181-198.

[11] 李林秋. 数字化赋能出口型跨境电商的价值共创研究［J］. 商业经济研究，2019（24）：68-71.

[12] VARGO S L，LUSCH R F. Institutions and axioms：An extension and update of service-dominant logic［J］. Journal of the Academy of Marketing Science，2016，44（1）：5-23.

[13] 卢玥. 基于演化博弈的物流服务供应链价值共创机制研究［J］. 物流技术，

2020，39（1）：96-105.

[14] LIU S，XIAO W，FANG C，et al. Social Support，Belongingness，and Value Co-Creation Behaviors in Online Health Communities［J］. TelematiCS and InformatiCS，2020，50：101398.

[15] 陈嘉男. 电商平台价值共创模式探析［D］. 南昌：江西财经大学，2019.

[16] 申光龙，彭晓东，秦鹏飞. 虚拟品牌社区顾客间互动对顾客参与价值共创的影响研究：以体验价值为中介变量［J］. 管理学报，2016，13（12）：1808-1816.

[17] 孟庆春，董建华，厉聪聪. 基于新产消合一的供应链价值最大化研究［J］. 中国管理科学，2012，20（6）：102-109.

[18] 习怡衡，程延园. 基于供应链合作伙伴关系的利益分配机制研究［J］. 统计与决策，2019，35（5）：59-63.

[19] GROENROOS C，VOIMA P. Critical service logic：Making sense of value creation and co-creation［J］. Journal of the Academy of Marketing Science，2013，41（2）：133-150.

[20] ZHANG T C，JAHROMI M F，KIZILDAG M. Value co-creation in a sharing economy：The end of price wars?［J］. International Journal of Hospitality Management，2018，71：51-58.

[21] MOROSAN C，DEFRANCO A. Co-creating value in hotels using mobile devices：A conceptual model with empirical validation［J］. International Journal of Hospitality Management，2016，52：131-142.

第 4 章

社区电商平台供应链价值共创互动和整合机制

随着电子商务的不断发展，网上购物逐渐普及，社区电商平台也应运而生，为了使社区电商平台供应链参与主体能够在价值共创中发挥较大的作用，社区电商平台供应链可以获得更多的收益。本章通过研究社区电商平台供应链的各个参与主体，建立以服务主导逻辑为基础的社区电商平台价值共创机制。通过研究发现：社区电商平台供应链价值共创机制通过互动机制和整合机制实现，通过研究社区电商平台供应链参与主体社区电商平台、供应商、社区团长和网格站服务商是否会尽全力参与价值共创，构建了多个两方演化博弈模型；通过计算动态复制方程，得到了影响社区电商平台供应链收益的主要影响因素；用 MATLAB 对博弈双方的决策演化趋势进行了仿真，得出参与主体尽全力参与社区电商平台供应链增加收益的比例、参与主体尽全力参与价值共创所需要的成本和参与主体双方尽全力参与带来的消费者购买力，是影响社区电商平台供应链价值共创的关键因素；最后通过对仿真结果的分析，提出了相关建议和对策。

4.1 社区电商平台供应链价值共创相关研究

美国学者普哈拉（C. K. Prahalad）提出“价值共创”一词，认为企业利用其业务合作伙伴、供应商与顾客的能力和资源共同创造价值，从而在市场上赢得竞争[1]。可以用对话、获取、风险管理和透明性，即 DART 框架对这一行为进行描述[2]。在供应链价值共创方面，鉴于很多企业的产出不只是单纯的商品，很多时候更是对顾客的服务，所以一些学者对服务供应链价值共创进行了相关研究。高志军等（2014）[3] 最先提出了服务主导逻辑下物流服务供应链的价值共创机理。服务主导逻辑指出经济中明显的转变不仅是从商品到服务的转变，也是资源从有形到无形、从静态的到动态的转变。后来，赵嘉妮等（2019）[4] 通过回顾物流服务供应链（logistics serve supply chain，LSSC）和服务主导逻辑，研究互动和整合对 LSSC 价值共创的影响，然后按照不同的维度对互动与整合划分并且进行对其进行了组合，从三个方面论述了互动与整合对 LSSC 价值共创的影响，分别是战术互动下的资源整合、战略互动下的关系整合和运作互动下的网络整合，得出这三者是 LSSC 价值共创重要的影响因素。随着物流服务供应链的发展与企业运行，为了维持物流服务供应链在企业的稳定运行，卢玥（2020）[5] 通过采用演化博弈构建客户企业与集成型物流企业在物流服务供应链中如何实现价值共创的两方博弈模型，分析其演化博弈过程并用不跨行进行仿真，从而得到影响物流服务供应链价值走向的关键因素，研究结果发现：整合机制和互动机制共同实现了物流服务供应链的价值共创过程，同时应该重视客户企业在价值共创中的地位与作用。

在电子商务平台价值共创方面，不同的学者也对其进行了研究。在 O2O 商业模式下，陈静怡（2021）[6] 从 O2O 商业生态系统的演化视角出发，对 O2O 商业生态中较为成熟的零售行业进行研究，将商业生态的构成体系和多元价值共创的实现过程开展融合性分析，揭示了 O2O 商业生态系统下零售行业多元价值共创实现机理。在 C2M（customer to manufacturer）商业模式下，刘晓丽（2020）[7] 以 C2M 电商平台为研究对象，通过分析 C2M 电商平台价值共创的过程，对 C2M 电商平台价值共创活动的各个阶段进行剖析，并结合一些相关案例，提出 C2M 电商平台的升级演化机制，把 C2M 电商平台价值共创体系分为三种类型，即非均衡型、生态社区型和双边市场型。李林秋（2019）[8] 研究了跨境电商的模式，跨境电商模式主要有 B2B（business to business）和 B2C（business to customer）模式，而数字赋能在实现价值共创的过程中起到了很重要的作用。通过研究发现，在跨境电商的选品阶段、制造与采购阶段和销售阶段，数字技术都起到全方位赋能作用，数字赋能可以有效促进跨境电商的价值共创过程，从而实现资源在数字赋能下的互动与整合。

4.2 基于服务主导逻辑的社区电商平台供应链价值共创

4.2.1 社区电商平台供应链的构成

社区电商平台供应链是指以社区电商平台建立起来的供应商与消费者的关系，以消费者的需求为出发点，整合链上所有资源，从而构成供应、生产、流通、消费等环节，结合在社区电商平台供应链上的每一个参与者的业务需求，使得供货、分拣、配送等环节紧密配合，无缝连接，形成物流、信息流、商流和资金流四流一体化的供应链模式，从而实现社区电商平台供应链整体利益最大化，价值共创最大化。可根据实际情况，将社区电商平台供应链的参与主体分为供应商、社区电商平台、网格站服务商、社区团长和消费者。

（1）供应商

社区电商平台供应链不同于通常的便利店和超市的供应链，其供应商不仅是简单的批发商，很多线上水果和蔬菜的供应商是生产商和农民，通过平台加盟成为供应商，直接为社区电商平台供应链供应商品。这也是为什么社区电商平台的很多商品比线下便宜的原因。

（2）社区电商平台

社区电商平台是将供应商提供的商品展示在平台上，消费者可以在平台上进行选购商品，当收到的商品出现问题时，可以在小程序或者客户端进行申请退款处理。社区电商平台有社区团长端，社区团长可以对消费者的订单进行及时处理，社区电商平台是连接供应商与消费者之间、供应商与社区团长、社区团长与消费者之间的桥梁。

（3）网格站服务商

网格站服务商是城市中心仓库和自提点的一个中转站，对于网格站服务商的要求是：需要有存储货物的场地、配送的车辆以及接收和配送人员等。网格站服务商不仅是社区电商平台供应链的配送者，也需要承担社区电商平台的分拣业务，负责将消费者购买的货物保质保量按时送达线下的社区团长自提点，不需要网格站服务商寻找客户。网格站服务商在整个社区电商平台供应链中起到了至关重要的作用。

（4）社区团长

社区团长在注册时可以自行设置自提点的位置，可以联系送货司机，进行催货。除此之外，在社区电商平台供应链中，社区团长起到的作用是对消费者提供售后服务，如果商品产生问题，消费者只需要联系社区团长进行处理即可，而社区团长审核通过以后，平台就会退还消费者相应的款项。社区团长是社区电商平台与消费者之间的桥梁。

（5）消费者

消费者在整个社区电商平台供应链中销售的过程中参与度很高，在社区电商平台上对供应商提供的商品进行浏览和选择，然后采买自己需要的商品。消费者也可以把体验好的商品在社区商品交流群中推荐给整个社区消费者；对于体验感不好的商品，消费者也可以在社区商品交流群向社区团长进行反馈。

社区电商平台供应链各个参与主体在供应链中的功能如图 4–1 所示。通过对社区电商平台供应链主体的分析，社区电商平台供应链上的几个参与主体之间的关系如图 4–2 所示。

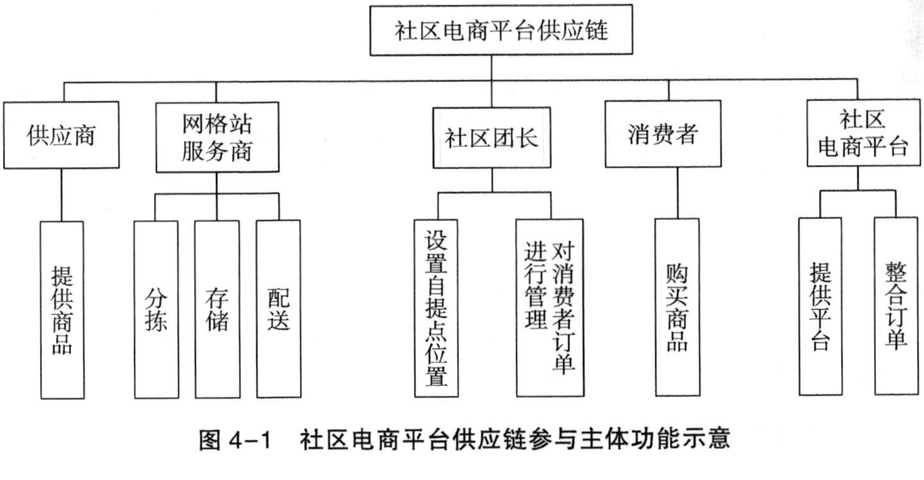

图 4–1　社区电商平台供应链参与主体功能示意

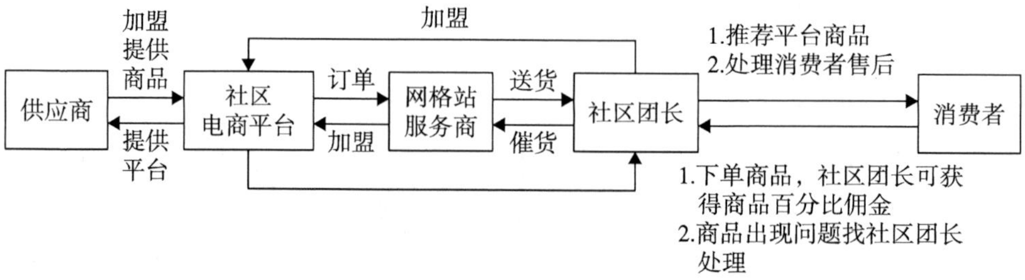

图 4-2　社区电商平台供应链参与主体关系示意

4.2.2　服务主导逻辑下社区电商平台供应链的价值共创机制

在服务主导逻辑下，经济中最明显的转变除了从商品向服务的转变外，还有从有形的、静态的资源逐渐向无形的、动态的资源转化。而在价值共创理论中，消费者不再只是消耗整个供应链，而是与社区电商平台供应链上的其他主体一同为供应链创造价值，在整个社区电商平台供应链中，主体中的社区电商平台和社区团长都是为消费者的需求进行改进、沟通以及交流。社区团长是专门为消费者服务的，通过消费者下单的金额获得佣金。社区电商平台会根据消费者的购买量而调整平台每日上架的产品，社区团长也会向社区电商平台反映消费者的需求，并且提醒消费者及时购买对应的商品。社区电商平台与社区团长之间的资源共享和信息共享，为供应链实现价值共创起到了重要的作用，从而维护社区电商平台供应链生态系统的稳定和可持续发展。

4.2.2.1　价值共创的互动机制

社区电商平台供应链的参与主体通过互动实现价值共创，进行互动的关键在于社区电商平台可以通过消费者的购买记录分析消费者潜在需求，然后通过与社区团长的互动，在消费者的参与下实现价值共创。

（1）消费者与社区团长的互动以及消费者个体之间的互动

社区团长通过建立社区服务站微信群，消费者在微信群里可以分享自己所购买的商品链接，提醒社区团长接单的同时也可以与其他消费者共享优惠商品信息。在微信群中，社区团长也可以实时分享社区电商平台折扣力度大的商品，消费者可以直接通过社区团长的链接下单，既避免了消费者错过优惠商品，节省了时间和金钱，也为社区电商平台创造了更多的价值，社区团长会获得更多的佣金，从而实现了价值共创。

（2）网格站服务商与社区电商平台之间的互动

社区电商平台将物流业务外包给网格站服务商，并将消费者订单和自提点的位置信息传递给网格站服务商，网格站服务商依据社区电商平台发送的订单合理规划路线，为社区自提点送货，这样既节省了社区电商平台的工作量，又做到了配送和分拣工作专人负责，业务环节分工明确，责任到人。通过网格站服务商与社区电商平台的互动，实现了社区电商平台供应链的价值共创。

（3）社区团长与社区电商平台之间的互动

社区电商平台可以通过社区团长了解社区中消费者的需求，及时对上线产品进行调整，而社区团长可以通过小程序及时对消费者的退货订单进行处理，社区电商平台后台随之处理。社区团长在社区电商平台售后服务中起到了重要的作用，保证了消费者与社区电商平台信息的及时沟通以及特殊情况的处理，社区团长与社区电商平台的互动使社区电商平台供应链更为完善，同时也提高了消费者在社区电商平台体验的满意度。

（4）供应商与社区电商平台之间的互动

供应商及时为社区电商平台提供商品，而社区电商平台不仅成了网格站服务商与供应商的桥梁，也可以通过与供应商的互动，为消费者购买的商品进行质量把关。供应商与社区电商平台看似只是简单的买卖关系，但二者之间的互动是整个社区平台供应链十分重要的环节，是整个社区供应链能够正常运行的基础。只有供应商与社区电商平台之间的互动及时，才能保证社区平台的正常运行。

互动机制通过各参与者之间的交流互动，一方面提高了社区电商平台供应链的每个主体参与价值共创的积极性，为消费者参与整个供应链架设桥梁；另一方面为社区电商平台和网格站服务商提供了更加便捷的沟通与互动。

4.2.2.2　价值共创的整合机制

服务主导逻辑认为，通过各个参与主体之间信息、资源以及网络的整合，参与到社区电商平台供应链价值共创的过程中。在社区电商平台的整个供应链中，社区电商平台无法独立做到从商品的生产到分拣再到配送的全部过程，也无法独立做到对消费者订单的接单以及售后服务问题，所以需要各参与主体进行资源要素的整合，各参与主体之间通过关系、资源以及网络的整合来实现协同发展，价值共创。

（1）关系整合

关系整合是社区电商平台供应链能够正常运行的基础，是社区电商平台供应链实现价值共创的前提条件。社区电商平台供应链全部任务的复杂性以及社区电商平台的不确定性，要求所有参与主体建立良好的关系，互相信任，协同发展，实现价值共创。通过关系整合，形成消费者与社区团长、社区团长与社区电商平台、社区电商平台与网格站服务商之间相互信任、互助互惠的关系。

（2）资源整合

资源整合是社区电商平台供应链实现价值共创的基本条件。社区电商平台通过与社区团长和供应商建立良好的合作关系，再通过网格站服务商对社区团长和供应商的资源整合，实现了整个社区电商平台供应链的正常运行，从而能够更好地为消费者服务。

（3）网络整合

网络整合是社区电商平台供应链实现价值共创的关键条件。网格站服务商作为社区电商平台供应链的关键性企业，通过整合上游供应商与下游消费者，从而实现社区电商平台供应链的网络整合。网格站服务商在整个供应链中起到的作用是“桥梁”作用，使得社区平台供应链网络更加顺畅。

通过整合机制，可以使每一个参与主体在自己所处的关键位置效益最大化、价值最大化，从而使整个供应链更好地实现价值共创，使整个社区电商平台供应链生态系统稳定发展。

基于上述对社区电商平台供应链价值共创互动机制和整合机制的分析，构建社区电商平台供应链价值共创机制框架模型，如图 4-3 所示。

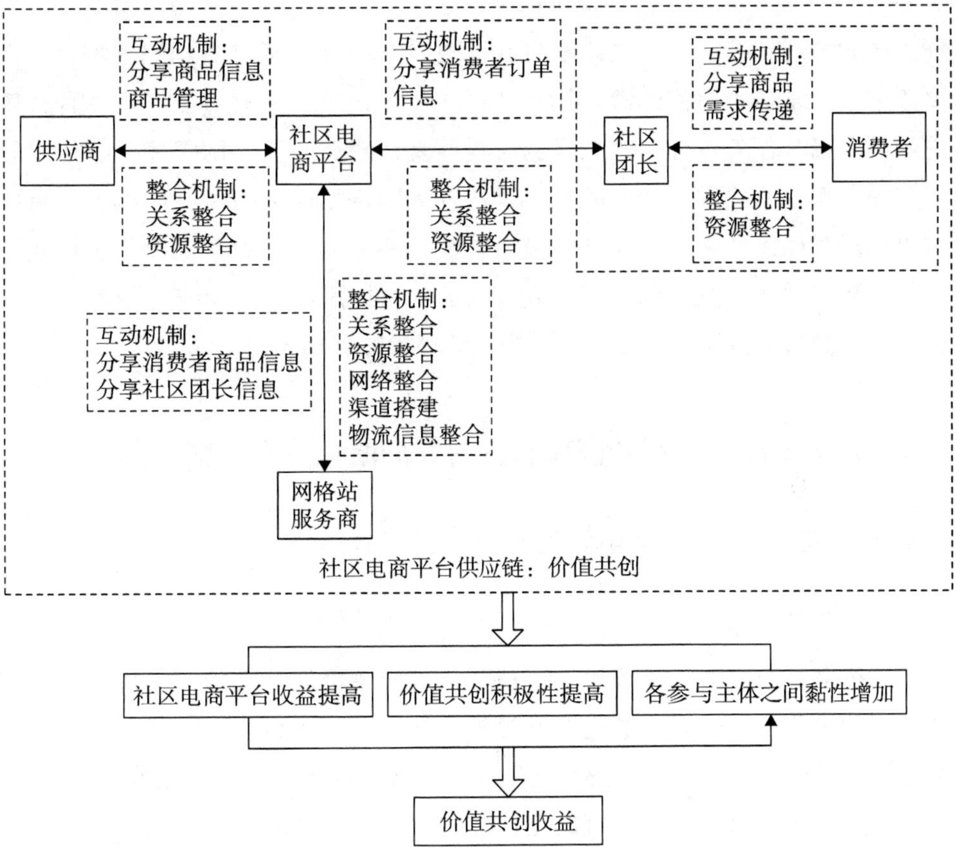

图 4-3　社区电商平台供应链价值共创机制框架模型

4.3　演化博弈在社区电商平台供应链价值共创中的适用性

传统博弈通常认为参与博弈的主体是完全理性的，且参与人是在完全信息条件下做出的博弈。但在现实经济生活中，实现参与人的完全理性和完全信息是很难的。在每个企业的合作与竞争中，每个参与人是不同的，而在演化博弈论中，不再将人模型化为超级理性的博弈方，而是认为人们可以通过多次试错的方式从而达到博弈均衡，最后得出通过多次试错达到均衡过程的函数，所以参与人个人的收益和整个均衡过程中的一些或者某个细节都会对博弈的均衡产生影响。社区电商平台供应链中的参与主体实现价值共创互动和整合的过程并不是在某个瞬间就可以完全实现整个供应链的价值共创，参与主体的管理者或者参与主体本身在面对复杂问题时很难做到完全理性，需要考虑很多复杂的相关因素，然后通过一步步试错，才有可能实现某种程度的最优决策。各个参与主体之间也需要反复地协调与互相配合才能达成比较稳定的合作竞争关系，社区团长、供应商、网格站服务商和社区电商平台才可以逐渐实现在供应链中自身的最高价值，同时可以帮助其他参与主体实现价值，从而达到价值共创、利益共享。因此，运用演化博弈研究社区电商平台供应链参与主体间的价值共创行为是合理且贴近现实的。

4.4 社区电商平台和社区团长价值共创演化博弈分析

4.4.1 博弈的参数设置与收益矩阵建立

4.4.1.1 基本假设

社区电商平台供应链参与主体在整个供应链价值共创中的作用以及双方所承担的角色各不相同，供应商通过加盟社区电商平台为平台供货，社区电商平台通过网格站服务商将商品送到社区团长自提点，最终到达消费者手中，从而完成社区电商平台供应链的全部过程。由于社区团长和社区电商平台的利益存在某些差异，对于整个供应链的不确定性和双方为了获得收益采取不同的策略，因此做出以下两个假设。

假设1：参与主体。假设参与演化博弈的两个行为主体为社区电商平台供应链的社区团长和社区电商平台。参与的影响因素是消费者，社区电商平台通过网格站服务商将商品送到社区团长自提点，而消费者通过在电商平台下单，在社区团长自提点自取即可。消费者的购买力决定了社区团长所获得的佣金和社区电商平台的收益。

假设2：行为假设。由于社区电商平台供应链参与主体的逐利性，社区电商平台和社区团长在参与价值共创过程中，可能不会尽全力参与价值共创，因此博弈策略集是尽全力参与价值共创和未尽全力参与价值共创。

(1) 社区电商平台和社区团长尽全力参与价值共创

通过咨询社区团长和社区电商平台，如果参与双方会尽全力参与价值共创，那么双方会做到以下几点：

1）有关社区商品的优惠。社区电商平台会最大力度地在平台进行优惠活动并且对社区团长进行严格管理，与此同时社区团长会在社区交流群对优惠活动进行大力宣传。

2）社区电商平台与社区团长之间的互动。社区电商平台应该制定具体的奖励措施，当属于社区团长下的社区成员下单数量达到某一数值时，应提高社区团长的佣金比例，社区电商平台通过改变佣金的策略，可以激励社区团长全力参与到价值共创中来。同时，社区团长需要不断向社区电商平台反馈社区成员的好评以及差评等信息，提醒社区电商平台进行相应的改进，从而提高社区电商平台的收益。

3）对社区成员信息进行整合，对全部订单进行评估，从而实现更好的价值共创。通过对不同社区成员下单同一个商品的数量和同一个社区成员不同日期对同一个商品的下单频次，从而了解商品的反馈信息，社区电商平台可以选择继续采购相应商品，而社区团长也应该及时将统计信息在社区交流群向社区成员进行分享，从而促进这些商品被更好地销售。

（2）社区电商平台和社区团长未尽全力参与价值共创

虽然社区团长加盟了社区电商平台，但社区团长可以不认真对待自己的职责，比如对社区电商平台商品未进行宣传和不及时处理社区成员的退货订单等。社区电商平台也不给社区团长恰当的优惠，对于社区团长的反馈和建议视而不见，社区成员在社区电商平台的体验感不好，社区电商平台商品销量下降，导致双方之间缺乏信任，彼此互相责怪，对商品的销售宣传不够尽心尽责，从而导致双方的收益都会下降。

假设社区电商平台选择尽全力参与社区电商平台供应链价值共创的概率为 x，那么选择不尽全力参与价值共创的概率为 $1-x$，其中 $0 \leqslant x \leqslant 1$；社区团长选择尽全力参与社区电商平台供应链价值共创的概率为 y，那么选择不尽全力参与价值共创的概率为 $1-y$，其中 $0 \leqslant y \leqslant 1$。

社区电商平台与社区团长在演化博弈过程中，可以选择的策略有尽全力参与、不尽全力参与，合作伙伴在参与平台企业的业务中可以选择的策略有尽全力参与、不尽全力参与。双方博弈的策略组合见表 4-1。

表 4-1 社区电商平台与社区团长的博弈策略组合

类别		社区团长	
		尽全力参与	不尽全力参与
社区电商平台	尽全力参与	(尽全力参与，尽全力参与)	(尽全力参与，不尽全力参与)
	不尽全力参与	(不尽全力参与，尽全力参与)	(不尽全力参与，不尽全力参与)

4.4.1.2 参数设置

通过对社区电商平台供应链价值共创整合与互动机制的分析（见表 4-2），对参数进行如下设置（见表 4-3）。

表 4-2 社区电商平台与社区团长价值共创影响因素

价值共创机制	行为	收益	成本
互动机制	分享消费者订单信息	获得消费者下单提成佣金和收益	沟通成本 时间成本
整合机制	关系整合 资源整合	提高平台和商品的知名度，从而获得更高的佣金和收益	沟通成本 时间成本

表 4-3 主要参数以及其代表的含义

参数		含义
直接收益	a	社区电商平台没有任何宣传和优惠时获得的收益
	b	社区团长没有任何宣传和优惠时获得的佣金
协同收益	e	参与主体双方都尽全力参与价值共创促进消费者购买力后获得额外的单位收益
	f	参与主体双方都尽全力参与带来的消费者购买力
	K_a	社区电商平台尽全力参与社区电商平台供应链增加收益的比值
	K_b	社区团长尽全力参与社区电商平台供应链增加收益的比值
	θ_a	社区电商平台不尽全力参与价值共创的增加收益比值
	θ_b	社区团长不尽全力参与价值共创的增加收益比值

续表

参数		含义
成本	C_{ab}	社区电商平台尽全力参与价值共创所需要的成本
	C_{ba}	社区团长尽全力参与价值共创所需要的成本
	S_{ab}	社区电商平台不尽全力参与价值共创所需要的成本
	S_{ba}	社区团长不尽全力参与价值共创所需要的成本
	E_a	社区电商平台不尽全力参与价值共创对社区团长收益的影响
	E_b	社区团长不尽全力参与价值共创时对社区电商平台收益的影响

4.4.1.3 收益矩阵的建立

作为演化博弈的参与主体，社区电商平台和社区团长在没有选择任何宣传方式的情况下，可以在社区电商平台中获得基本的收益。而当社区电商平台和社区团长开始参与价值共创时，社区团长需要付出个人时间，社区电商平台需要对商品进行优惠，虽然付出了一定的成本，但是对供应链做出了贡献，实现了价值共创，双方可以获得更多的收益。所以双方的最后收益为

双方的最后收益=没有任何宣传和优惠时获得的收益+
通过价值共创获得的收益−
在价值共创过程中付出的成本

通过上述分析以及之前的基本假设，可以构建出社区电商平台与社区团长在社区电商平台供应链中价值共创过程演化博弈的收益矩阵，见表 4-4。

表 4-4　社区电商平台与社区团长参与价值共创的收益矩阵

类别		社区团长	
		尽全力参与 y	不尽全力参与 $1-y$
社区电商平台	尽全力参与 x	$(a+K_a ef-C_{ab},\ b+K_b ef-C_{ba})$	$(a-E_b,\ b+\theta_b b-S_{ba})$
	不尽全力参与 $1-x$	$(a+\theta_a a-S_{ab},\ b-E_a)$	$(a-E_b+\theta_a a-S_{ab},\ b-E_a+\theta_b b-S_{ba})$

4.4.1.4 局部稳定分析

（1）社区电商平台的收益

当社区电商平台选择完全尽全力参与价值共创时，社区电商平台获得的收益为：

$$U_{a1}=y(a+K_a ef-C_{ab})+(1-y)(a-E_b) \tag{4-1}$$

当社区电商平台选择完全不尽全力参与价值共创时，社区电商平台获得的收益为：

$$U_{a2}=y(a+\theta_a a-S_{ab})+(1-y)(a-E_b+\theta_a a-S_{ab}) \tag{4-2}$$

所以社区电商平台参与价值共创的总收益为：

$$U_a=xU_{a1}+(1-x)U_{a2} \tag{4-3}$$

则社区电商平台参与价值共创的动态方程为：

$$\frac{\mathrm{d}x}{\mathrm{d}t}=x(U_{a1}-U_a) \tag{4-4}$$

代入式（4-1）、式（4-3）得到动态方程：

$$F_x(x)=\frac{\mathrm{d}x}{\mathrm{d}t}=x(1-x)[y(K_a ef-C_{ab}+\theta_a a+S_{ab})+(1-y)(S_{ab}-\theta_a a)] \tag{4-5}$$

（2）社区团长的收益

当社区团长选择完全尽全力参与价值共创时，社区团长获得的收益为：

$$U_{b1}=x(b+K_b ef-C_{ba})+(1-x)(b+\theta_b b-S_{ba}) \tag{4-6}$$

当社区团长选择完全不尽全力参与价值共创时，社区团长获得的收益为：

$$U_{b2}=x(b-E_a)+(1-x)(b-E_a+\theta_b b-S_{ba}) \tag{4-7}$$

所以社区团长参与价值共创的总收益为：

$$U_b=yU_{b1}+(1-y)U_{b2} \tag{4-8}$$

则社区团长参与价值共创的动态方程为：

$$\frac{\mathrm{d}y}{\mathrm{d}t}=y(U_{b1}-U_b) \tag{4-9}$$

代入式（4-6）、式（4-8）得到动态方程：

$$F_y(y)=\frac{\mathrm{d}y}{\mathrm{d}t}=y(1-y)[x(K_b ef-C_{ba}+\theta_b b+S_{ba})+(1-x)(S_{ba}-\theta_b b)] \tag{4-10}$$

（3）均衡点分析

参与双方社区电商平台和社区团长在使自己利益最大化的同时参与到社区电商平台供应链价值共创的过程中，会不断地通过改变自己参与价值共创的策略，达到演化稳定策略（evolutionarily stable strategy，ESS），令式（4-5）和式（4-10）分别等于 0，即

$$F_x(x)=\frac{\mathrm{d}x}{\mathrm{d}t}=$$

$$x(1-x)\left[y(K_aef-C_{ab}+\theta_a a+S_{ab})+(1-y)(S_{ab}-\theta_a a)\right]=0 \tag{4-11}$$

$$F_y(y)=\frac{\mathrm{d}y}{\mathrm{d}t}=$$

$$y(1-y)\left[x(K_bef-C_{ba}+\theta_b b+S_{ba})+(1-x)(S_{ba}-\theta_b b)\right]=0 \tag{4-12}$$

得出 $x=0$，$x=1$ 和 $y^*=\dfrac{\theta_a a-S_{ab}}{K_aef-C_{ab}}$；$y=0$，$y=1$ 和 $x^*=\dfrac{\theta_b b-S_{ba}}{K_bef-C_{ba}}$，可以得到系统的 5 个局部平衡点：

E_1（0，0），E_2（0，1），E_3（1，1），E_4（1，0），$E_5=\left(\dfrac{\theta_a a-S_{ab}}{K_aef-C_{ab}},\dfrac{\theta_b b-S_{ba}}{K_bef-C_{ba}}\right)$。

对于社区电商平台的复制动态方程（4-5）对 x 求偏导可得：

$$\frac{\partial F_x(x)}{\partial x}=(1-2x)\left[y(K_aef-C_{ab}+\theta_a a+S_{ab})+(1-y)(S_{ab}-\theta_a a)\right] \tag{4-13}$$

情况 1：当 $y^*=\dfrac{\theta_a a-S_{ab}}{K_aef-C_{ab}}$ 时，社区团长选择尽力参与的概率为 $\dfrac{\theta_a a-S_{ab}}{K_aef-C_{ab}}$，$\dfrac{\mathrm{d}x}{\mathrm{d}t}=0$ 恒成立，复制动态方程较为稳定，则在［0，1］范围内，动态方程的稳定解恒为 x，演化博弈过程的临界值其中一个是 x。

情况 2：当 $0<y<\dfrac{\theta_a a-S_{ab}}{K_aef-C_{ab}}$（$0<\dfrac{\theta_a a-S_{ab}}{K_aef-C_{ab}}<1$）时，将 $x=0$，$x=1$ 代入式（4-13）得出 $\dfrac{\partial\frac{\mathrm{d}x}{\mathrm{d}t}}{\partial(x=0)}<0$，$\dfrac{\partial\frac{\mathrm{d}x}{\mathrm{d}t}}{\partial(x=1)}>0$，由稳定性条件 $\dfrac{\partial\frac{\mathrm{d}x}{\mathrm{d}t}}{\partial(x=0)}<0$，可知 $x=0$

是一个稳定解，社区团长实行合理参与策略的概率小于 $\frac{\theta_a a - S_{ab}}{K_a ef - C_{ab}}$。所以无论社区电商平台供应链怎样进行演化，社区电商平台都不会尽全力参与价值共创，而会选择完全不尽全力参与价值共创，最终社区电商平台和社区团长都不会同时尽全力参与价值共创。在此情况下，社区电商平台不尽全力参与价值共创的收益大于完全尽全力参与价值共创的收益，由于参与演化博弈的双方都是理性的，所以博弈的结果是社区电商平台趋向于不尽全力参与价值共创，社区团长更倾向于不尽全力参与价值共创，从而社区电商平台和社区团长参与价值共创的状态均为不尽全力参与价值共创。

情况 3：当 $\frac{\theta_a a - S_{ab}}{K_a ef - C_{ab}} < y < 1$ 时，分别将 $x=0$，$x=1$ 代入式（4-13）得到 $\frac{\partial \frac{dx}{dt}}{\partial(x=0)}>0$，$\frac{\partial \frac{dx}{dt}}{\partial(x=1)}<0$，当 $\frac{\partial \frac{dx}{dt}}{\partial(x=1)}<0$，$x=1$ 时为稳定解。即当社区团长选择尽全力参与价值共创的概率大于 $\frac{\theta_a a-S_{ab}}{K_a ef-C_{ab}}$ 时，社区电商平台供应链经过长期的演化，社区电商平台最后会选择尽全力参与价值共创。因为社区电商平台尽全力参与社区电商平台供应链价值共创的收益大于不尽全力参与社区电商平台供应链价值共创的收益，所以演化博弈的双方最终都会选择尽全力参与价值共创。

对于社区团长的复制动态方程（4-10）对 y 求偏导，过程结果解释相似。

经过上述分析和求偏导，可以得出上述博弈模型的雅可比矩阵（Jacabian matrix）为：

$$\boldsymbol{J}=\begin{bmatrix} \partial F(x)/\partial x & \partial F(x)/\partial y \\ \partial F(y)/\partial x & \partial F(y)/\partial y \end{bmatrix} \tag{4-14}$$

通过雅可比矩阵分析可知：当均衡点为 E_1（0，0）时，雅可比矩阵的迹是 $(S_{ab} - \theta_a a - \theta_b b + S_{ab})$，迹的符号与初始值的设置密切相关，因此迹有不确定性。平衡点的稳定性可由该系统得到的雅可比矩阵的局部稳定分析得到[9]。雅可比矩阵的行列式为 $(S_{ab} - \theta_a a)(S_{ab} - \theta_a b)$，当设置的初始值不同时，雅可比矩阵的结果也会不一样，因此代入均衡点，不能得出行列式的值，也不能对迹的符号进行判断。

4.4.2　社区电商平台和社区团长价值共创机制仿真分析

基于上述分析，社区电商平台和社区团长有可能选择尽全力参与社区电商平台供应链的价值共创，也可能选择不尽全力参与社区电商平台供应链的价值共创，双方的演化博弈最终的结果与参数值的设置以及具体的赋值相关。所以利用 MATLAB 对演化模型进行仿真，通过改动每个参数的数值模拟社区电商平台和社区团长是否尽全力参与供应链的价值共创过程，并分析参与主体尽全力参与社区电商平台供应链增加收益的比值 K_i 的变化、参与主体尽全力参与价值共创所需要的成本 C_{ij} 的变化以及参与主体双方尽全力参与带来的消费者购买力 f 的变化对社区电商平台供应链收益的影响，根据多次实验以及调研对参数的赋值情况见表 4-5。假设社区电商平台没有任何宣传和优惠时获得的收益 a 为 50，社区团长没有任何宣传和优惠时获得的佣金 b 为 30，参与主体双方都尽全力参与价值共创促进消费者购买力后获得额外的单位收益 e 为 2，参与主体双方都尽全力参与带来的消费者购买力 f 为 10，社区电商平台尽全力参与社区电商平台供应链增加收益的比值 K_a 为 0.1，社区团长尽全力参与社区电商平台供应链增加收益的比值 K_b 为 0.4，社区电商平台不尽全力参与价值共创的增加收益比值 θ_a 为 0.6，社区团长不尽全力参与价值共创的增加收益比值 θ_b 为 0.4，社区电商平台尽全力参与价值共创所需要的成本 C_{ab} 为 10，社区团长尽全力参与价值共创所需要的成本 C_{ba} 为 8，社区电商平台不尽全力参与价值共创所需要的成本 S_{ab} 为 5，社区团长不尽全力参与价值共创所需要的成本 S_{ba} 为 4，社区电商平台不尽全力参与价值共创对社区团长收益的影响 E_a 为 3，社区团长不尽全力参与价值共创时对社区电商平台收益的影响 E_b 为 5。

表 4-5　初始参数设置

参数	a	b	e	f	K_a	K_b	θ_a	θ_b	C_{ab}	C_{ba}	S_{ab}	S_{ba}	E_a	E_b
数值	50	30	2	10	0.1	0.4	0.6	0.4	10	8	5	4	3	5

（1）参与主体尽全力参与社区电商平台供应链增加收益的比值 K_i 的变化对演化结果的影响

社区电商平台尽全力参与平台供应链增加收益的比值 K_a 的变化对社区电

商平台和社区团长影响仿真结果如图 4-4、图 4-5 所示。

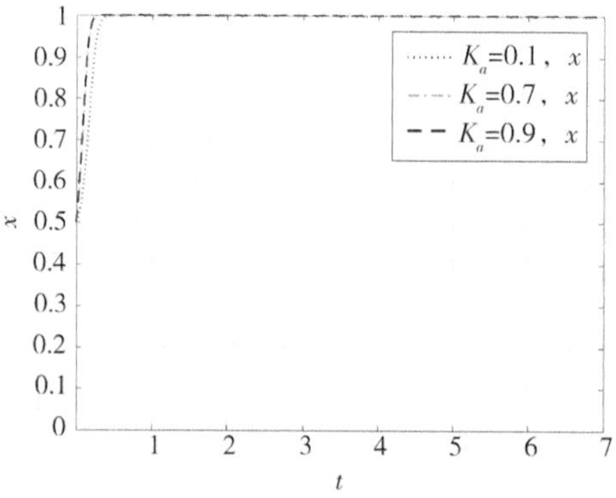

图 4-4 社区电商平台尽全力参与平台供应链增加收益的比值 K_a 的变化对社区电商平台影响仿真结果

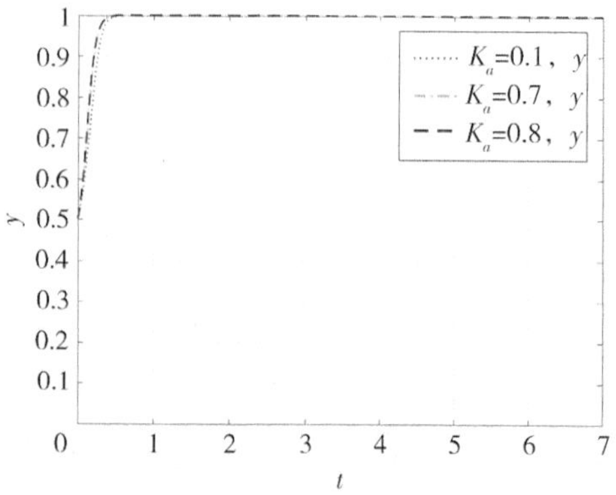

图 4-5 社区电商平台尽全力参与平台供应链增加收益的比值 K_a 变化对社区团长影响仿真结果

社区团长尽全力参与平台供应链增加收益的比值 K_b 的变化对社区电商平台和社区团长影响仿真结果如图 4-6、图 4-7 所示。

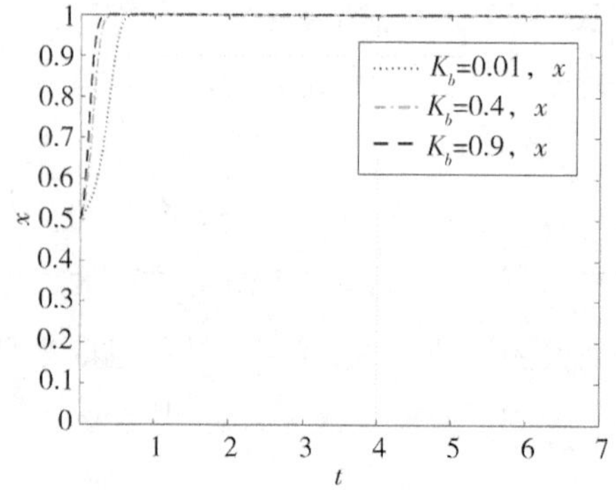

图 4-6 社区团长尽全力参与平台供应链增加收益的比值 K_b 的变化对社区电商平台影响仿真结果

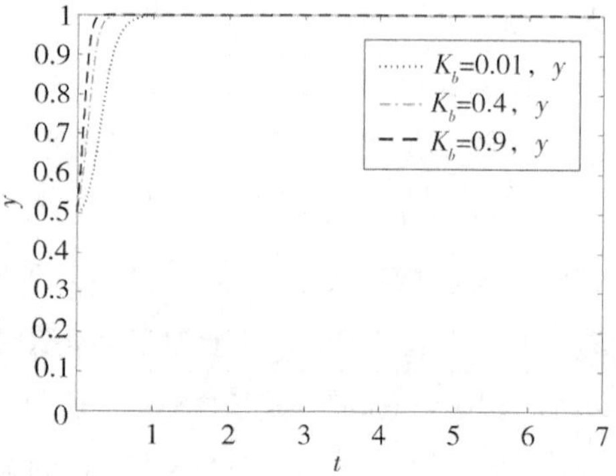

图 4-7 社区团长尽全力参与平台供应链增加收益的比值 K_b 的变化对社区团长影响仿真结果

通过对仿真图进行分析，可以看出参与主体尽全力参与社区电商平台供应链增加收益的比值 K_i 越高，参与双方选择尽全力参与社区电商平台供应链价值共创的速度越快，说明参与主体尽全力参与社区电商平台供应链增加收益的比值越大，双方可以更加愿意尽全力地参与到社区电商平台供应链的价值共创中来。

（2）参与主体尽全力参与价值共创所需要的成本 C_{ij} 的变化对演化结果的影响

社区电商平台尽全力参与平台供应链所需要的成本 C_{ab} 的变化对社区电商平台和社区团长影响仿真结果如图 4-8、图 4-9 所示。

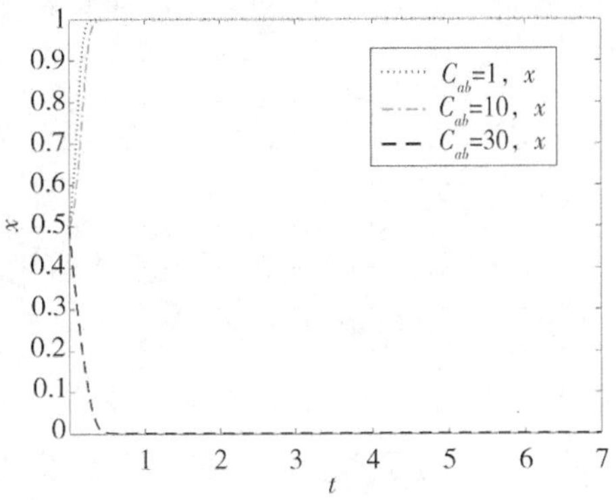

图 4-8　社区电商平台尽全力参与平台供应链所需要的成本 C_{ab} 的变化对社区电商平台影响仿真结果

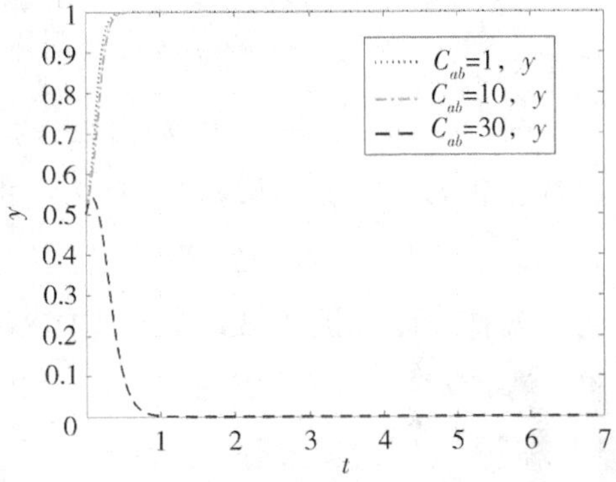

图 4-9　社区电商平台尽全力参与平台供应链所需要的成本 C_{ab} 的变化对社区团长影响仿真结果

社区团长尽全力参与平台供应链所需要的成本 C_{ba} 的变化对社区电商平台和社区团长影响仿真结果如图 4-10、图 4-11 所示。

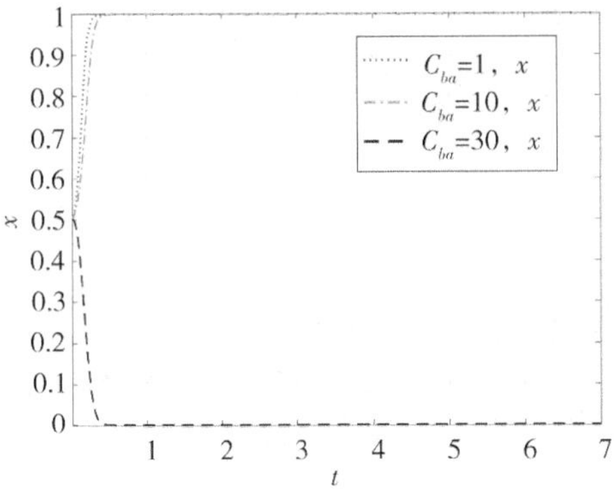

图 4-10　社区团长尽全力参与平台供应链所需要的成本 C_{ba} 的变化对社区电商平台影响仿真结果

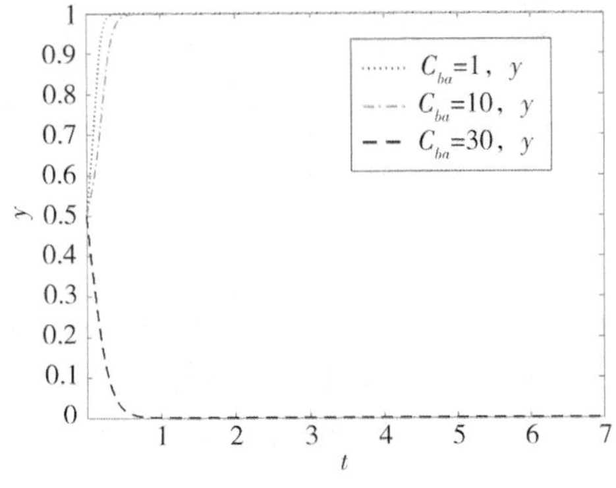

图 4-11　社区团长尽全力参与平台供应链所需要的成本 C_{ba} 的变化对社区团长影响仿真结果

通过对仿真图进行分析看出，当双方选择尽全力参与社区电商平台供应链所需要的成本位于较高水平（$C_{ij} \geqslant 30$）时，社区团长和社区电商平台参与平台供应链成本的提高会导致结果偏向 $x=0$，$y=0$，即双方均不尽全力参与价值共创，说明演化博弈的参与双方在参与价值共创的同时要尽量将成本控制在较低的水平。

（3）参与主体双方尽全力参与带来的消费者购买力 f 的变化对演化结果的影响

参与主体双方尽全力参与带来的消费者购买力 f 的变化对社区电商平台和社区团长影响仿真结果如图 4-12、图 4-13 所示。

动态方程中的其他参数不变，令 f 分别等于 10，30 和 100，得出仿真图，通过对仿真图分析，可知参与主体双方尽全力参与带来的消费者购买力 f 越高，参与双方选择尽全力参与社区电商平台供应链价值共创的速度越快，说明较高的社区消费者购买力会使社区电商平台和社区团长更有信息和动力继续参与价值共创，合作关系也更稳定，双方会更尽全力地参与到社区电商平台供应链的价值共创中来。

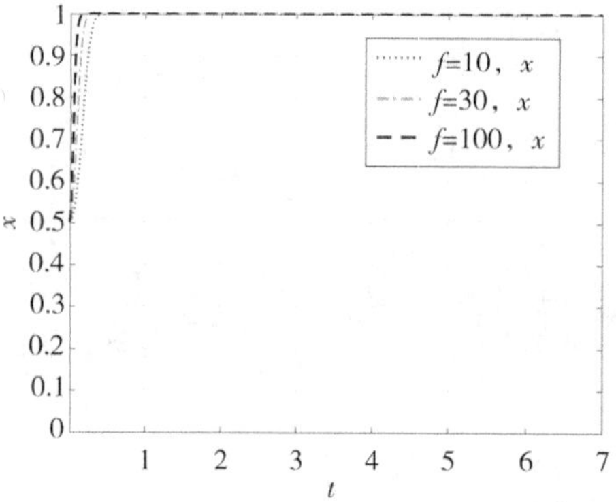

图 4-12　参与主体双方尽全力参与带来的消费者购买力 f 的变化对社区电商平台影响仿真结果

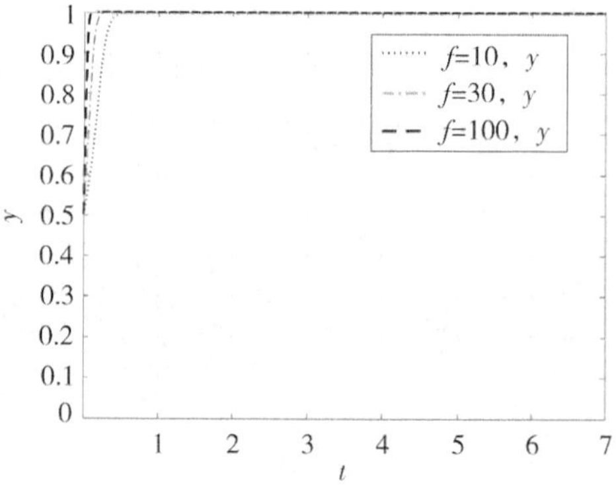

图 4-13　参与主体双方尽全力参与带来的消费者购买力 f 的变化对社区团长影响仿真结果

越来越多的社区电商平台开始逐渐进入人们的视野，各个社区电商平台的竞争越来越激烈，由社区团长、社区电商平台、消费者、供应商和网格站服务商组成的各个参与主体共同参与价值共创，通过参与主体双方互动整合资源实现价值共创。本节通过研究社区电商平台供应链的两个主要参与主体——社区电商平台和社区团长是否会尽全力参与价值共创的问题，构建了双方演化博弈模型，通过计算动态复制方程，得到了影响社区电商平台供应链收益的主要因素，最后利用 MATLAB 对关键因素进行了仿真实验，模拟了参与社区电商平台供应链博弈双方的决策演化趋势，并通过对仿真实验结果的分析提出相应的对策，从而提高社区团长和社区电商平台尽全力参与价值共创的意愿。得出的结论如下：

1）只有当社区电商平台和社区团长选择尽全力参与平台价值共创获得的最终收益大于选择不尽全力参与社区电商平台供应链价值共创的最终收益时，才会出现“尽全力参与，尽全力参与”和“不尽全力参与，不尽全力参与”两种策略组合的可能。

2）通过双方演化博弈模型的计算，得出参与主体尽全力参与社区电商平台供应链增加收益的比值 K_i、参与主体尽全力参与价值共创所需要的成本 C_{ij} 和参与主体双方尽全力参与带来的消费者购买力 f 为关键因素。其中参与主体尽全力参与社区电商平台供应链增加收益的比值 K_i 和参与主体双方尽全力参与带来的消费者购买力 f 对价值共创的积极性起到促进作用，而参与主体尽全力参与价值共创所需要的成本 C_{ij} 对参与价值共创的积极性起到抑制作用。

为了提高社区团长和社区电商平台参与价值共创的积极性，对社区电商平台供应链提出以下几点建议：

1）降低参与主体双方参与价值共创的成本。社区团长和社区电商平台在参与价值共创的过程中，需要在调整运营方案的过程中付出沟通成本和时间成本；而社区电商平台自己独特的经营模式以及相关的技术随着社区电商平台的普及，其核心优势也在逐渐丧失，需要承担机会成本。参与主体参与价值共创过程中成本的提高意味着社区电商平台供应链的收益减少，参与双方为了获得更高的收益，就会选择不尽全力参与价值共创，从而不利于社区电商平台供应链的长久发展。社区团长和社区电商平台都应该积极参与价值共创。对消费者的订单信息以及商品的反馈情况进行及时沟通，共同面对在社区电商平台运营过程的突发情况，共同承担成本，而政府应该对社区电商平台给予大力的支持以及一定程度上的补助和优惠政策，从而使社区电商平台供应链的发展越来越好。

2）通过社区电商平台的优惠策略和社区团长的宣传以提高消费者的购买

力。消费者的购买力大小决定了社区电商平台供应链整体收益的多少，社区电商平台应该通过“秒杀”、抢购以及团购等活动提高消费者对社区电商平台的信任度以及好感度，不仅实现了社区电商平台供应链现有的消费者购买力的提高，还可以通过消费者对社区电商平台好感度的提高，从而对社区电商平台进行宣传，使更多的新客户也加入社区电商平台，增加了消费者的数量，提高了社区电商平台商品的销量，提高了社区电商平台供应链的收益。社区团长应该及时完成社区成员订单并做好售后处理，提高消费者对社区电商平台的好感度，还应该在社区交流群积极分享销量高的商品，增加商品出现在消费者视线中的频率，而出现频率高加上群里其他消费者的反馈，会驱使更多的社区成员购买销量高的商品，从而形成良性循环。

3）提高信息透明度，加强社区电商平台和社区团长之间的信任，从而激励参与双方参与价值共创。社区电商平台应及时公布供应链的相关策略以及各项计划，社区团长也应该及时地向社区电商平台反馈社区交流群中消费者的反馈信息，从而促使社区电商平台对供应商以及商品进行及时调整，信息透明化会使参与双方更加信任对方，从而更加积极地参与价值共创。

4）树立双方共赢观念。社区电商平台和社区团长是两个独立的主体，有着各自利益，社区团长希望社区电商平台可以为其提供更多的佣金，而社区电商平台希望在提供给社区团长较少佣金的情况下为社区电商平台创造更多的收益。但是如果只以利己为核心，不顾合作方的利益，最后只会得不偿失，双方的收益都会降低，所以社区电商平台和社区团长都应该转变观念，将对方看作命运共同体，共同合作，共同承担风险，共同尽全力参与社区电商平台供应链的价值共创。

4.5 社区电商平台和供应商价值共创演化博弈分析

本节通过对社区电商平台供应链的参与主体与主体之间关系的研究，首先明确了社区电商平台供应链的构成与运作流程，从而构建了以服务主导逻辑为基础的社区电商平台供应链价值共创机制；其次，采用演化博弈方法构建社区电商平台和供应商的演化博弈模型，通过考虑参与主体双方参与价值共创的成本、参与主体双方尽全力增加社区电商平台供应链收益的所占比例以及影响双方收益的社区电商平台供应链中的主体消费者等因素，探索社区电商平台供应链中社区电商平台和供应商在价值共创中的互动和整合机制，使双方相互协调共同实现价值共创以及有哪些因素会影响双方实现价值共创。

4.5.1　博弈的参数设置与收益矩阵建立

4.5.1.1　基本假设

社区电商平台供应链参与主体在整个供应链价值共创中的作用以及双方所承担的角色各不相同，供应商通过加盟社区电商平台为平台供货，社区电商平台通过网格站服务商将商品送到社区团长自提点，最终到达消费者手中，从而完成社区电商平台供应链的全部过程。然而由于供应商和社区电商平台的利益存在某些差异，对于整个供应链的不确定性和双方为了获得收益采取不同的策略，因此做出以下两个假设。

假设 1：参与主体。假设参与演化博弈的两个行为主体为社区电商平台供应链的供应商和社区电商平台。参与的影响因素是消费者，供应商通过加盟社区电商平台为平台提供商品，而消费者通过在电商平台下单，在社区团长自提点自取即可。消费者的购买力决定了供应商所获得的商品提成和社区电商平台的收益。

假设 2：行为假设。由于社区电商平台供应链参与主体的逐利性，社区电商平台和供应商在参与价值共创过程中，可能不会尽全力参与价值共创，因此博弈策略集是尽全力参与价值共创和未尽全力参与价值共创。

（1）社区电商平台和供应商尽全力参与价值共创

通过咨询社区电商平台电话，如果参与双方会尽全力参与价值共创，那么双方会做到以下几点：

1）有关社区商品的优惠。社区电商平台会最大力度地在平台进行优惠活动并且对供应商进行严格管理，与此同时供应商也会在自己成本范围内对商品进行优惠。

2）社区电商平台与供应商之间的互动。供应商应该向社区电商平台提供真实的商品信息，而社区电商平台对于商品的管理也应该公开化、透明化，使得供应商可以了解社区电商平台管理以及销售商品的全部过程。

3）对社区成员信息进行整合，对全部订单进行评估，从而实现更好的价值共创。通过对不同社区成员下单同一个商品的数量和同一个社区成员不同日期对同一个商品的下单频次，从而了解商品的反馈，社区电商平台可以选择继续采购相应商品，而供应商也应该及时了解商品的销量，从而可以更及时地为社区电商平台提供商品，从而促进这些商品被更好地销售。

（2）社区电商平台和供应商未尽全力参与价值共创

虽然供应商加盟了社区电商平台，但供应商可以不认真对待自己的职责，比如在提供商品时以次充好，将廉价的次品，甚至是打着品牌的旗号却提供非品牌产品，在与社区电商平台签约和提供商品样品时提供质量很好的商品，而在正式上线平台时却提供伪劣产品，价格高；对于消费者已经购买的商品，售后服务不好。而社区电商平台也不给供应商恰当的奖励政策，使得供应商失去尽力参与社区电商平台的动力，两者的不尽全力参与价值共创导致社区电商平台商品销量下降，社区成员在社区电商平台的体验感不好，从而导致双方之间缺乏信任，彼此互相责怪，最终导致双方的收益都会下降。

假设社区电商平台选择尽全力参与社区电商平台供应链价值共创的概率为 x，则选择不尽全力参与价值共创的概率为 $1-x$，其中 $0 \leqslant x \leqslant 1$；供应商选择尽全力参与社区电商平台供应链价值共创的概率为 y，则选择不尽全力参与价值共创的概率为 $1-y$，其中 $0 \leqslant y \leqslant 1$。

社区电商平台与供应商在演化博弈过程中，可以选择的策略有“尽全力参与，不尽全力参与”，供应商在参与平台企业的业务中可以选择的策略有“尽全力参与，不尽全力参与”。双方博弈的策略组合见表4-6。

表 4-6　社区电商平台与供应商的博弈策略组合

类别		供应商	
		尽全力参与	不尽全力参与
社区电商平台	尽全力参与	（尽全力参与，尽全力参与）	（尽全力参与，不尽全力参与）
	不尽全力参与	（不尽全力参与，尽全力参与）	（不尽全力参与，不尽全力参与）

4.5.1.2　参数设置

通过对社区电商平台供应链价值共创整合与互动机制的分析（见表 4-7），对参数进行如下设置（见表 4-8）。

表 4-7　社区电商平台与供应商价值共创影响因素

价值共创机制	行为	收益	成本
互动机制	分享商品信息 商品管理	通过消费者下单商品获得收益	沟通成本 时间成本
整合机制	关系整合 资源整合	提高平台和商品的知名度， 从而获得更高的收益	沟通成本 时间成本

表 4-8　主要参数以及其代表的含义

参数		含义
直接收益	a	社区电商平台没有任何宣传和优惠时获得的收益
	b	供应商没有优惠时获得的收益
协同收益	e	参与主体双方都尽全力参与价值共创促进消费者购买力后获得额外的单位收益
	f	参与主体双方都尽全力参与带来的消费者购买力
	K_a	社区电商平台尽全力参与社区电商平台供应链增加收益的比值
	K_b	供应商尽全力参与社区电商平台供应链增加收益的比值
	θ_a	社区电商平台不尽全力参与价值共创的增加收益比值
	θ_b	供应商不尽全力参与价值共创的增加收益比值
成本	C_{ab}	社区电商平台尽全力参与价值共创所需要的成本
	C_{ba}	供应商尽全力参与价值共创所需要的成本
	S_{ab}	社区电商平台不尽全力参与价值共创所需要的成本
	S_{ba}	供应商不尽全力参与价值共创所需要的成本
	E_a	社区电商平台不尽全力参与价值共创对供应商收益的影响
	E_b	供应商不尽全力参与价值共创对社区电商平台收益的影响

4.5.1.3　收益矩阵的建立

作为演化博弈的参与主体，社区电商平台和供应商在没有选择任何优惠和宣传方式的情况下可以在社区电商平台中获得基本的收益。而当社区电商平台和供应商开始参与价值共创时，供应商需要降低其利润，为社区电商平台提供较优惠的价格，社区电商平台需要对商品进行优惠，虽然付出了一定的成本，但是对社区电商平台供应链做出了贡献，实现了价值共创，双方可以获得更多的收益。所以双方的最后收益为：

双方的最后收益=没有任何宣传和优惠时获得的收益+
通过价值共创获得的收益-
在价值共创过程中付出的成本

通过上述分析以及之前的基本假设，可以构建出社区电商平台与供应商在社区电商平台供应链中价值共创的过程演化博弈的收益矩阵，见表 4-9。

表 4-9　社区电商平台与供应商参与价值共创的收益矩阵

类别		供应商	
		尽全力参与 y	不尽全力参与 $1-y$
社区电商平台	尽全力参与 x	$(a+K_a ef-C_{ab},$ $b+K_b ef-C_{ba})$	$(a-E_b,$ $b+\theta_b b-S_{ba})$
	不尽全力参与 $1-x$	$(a+\theta_a a-S_{ab},$ $b-E_a)$	$(a-E_b+\theta_a a-S_{ab},$ $b-E_a+\theta_b b-S_{ba})$

4.5.1.4　局部稳定分析

（1）社区电商平台的收益

当社区电商平台选择完全尽全力参与价值共创时，社区电商平台获得的收益为：

$$U_{a1}=y(a+K_a ef-C_{ab})+(1-y)(a-E_b) \tag{4-15}$$

当社区电商平台选择完全不尽全力参与价值共创时，社区电商平台获得的收益为：

$$U_{a2}=y(a+\theta_a a-S_{ab})+(1-y)(a-E_b+\theta_a a-S_{ab}) \tag{4-16}$$

所以社区电商平台参与价值共创的总收益为：

$$U_a=xU_{a1}+(1-x)U_{a2} \tag{4-17}$$

则社区电商平台参与价值共创的动态方程为：

$$\frac{dx}{dt}=x(U_{a1}-U_{a}) \quad (4-18)$$

代入式（4-15）、式（4-17）得到动态方程：

$$F_{x}(x)=\frac{dx}{dt}=x(1-x)[y(K_{a}ef-C_{ab}+\theta_{a}a+S_{ab})+(1-y)(S_{ab}-\theta_{a}a)] \quad (4-19)$$

（2）供应商的收益

当供应商选择完全尽全力参与价值共创时，供应商获得的收益为：

$$U_{b1}=x(b+K_{b}ef-C_{ba})+(1-x)(b+\theta_{b}b-S_{ba}) \quad (4-20)$$

当供应商选择完全不尽全力参与价值共创时，供应商获得的收益为：

$$U_{b2}=x(b-E_{a})+(1-x)(b-E_{a}+\theta_{b}b-S_{ba}) \quad (4-21)$$

所以供应商参与价值共创的总收益为：

$$U_{b}=yU_{b1}+(1-y)U_{b2} \quad (4-22)$$

则供应商参与价值共创的动态方程为：

$$\frac{dy}{dt}=y(U_{b1}-U_{b}) \quad (4-23)$$

代入式（4-20）、式（4-22）得到动态方程：

$$F_{y}(y)=\frac{dy}{dt}=y(1-y)[x(K_{b}ef-C_{ba}+\theta_{b}b+S_{ba})+(1-x)(S_{ba}-\theta_{b}b)] \quad (4-24)$$

（3）均衡点分析

参与主体双方社区电商平台和供应商在使自己利益最大化的同时参与到社区电商平台供应链价值共创的过程中，会不断地通过改变自己参与价值共创的策略，达到演化稳定策略，令式（4-19）和式（4-24）分别等于 0，即

$$F_{x}(x)=\frac{dx}{dt}=x(1-x)[y(K_{a}ef-C_{ab}+\theta_{a}a+S_{ab})+(1-y)(S_{ab}-\theta_{a}a)]=0 \quad (4-25)$$

$$F_y(y)=\frac{\mathrm{d}y}{\mathrm{d}t}=$$

$$y(1-y)[x(K_bef-C_{ba}+\theta_bb+S_{ba})+(1-x)(S_{ba}-\theta_bb)]=0 \quad (4-26)$$

得出 $x=0$，$x=1$ 和 $y^*=\frac{\theta_aa-S_{ab}}{K_aef-C_{ab}}$；$y=0$，$y=1$ 和 $x^*=\frac{\theta_bb-S_{ba}}{K_bef-C_{ba}}$，可以得到系统的 5 个局部平衡点：$E_1$（0，0），$E_2$（0，1），$E_3$（1，1），$E_4$（1，0），$E_5=\left(\frac{\theta_aa-S_{ab}}{K_aef-C_{ab}},\frac{\theta_bb-S_{ba}}{K_bef-C_{ba}}\right)$。

对于社区电商平台的复制动态方程（4-19）对 x 求偏导可得：

$$\frac{\partial F_x(x)}{\partial x}=(1-2x)[y(K_aef-C_{ab}+\theta_aa+S_{ab})+(1-y)(S_{ab}-\theta_aa)] \quad (4-27)$$

情况 1：当 $y^*=\frac{\theta_aa-S_{ab}}{K_aef-C_{ab}}$ 时，供应商选择尽力参与的概率为 $\frac{\theta_aa-S_{ab}}{K_aef-C_{ab}}$，$\frac{\mathrm{d}x}{\mathrm{d}t}=0$ 恒成立，复制动态方程较为稳定，则在［0，1］范围内，动态方程的稳定解恒为 x，演化博弈过程的临界值其中一个是 x。

情况 2：当 $0<y<\frac{\theta_aa-S_{ab}}{K_aef-C_{ab}}$（$0<\frac{\theta_aa-S_{ab}}{K_aef-C_{ab}}<1$）时，将 $x=0$，$x=1$ 代入式（4-27）得出 $\frac{\partial\frac{\mathrm{d}x}{\mathrm{d}t}}{\partial(x=0)}<0$，$\frac{\partial\frac{\mathrm{d}x}{\mathrm{d}t}}{\partial(x=1)}>0$，由稳定性条件 $\frac{\partial\frac{\mathrm{d}x}{\mathrm{d}t}}{\partial(x=0)}<0$，可知 $x=0$ 是一个稳定解，供应商实行合理参与策略的概率小于 $\frac{\theta_aa-S_{ab}}{K_aef-C_{ab}}$。所以无论社区电商平台供应链怎样进行演化，社区电商平台都不会尽全力参与价值共创，而会选择完全不尽全力参与价值共创，最终社区电商平台和供应商都不会同时尽全力参与价值共创。在此情形下，社区电商平台不尽全力参与价值共创的收益大于完全尽全力参与价值共创的收益，由于参与演化博弈的双方都是理性的，所以博弈的结果是社区电商平台趋向于不尽全力参与价值共创，供应商更倾向于不尽全力参与价值共创，从而社区电商平台和供应商参与价值共创的状态均为不尽全力参与价值共创。

情况 3：当 $\frac{\theta_a a - S_{ab}}{K_a ef - C_{ab}} < y < 1$ 时，分别将 $x=0$，$x=1$ 代入式（4-27）得到 $\frac{\partial \frac{\mathrm{d}x}{\mathrm{d}t}}{\partial(x=0)}>0$，$\frac{\partial \frac{\mathrm{d}x}{\mathrm{d}t}}{\partial(x=1)}<0$，当 $\frac{\partial \frac{\mathrm{d}x}{\mathrm{d}t}}{\partial(x=1)}<0$ 时，$x=1$ 时为稳定解。即当供应商选择尽全力参与价值共创的概率大于 $\frac{\theta_a a - S_{ab}}{K_a ef - C_{ab}}$ 时，社区电商平台供应链经过长期的演化，社区电商平台最后会选择尽全力参与价值共创。因为社区电商平台尽全力参与社区电商平台供应链价值共创的收益大于不尽全力参与社区电商平台供应链价值共创的收益，所以演化博弈的双方最终都会选择尽全力参与价值共创。

对于供应商的复制动态方程式（4-24）对 y 求偏导，过程结果解释相似。

经过上述分析和求偏导，可以得出上述博弈模型的雅可比矩阵为：

$$\boldsymbol{J}=\begin{pmatrix} \partial F(x)/\partial x & \partial F(x)/\partial y \\ \partial F(y)/\partial x & \partial F(y)/\partial y \end{pmatrix} \tag{4-28}$$

通过雅可比矩阵分析可知：当均衡点为（0，0）时，雅可比矩阵的迹是（$S_{ab} - \theta_a a - \theta_b b + S_{ab}$），迹的符号与初始值的设置密切相关，因此迹有不确定性。平衡点的稳定性可由该系统得到的雅可比矩阵的局部稳定分析得到[9]。雅可比矩阵的行列式为 $(S_{ab} - \theta_a a)(S_{ab} - \theta_a b)$，当设置的初始值不同时，雅可比矩阵的结果也会不一样，因此代入均衡点，不能得出行列式的值，也不能对迹的符号进行判断。

4.5.2　社区电商平台和供应商价值共创机制仿真分析

基于上述分析，社区电商平台和供应商有可能选择尽全力参与社区电商平台供应链的价值共创，也可能选择不尽全力参与社区电商平台供应链的价值共创，双方的演化博弈最终的结果与参数值的设置以及具体的赋值相关，所以利用 MATLAB 对演化模型进行仿真，通过改动每个参数的数值模拟社区电商平台和供应商是否尽全力参与供应链的价值共创过程，并分析参与主体尽全力参与社区电商平台供应链增加收益的比值 K_i 的变化、参与主体尽全力参与价值共创所需要的成本 C_{ij} 的变化以及参与主体双方尽全力参与带来的消

费者购买力 f 的变化对社区电商平台供应链收益的影响，多次实验以及调研对参数的赋值情况见表 4-10。假设社区电商平台没有任何宣传和优惠时获得的收益 a 为 50，供应商没有任何宣传和优惠时获得的佣金 b 为 30，参与主体双方都尽全力参与价值共创促进消费者购买力后获得额外的单位收益 e 为 2，参与主体双方都尽全力参与带来的消费者购买力 f 为 10，社区电商平台尽全力参与社区电商平台供应链增加收益的比值 K_a 为 0.1，供应商尽全力参与社区电商平台供应链增加收益的比值 K_b 为 0.4，社区电商平台不尽全力参与价值共创的增加收益比值 θ_a 为 0.6，供应商不尽全力参与价值共创的增加收益比值 θ_b 为 0.4，社区电商平台尽全力参与价值共创所需要的成本 C_{ab} 为 10，供应商尽全力参与价值共创所需要的成本 C_{ba} 为 8，社区电商平台不尽全力参与价值共创所需要的成本 S_{ab} 为 5，供应商不尽全力参与价值共创所需要的成本 S_{ba} 为 4，社区电商平台不尽全力参与价值共创对供应商收益的影响 E_a 为 3，供应商不尽全力参与价值共创时对社区电商平台收益的影响 E_b 为 5。

表 4-10　初始参数设置

参数	a	b	e	f	K_a	K_b	θ_a	θ_b	C_{ab}	C_{ba}	S_{ab}	S_{ba}	E_a	E_b
数值	50	30	2	10	0.1	0.4	0.6	0.4	10	8	5	4	3	5

（1）参与主体尽全力参与社区电商平台供应链增加收益的比值（K_i）的变化对演化结果的影响

社区电商平台尽全力参与社区电商平台供应链增加收益的比值 K_a 的变化对社区电商平台和供应商影响仿真结果如图 4-14、图 4-15 所示。

供应商尽全力参与社区电商平台供应链增加收益的比值 K_b 的变化对社区电商平台和供应商影响仿真结果如图 4-16、图 4-17 所示。

通过对仿真图进行分析，可以看出参与主体尽全力参与社区电商平台供应链增加收益的比值 K_i 越高，参与双方选择尽全力参与社区电商平台供应链价值共创的速度越快，说明参与主体尽全力参与社区电商平台供应链增加收益的比值越大，双方可以更加愿意尽全力地参与到社区电商平台供应链的价值共创中来。

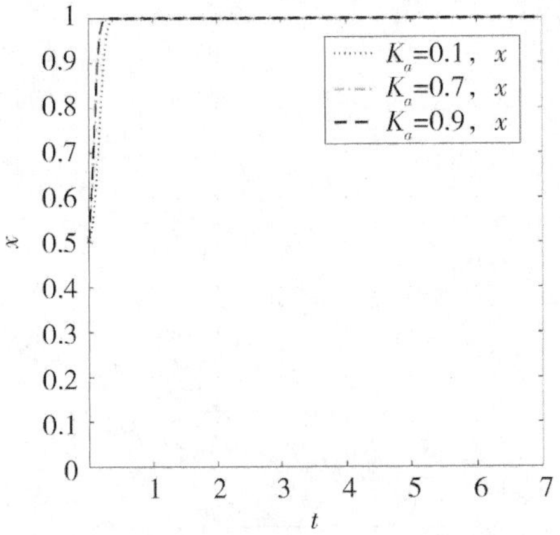

图 4-14　社区电商平台尽全力参与社区电商平台供应链增加收益的比值 K_a 的变化对社区电商平台影响仿真结果

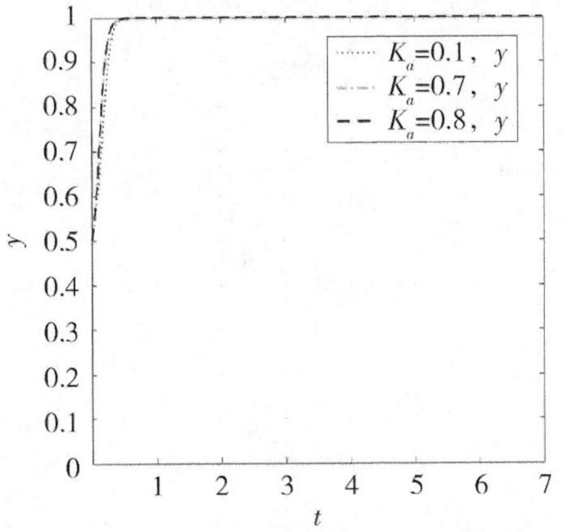

图 4-15　社区电商平台尽全力参与社区电商平台供应链增加收益的比值 K_a 的变化对供应商影响仿真结果

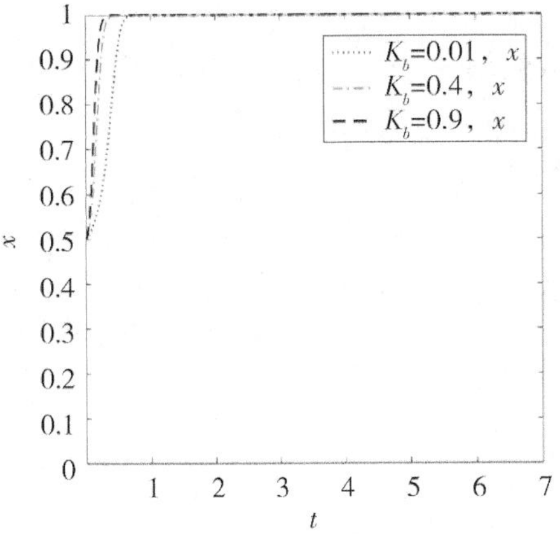

图 4-16　供应商尽全力参与社区电商平台供应链增加收益的比值 K_b 的变化对社区电商平台影响仿真结果

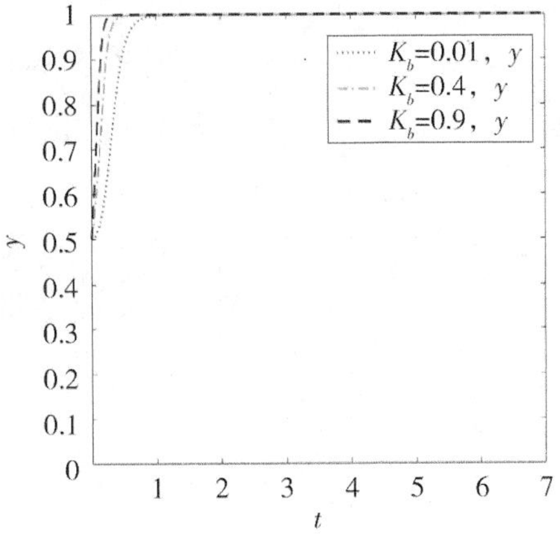

图 4-17　供应商尽全力参与社区电商平台供应链增加收益的比值 K_b 的变化对供应商影响仿真结果

（2）参与主体尽全力参与价值共创所需要的成本 C_{ij} 的变化对演化结果的影响

社区电商平台尽全力参与社区电商平台供应链所需要的成本 C_{ab} 的变化对

社区电商平台和供应商影响仿真结果如图 4-18、图 4-19 所示。

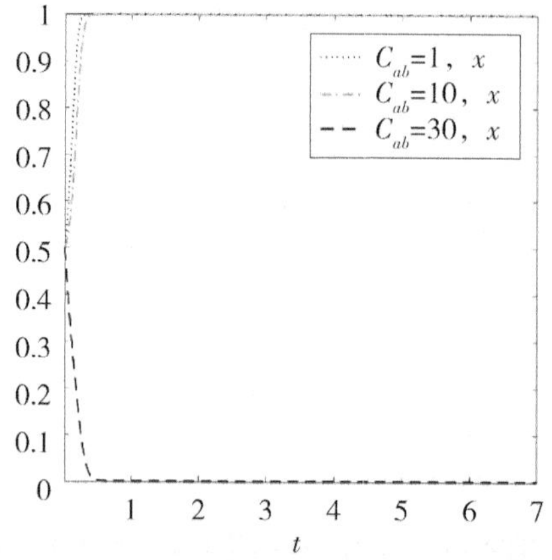

图 4-18 社区电商平台尽全力参与社区电商平台供应链所需要的成本 C_{ab} 的变化对社区电商平台影响仿真结果

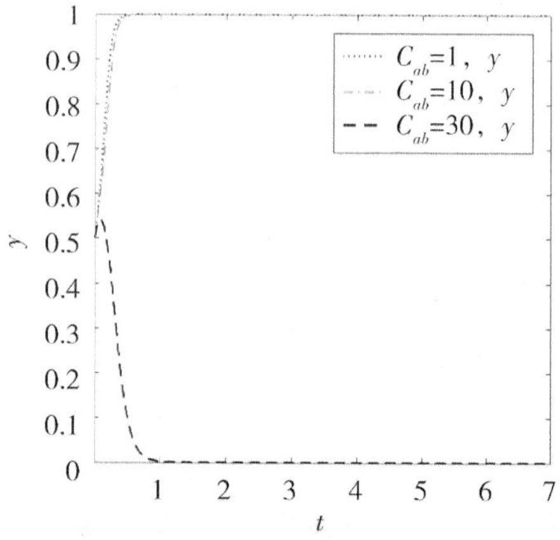

图 4-19 社区电商平台尽全力参与社区电商平台供应链所需要的成本 C_{ab} 的变化对供应商影响仿真结果

供应商尽全力参与社区电商平台供应链所需要的成本 C_{ba} 的变化对社区电商平台和供应商影响仿真结果如图 4-20、图 4-21 所示。

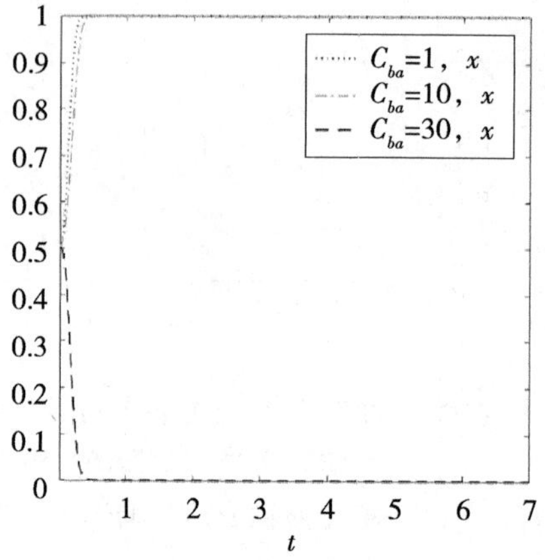

图 4-20 供应商尽全力参与社区电商平台供应链所需要的成本 C_{ba} 的变化对社区电商平台影响仿真结果

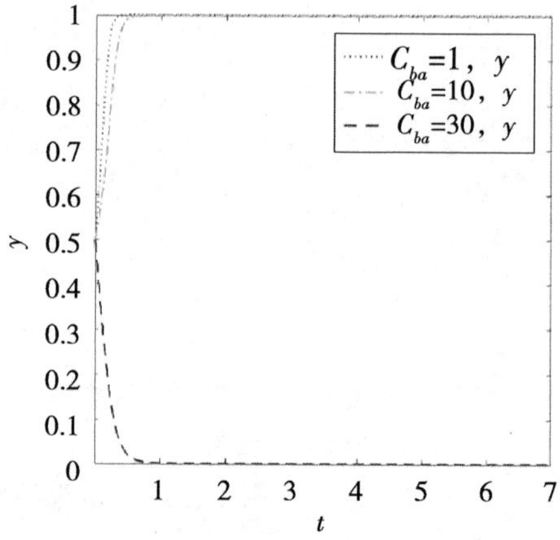

图 4-21 供应商尽全力参与社区电商平台供应链所需要的成本 C_{ba} 的变化对供应商影响仿真结果

通过对仿真图进行分析看出，当双方选择尽全力参与社区电商平台供应链所需要的成本位于较高水平（$C_{ij} \geqslant 30$）时，供应商和社区电商平台参与社区电商平台供应链成本的提高会导致结果偏向 $x=0$，$y=0$，即双方均不尽全力参与价值共创，说明演化博弈的参与双方在参与价值共创的同时要尽量将成本控制在较低的水平。

（3）参与主体双方尽全力参与带来的消费者购买力 f 的变化对演化结果的影响

参与主体双方尽全力参与带来的消费者购买力 f 的变化对社区电商平台和供应商影响仿真结果如图 4-22、图 4-23 所示。

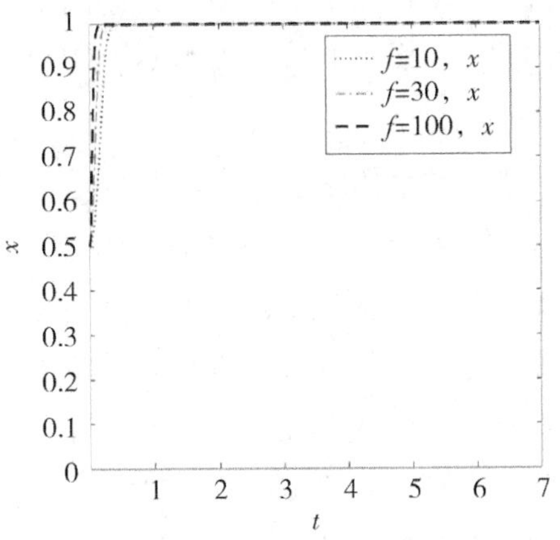

图 4-22　参与主体双方尽全力参与带来的消费者购买力 f 的变化对社区电商平台影响仿真结果

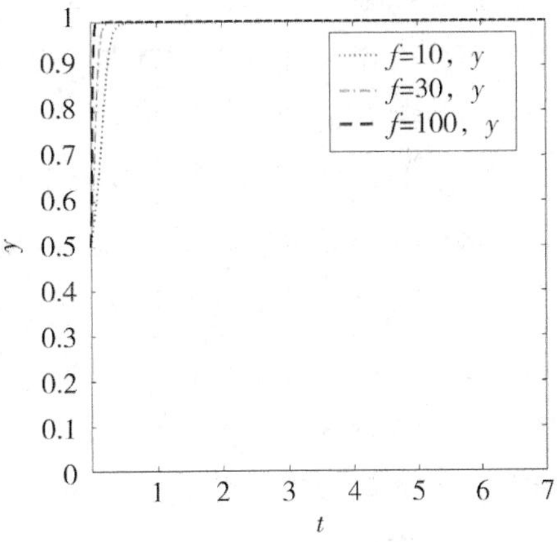

图 4-23　参与主体双方尽全力参与带来的消费者购买力 f 的变化对供应商影响仿真结果

动态方程中的其他参数不变，令 f 分别等于 10，30 和 100，得出仿真图，通过对仿真图分析，可知参与主体双方尽全力参与带来的消费者购买力 f 越高，参与双方选择尽全力参与社区电商平台供应链价值共创的速度越快，说明较高的社区消费者购买力会使社区电商平台和供应商更加有信心和动力继续参与价值共创，合作关系也更加稳定，双方会更尽全力地参与到社区电商平台供应链的价值共创中来。

越来越多的社区电商平台开始逐渐进入人们的视野，各个社区电商平台的竞争越来越激烈，由社区团长、社区电商平台、消费者、供应商和网格站服务商组成的各个参与主体共同参与价值共创，通过参与主体双方互动整合资源实现价值共创。本节通过研究社区电商平台供应链的两个主要参与主体——社区电商平台和供应商是否会尽全力参与价值共创的问题，构建了双方演化博弈模型，通过计算动态复制方程，得到了影响社区电商平台供应链收益的主要因素，最后利用 MATLAB 对关键因素进行了仿真实验，模拟了参与社区电商平台供应链博弈双方的决策演化趋势，并通过对仿真实验结果的分析提出相应的对策，从而提高供应商和社区电商平台尽全力参与价值共创的意愿。得出的结论如下：

1）只有当社区电商平台和供应商选择尽全力参与社区电商平台价值共创获得的最终收益大于选择不尽全力参与社区电商平台供应链价值共创的最终收益时，才会出现“尽全力参与，尽全力参与”和“不尽全力参与，不尽全力参与”两种策略组合的可能。

2）通过两方演化博弈模型的计算，得出参与主体尽全力参与社区电商平台供应链增加收益的比值 K_i、参与主体尽全力参与价值共创所需要的成本 C_{ij} 和参与主体双方尽全力参与带来的消费者购买力 f 为关键因素。其中参与主体尽全力参与社区电商平台供应链增加收益的比值 K_i 和参与主体双方尽全力参与带来的消费者购买力 f 对价值共创的积极性起到促进作用，而参与主体尽全力参与价值共创所需要的成本 C_{ij} 对参与价值共创的积极性起到抑制作用。

为了提高供应商和社区电商平台参与价值共创的积极性，对社区电商平台供应链提出以下几点建议：

1）降低参与主体双方参与价值共创的成本。供应商和社区电商平台在参与价值共创的过程中，需要在调整运营方案的过程中付出沟通成本和时间成本；而社区电商平台自己独特的经营模式以及相关的技术也可能随着社区电商平台的普及，其核心优势也在逐渐丧失，需要承担机会成本。参与主体参与价值共创过程中成本的提高意味着社区电商平台供应链的收益减少，而参与双方为了获得更高的收益，就会选择不尽全力参与价值共创，从而不利于社区电商平台供应链的长久发展。供应商和社区电商平台都应该积极参与价值共创。对消费者的下单信息以及商品的信息进行及时沟通，共同承担在社区电商平台运营过程中的突发情况，共同承担成本。政府应该对社区电商平台给予大力支持以及一定程度上的补助和优惠政策，从而使社区电商平台供应链的发展越来越好。

2）通过增加社区电商平台的优惠力度和供应商提高商品质量提高消费者的购买力。消费者的购买力决定了社区电商平台供应链整体收益的大小，社区电商平台应该通过“秒杀”、抢购以及团购等活动提高消费者对社区电商平台的信任度以及好感度，不仅实现社区电商平台供应链现有消费者购买力的提高，还可以通过消费者对社区电商平台好感度的提高，对社区电商平台进行宣传，使更多的新用户加入社区电商平台，增加了消费者的数量，提高了社区电商平台商品的销量，提高了社区电商平台供应链的收益。而供应商应该及时为社区电商平台提供质量好的产品使消费者体验度良好，从而形成良性循环。

3）提高信息透明度。加强社区电商平台和供应商之间的信任，从而激励参与双方参与价值共创。社区电商平台供应链的相关策略以及各项计划应该及时公布，而供应商也应该及时地与社区电商平台交流提供商品的信息，当供应商有了更物美价廉的产品也应该及时向社区电商平台提供，信息透明化会使参与双方更加信任对方，从而更加积极地参与价值共创。

4）树立双方共赢观念。社区电商平台和供应商是两个独立的主体，有着各自利益。供应商希望社区电商平台可以为其提供更多的利润；社区电商平台希望在提供给供应商较少利润的情况下，供应商可以为社区电商平台创造更多的收益。但是如果只以利己为核心，不顾合作方的利益，最后只会得不偿失，双方的收益都会降低。所以社区电商平台和供应商都应该转变观念，将对方看作命运共同体，共同合作，共同承担风险，共同尽全力参与社区电商平台供应链的价值共创。

4.6　社区电商平台和网格站服务商价值共创演化博弈分析

本节通过对社区电商平台供应链的参与主体与主体之间关系的研究，首先明确了社区电商平台供应链的构成与运作流程，从而构建了以服务主导逻辑为基础的社区电商平台供应链价值共创机制；其次，采用演化博弈方法构建社区电商平台和网格站服务商的演化博弈模型，通过考虑参与双方主体参与价值共创的成本、参与双方尽全力增加社区电商平台供应链收益的所占比例以及影响双方收益的社区电商平台供应链中的主体消费者等因素，探索社区电商平台供应链中社区电商平台和网格站服务商在价值共创中的互动和整合机制，使双方相互协调共同实现价值共创以及有哪些因素会影响双方实现价值共创。

4.6.1 博弈的参数设置与收益矩阵建立

4.6.1.1 基本假设

社区电商平台供应链参与主体在整个供应链价值共创中的作用以及双方所承担的角色各不相同，供应商通过加盟社区电商平台为平台供货，社区电商平台通过网格站服务商送货，消费者最终可以在网格站服务商所设的自提点取货，从而完成社区电商平台供应链的全部过程。然而由于网格站服务商和社区电商平台的利益存在某些差异，对于整个供应链的不确定性和双方为了获得收益采取不同的策略，因此做出以下两个假设。

假设 1：参与主体。假设参与演化博弈的两个行为主体为社区电商平台供应链的网格站服务商和社区电商平台。参与的影响因素是消费者，网格站服务商通过加盟社区电商平台为平台送货，而消费者通过在电商平台下单，在网格站服务商自提点自取即可。消费者的购买力决定了网格站服务商所获得的商品提成和社区电商平台的收益。

假设 2：行为假设。由于社区电商平台供应链参与主体的逐利性，社区电商平台和网格站服务商在参与价值共创过程中，可能不会尽全力参与价值共创，因此博弈策略集是尽全力参与价值共创和未尽全力参与价值共创。

（1）社区电商平台和网格站服务商尽全力参与价值共创

通过咨询社区电商平台电话，如果参与双方会尽全力参与价值共创，那么双方会做到以下几点。

1）有关社区商品的优惠。社区电商平台会最大力度地在平台进行优惠活动并且对网格站服务商进行严格管理，与此同时网格站服务商也会在自己成本范围内对商品进行较好的存储和及时配送。

2）社区电商平台与网格站服务商之间的互动。社区电商平台应该及时地向网格站服务商提供社区团长所设置的社区自提点位置以及当位置发生改变时应该及时向网格站服务商提供新的位置，社区电商平台应该及时向网格站服务商提供每个社区自提点的商品信息，方便网格站服务商进行清点货物。

而网格站服务商也需要认真核对商品以及及时向社区自提点配送商品。通过社区电商平台和网格站服务商的互相信任和配合，从而提高社区电商平台供应链的收益。

3）整合社区自提点信息，整合社区成员商品信息，对全部订单进行评估和物流信息整合，从而实现更好的价值共创。通过对社区自提点信息的整合，可以将几个不同社区进行合理分类，将同一街道的社区自提点进行分类，从而提高配送效率；通过对社区商品信息的整合，可以更快地整理商品；通过对物流信息的整合，并向平台上传，可以使社区电商平台、社区团长和消费者了解到物流的进展。通过这些整合，可以更好地参与价值共创，提高社区电商平台供应链的收益。

（2）社区电商平台和网格站服务商未尽全力参与价值共创

有些网格站服务商为了提高自身的收益，会选择接单多个配送点，由于有限的配送车辆和分拣人员，会导致网格站服务商配送到站点的时间延迟。除此之外，网格站服务商需要良好的储存商品环境，需要有相应的卫生人员对环境进行清理；但一些网格站服务商为了节省开支，存储的环境脏、乱、差，导致存储点的商品发生污染，严重者会对消费者的身体造成伤害。网格站服务商的这些行为会使消费者对于社区电商平台供应链的体验感下降，从而对社区电商平台造成不良的影响，失去大批量顾客，使社区电商平台商品的销量下降，社区电商平台供应链收益下降。而社区电商平台也不及时提供给网格站服务商社区自提点的位置信息，造成网格站服务商配送延误等，使社区成员在社区电商平台的物流体验感不好，致使双方失去信任，彼此互相责怪，导致双方的收益都会下降。

假设社区电商平台选择尽全力参与社区电商平台供应链价值共创的概率为 x，则选择不尽全力参与价值共创的概率为 $1-x$，其中 $0\leqslant x\leqslant 1$；网格站服务商选择尽全力参与社区电商平台供应链价值共创的概率为 y，则选择不尽全力参与价值共创的概率为 $1-y$，其中 $0\leqslant y\leqslant 1$。

社区电商平台与网格站服务商在演化博弈过程中，可以选择的策略有“尽全力参与，不尽全力参与”，网格站服务商在参与平台企业的业务中可以选择的策略有“尽全力参与，不尽全力参与”。双方博弈的策略组合见表 4–11。

表 4-11 社区电商平台与网格站服务商的博弈策略组合

类别		网格站服务商	
		尽全力参与	不尽全力参与
社区电商平台	尽全力参与	(尽全力参与，尽全力参与)	(尽全力参与，不尽全力参与)
	不尽全力参与	(不尽全力参与，尽全力参与)	(不尽全力参与，不尽全力参与)

4.6.1.2 参数设置

通过对社区电商平台供应链价值共创整合与互动机制的分析（见表 4-12），对参数进行如下设置（见表 4-13）。

表 4-12 社区电商平台与网格站服务商价值共创影响因素

价值共创机制	行为	收益	成本
互动机制	分享消费者商品信息 分享社区团长信息	通过消费者下单获得收益	沟通成本 时间成本
整合机制	关系整合 资源整合 网络整合 渠道搭建 物流信息整合	提高平台和商品的知名度，从而获得更高的收益	沟通成本 时间成本

表 4-13 主要参数以及其代表的含义

参数		含义
直接收益	a	社区电商平台没有任何宣传和优惠时获得的收益
	b	网格站服务商没有任何行为时获得的收益
协同收益	e	参与主体双方都尽全力参与价值共创促进消费者购买力后获得额外的单位收益
	f	参与主体双方都尽全力参与带来的消费者购买力
	K_a	社区电商平台尽全力参与社区电商平台供应链增加收益的比值
	K_b	网格站服务商尽全力参与社区电商平台供应链增加收益的比值
	θ_a	社区电商平台不尽全力参与价值共创的增加收益比值
	θ_b	网格站服务商不尽全力参与价值共创的增加收益比值

续表

参数		含义
成本	C_{ab}	社区电商尽全力参与价值共创所需要的成本
	C_{ba}	网格站服务商尽全力参与价值共创所需要的成本
	S_{ab}	社区电商平台不尽全力参与价值共创所需要的成本
	S_{ba}	网格站服务商不尽全力参与价值共创所需要的成本
	E_a	社区电商平台不尽全力参与价值共创对网格站服务商收益的影响
	E_b	网格站服务商不尽全力参与价值共创时对社区电商平台收益的影响

4.6.1.3　收益矩阵的建立

作为演化博弈的参与主体，社区电商平台和网格站服务商在没有选择任何宣传方式的情况下可以在社区电商平台中获得基本的收益。而当社区电商平台和网格站服务商开始参与价值共创时，网格站服务商需要花费一些成本，选择环境很好的储存点对商品进行储存；社区电商平台需要对商品进行优惠，虽然付出了一定的成本，但是对社区电商平台供应链做出了贡献，实现了价值共创，双方可以获得更多的收益。所以双方的最后收益为：

双方的最后收益=没有任何宣传和优惠时获得的收益+
通过价值共创获得的收益-
在价值共创过程中付出的成本

通过上述分析以及之前的基本假设，可以构建出社区电商平台与网格站服务商在社区电商平台供应链中价值共创的过程演化博弈的收益矩阵，见表 4-14。

表 4-14　社区电商平台与网格站服务商参与价值共创的收益矩阵

类别		网格站服务商	
		尽全力参与 y	不尽全力参与 $1-y$
社区电商平台	尽全力参与 x	$(a+K_a ef-C_{ab},$ $b+K_b ef-C_{ba})$	$(a-E_b,$ $b+\theta_b b-S_{ba})$
	不尽全力参与 $1-x$	$(a+\theta_a a-S_{ab},$ $b-E_a)$	$(a-E_b+\theta_a a-S_{ab},$ $b-E_a+\theta_b b-S_{ba})$

4.6.1.4 局部稳定分析

（1）社区电商平台的收益

当社区电商平台选择完全尽全力参与价值共创时，社区电商平台获得的收益为：

$$U_{a1} = y(a + K_a ef - C_{ab}) + (1 - y)(a - E_b) \tag{4-29}$$

当社区电商平台选择完全不尽全力参与价值共创时，社区电商平台所获得的收益为：

$$U_{a2} = y(a + \theta_a a - S_{ab}) + (1 - y)(a - E_b + \theta_a a - S_{ab}) \tag{4-30}$$

所以社区电商平台参与价值共创的总收益为：

$$U_a = xU_{a1} + (1 - x)U_{a2} \tag{4-31}$$

则社区电商平台参与价值共创的动态方程为：

$$\frac{\mathrm{d}x}{\mathrm{d}t} = x(U_{a1} - U_a) \tag{4-32}$$

代入式（4-29）、式（4-31）得到动态方程：

$$F_x(x) = \frac{\mathrm{d}x}{\mathrm{d}t} = x(1 - x)[y(K_a ef - C_{ab} + \theta_a a + S_{ab}) + (1 - y)(S_{ab} - \theta_a a)] \tag{4-33}$$

（2）网格站服务商的收益

当网格站服务商选择完全尽全力参与价值共创时，网格站服务商获得的收益为：

$$U_{b1} = x(b + K_b ef - C_{ba}) + (1 - x)(b + \theta_b b - S_{ba}) \tag{4-34}$$

当网格站服务商选择完全不尽全力参与价值共创时，网格站服务商获得的收益为：

$$U_{b2} = x(b - E_a) + (1 - x)(b - E_a + \theta_b b - S_{ba}) \tag{4-35}$$

所以网格站服务商参与价值共创的总收益为：

$$U_b = yU_{b1} + (1 - y)U_{b2} \tag{4-36}$$

则网格站服务商参与价值共创的动态方程为：

$$\frac{\mathrm{d}y}{\mathrm{d}t} = y(U_{b1} - U_b) \tag{4-37}$$

代入式（4-34）、式（4-36）得到动态方程：

$$F_y(y)=\frac{\mathrm{d}y}{\mathrm{d}t}=y(1-y)[x(K_b ef-C_{ba}+\theta_b b+S_{ba})+(1-x)(S_{ba}-\theta_b b)] \tag{4-38}$$

（3）均衡点分析

参与双方社区电商平台和网格站服务商在使自己利益最大化的同时参与到社区电商平台供应链价值共创的过程中，会不断地通过改变自己参与价值共创的策略，达到演化稳定策略，令式（4-33）和式（4-38）分别等于 0，即

$$F_x(x)=\frac{\mathrm{d}x}{\mathrm{d}t}=$$

$$x(1-x)[y(K_a ef-C_{ab}+\theta_a a+S_{ab})+(1-y)(S_{ab}-\theta_a a)]=0 \tag{4-39}$$

$$F_y(y)=\frac{\mathrm{d}y}{\mathrm{d}t}=$$

$$y(1-y)[x(K_b ef-C_{ba}+\theta_b b+S_{ba})+(1-x)(S_{ba}-\theta_b b)]=0 \tag{4-40}$$

得出 $x=0$，$x=1$ 和 $y^*=\frac{\theta_a a-S_{ab}}{K_a ef-C_{ab}}$；$y=0$，$y=1$ 和 $x^*=\frac{\theta_b b-S_{ba}}{K_b ef-C_{ba}}$，可以得到系统的 5 个局部平衡点：$E_1$（0，0），$E_2$（0，1），$E_3$（1，1），$E_4$（1，0），$E_5=\left(\frac{\theta_a a-S_{ab}}{K_a ef-C_{ab}},\frac{\theta_b b-S_{ba}}{K_b ef-C_{ba}}\right)$。

对于社区电商平台的复制动态方程（4-33），对 x 求偏导可得：

$$\frac{\partial F_x(x)}{\partial x}=(1-2x)[y(K_a ef-C_{ab}+\theta_a a+S_{ab})+(1-y)(S_{ab}-\theta_a a)] \tag{4-41}$$

情况 1：当 $y^*=\frac{\theta_a a-S_{ab}}{K_a ef-C_{ab}}$ 时，网格站服务商选择尽力参与的概率为 $\frac{\theta_a a-S_{ab}}{K_a ef-C_{ab}}$，$\frac{\mathrm{d}x}{\mathrm{d}t}=0$ 恒成立，复制动态方程较为稳定，则在［0，1］范围内，动态方程的稳定解恒为 x，演化博弈过程的临界值其中一个是 x。

情况 2：当 $0<y<\frac{\theta_a a-S_{ab}}{K_a ef-C_{ab}}$（$0<\frac{\theta_a a-S_{ab}}{K_a ef-C_{ab}}<1$）时，将 $x=0$，$x=1$ 分别

代入式（4-41）得出$\frac{\partial\frac{dx}{dt}}{\partial(x=0)}<0$，$\frac{\partial\frac{dx}{dt}}{\partial(x=1)}>0$，由稳定性条件$\frac{\partial\frac{dx}{dt}}{\partial(x=0)}<0$，可知$x=0$是一个稳定解，网格站服务商实行合理参与策略的概率小于$\frac{\theta_a a-S_{ab}}{K_a ef-C_{ab}}$。所以无论社区电商平台供应链怎样进行演化，社区电商平台都不会尽全力参与价值共创，而会选择完全不尽全力参与价值共创，最终社区电商平台和网格站服务商都不会同时尽全力参与价值共创。在此情形下，社区电商平台不尽全力参与价值共创的收益大于完全尽全力参与价值共创的收益，由于参与演化博弈的双方都是理性的，所以博弈的结果是社区电商平台趋向于不尽全力参与价值共创，网格站服务商更倾向于不尽全力参与价值共创，从而社区电商平台和网格站服务商参与价值共创的状态均为不尽全力参与价值共创。

情况 3：当$\frac{\theta_a a-S_{ab}}{K_a ef-C_{ab}}<y<1$时，分别将$x=0$，$x=1$代入式（4-41）得到$\frac{\partial\frac{dx}{dt}}{\partial(x=0)}>0$，$\frac{\partial\frac{dx}{dt}}{\partial(x=1)}<0$，当$\frac{\partial\frac{dx}{dt}}{\partial(x=1)}<0$时，$x=1$时为稳定解。即当网格站服务商选择尽全力参与价值共创的概率大于$\frac{\theta_a a-S_{ab}}{K_a ef-C_{ab}}$时，社区电商平台供应链经过长期的演化，社区电商平台最后会选择尽全力参与价值共创。因为社区电商平台尽全力参与社区电商平台供应链价值共创的收益大于不尽全力参与社区电商平台供应链价值共创的收益，所以演化博弈的双方最终都会选择尽全力参与价值共创。

对于网格站服务商的复制动态方程式（4-38），对y求偏导，过程结果解释相似。

经过上述分析和求偏导，可以得出上述博弈模型的雅可比矩阵为：

$$\boldsymbol{J}=\begin{pmatrix}\partial F(x)/\partial x & \partial F(x)/\partial y\\ \partial F(y)/\partial x & \partial F(y)/\partial y\end{pmatrix} \tag{4-42}$$

通过雅可比矩阵分析可知：当均衡点为（0，0）时，雅可比矩阵的迹是（$S_{ab}-\theta_a a-\theta_b b+S_{ab}$），迹的符号与初始值的设置密切相关，因此迹有不确定性。平衡点的稳定性可由该系统得到的雅可比矩阵的局部稳定分析得到[9]。雅可比矩阵的行列式为 $(S_{ab}-\theta_a a)(S_{ab}-\theta_a b)$，当设置的初始值不同时，雅可比矩阵的结果也会不一样，因此代入均衡点，不能得出行列式的值，也不能对迹的符号进行判断。

4.6.2　社区电商平台和网格站服务商价值共创机制仿真分析

基于上述分析，社区电商平台和网格站服务商有可能选择尽全力参与社区电商平台供应链的价值共创，也可能选择不尽全力参与社区电商平台供应链的价值共创，双方的演化博弈最终的结果与参数值的设置以及具体的赋值相关，所以利用 MATLAB 对演化模型进行仿真，通过改动每个参数的数值模拟社区电商平台和网格站服务商是否尽全力参与供应链的价值共创过程，并分析参与主体尽全力参与社区电商平台供应链增加收益的比值 K_i 的变化、参与主体尽全力参与价值共创所需要的成本 C_{ij} 的变化以及参与主体双方尽全力参与带来的消费者购买力 f 的变化对社区电商平台供应链收益的影响，根据多次实验以及调研对参数的赋值情况，见表 4-15。假设社区电商平台没有任何宣传和优惠时获得的收益 a 为 50，网格站服务商没有任何宣传和优惠时获得的佣金 b 为 30，参与主体双方都尽全力参与价值共创促进消费者购买力后获得额外的单位收益 e 为 2，参与主体双方都尽全力参与带来的消费者购买力 f 为 10，社区电商平台尽全力参与社区电商平台供应链增加收益的比值 K_a 为 0.1，网格站服务商尽全力参与社区电商平台供应链增加收益的比值 K_b 为 0.4，社区电商平台不尽全力参与价值共创的增加收益比值 θ_a 为 0.6，网格站服务商不尽全力参与价值共创的增加收益比值 θ_b 为 0.4，社区电商平台尽全力参与价值共创所需要的成本 C_{ab} 为 10，网格站服务商尽全力参与价值共创所需要的成本 C_{ba} 为 8，社区电商平台不尽全力参与价值共创所需要的成本 S_{ab} 为 5，网格站服务商不尽全力参与价值共创所需要的成本 S_{ba} 为 4，社区电商平台不尽全力参与价值共创对网格站服务商收益的影响 E_a 为 3，网格站服务商不尽全力参与价值共创时对社区电商平台收益的影响 E_b 为 5。

表 4-15　初始参数设置

参数	a	b	e	f	K_a	K_b	θ_a	θ_b	C_{ab}	C_{ba}	S_{ab}	S_{ba}	E_a	E_b
数值	50	30	2	10	0. 1	0. 4	0. 6	0. 4	10	8	5	4	3	5

（1）参与主体尽全力参与社区电商平台供应链增加收益的比值 K_i 的变化对演化结果的影响

社区电商平台尽全力参与社区电商平台供应链增加收益的比值 K_a 的变化对社区电商平台和网格站服务商影响仿真结果如图 4-24、图 4-25 所示。

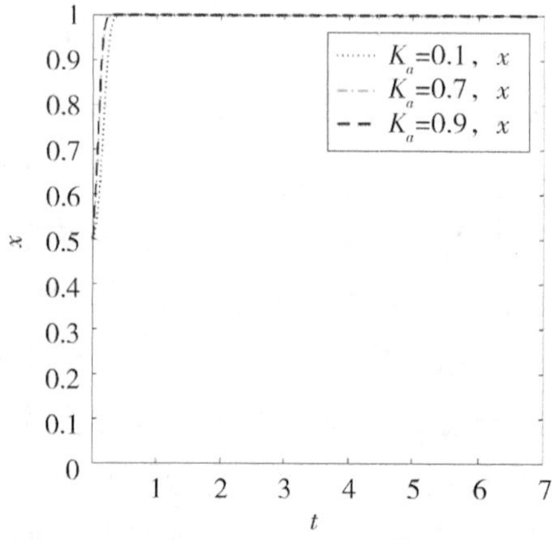

图 4-24　社区电商平台尽全力参与社区电商平台供应链增加收益的比值 K_a 的变化对社区电商平台影响仿真结果

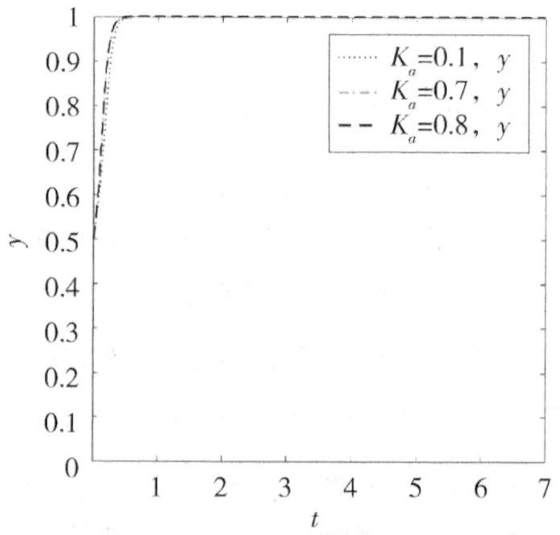

图 4-25　社区电商平台尽全力参与社区电商平台供应链增加收益的比值 K_a 的变化对网格站服务商影响仿真结果

网格站服务商尽全力参与社区电商平台供应链增加收益的比值 K_b 的变化对社区电商平台和网格站服务商影响仿真结果如图 4-26、图 4-27 所示。

通过对仿真图进行分析，可以看出参与主体尽全力参与社区电商平台供应链增加收益的比值 K_i 越高，参与双方选择尽全力参与社区电商平台供应链价值共创的速度越快，说明参与主体尽全力参与社区电商平台供应链增加收益的比值越大，双方可以更加愿意尽全力地参与社区电商平台供应链的价值共创中来。

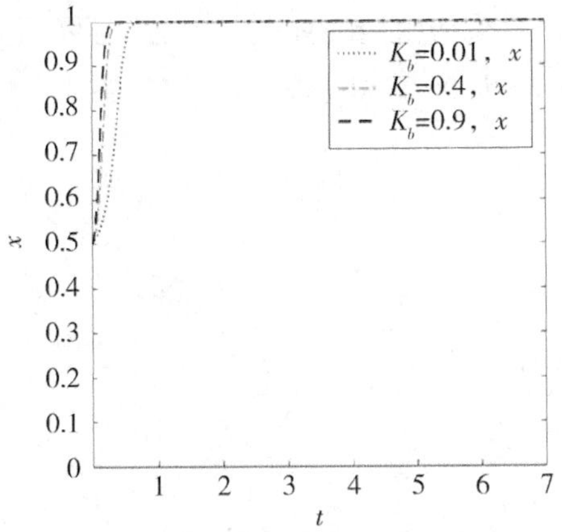

图 4-26　网格站服务商尽全力参与社区电商平台供应链增加收益的比值 K_b 的变化对社区电商平台影响仿真结果

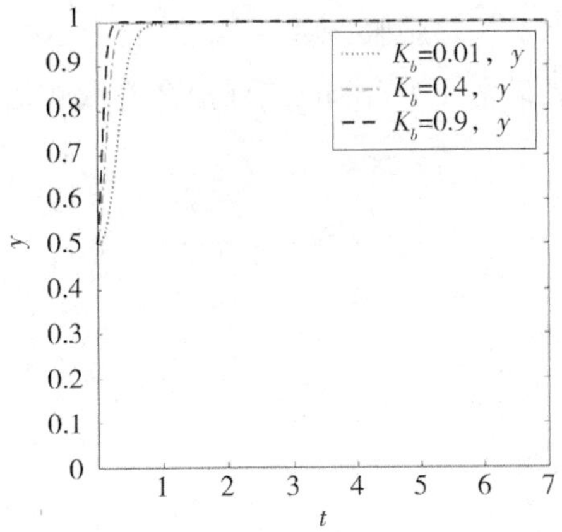

图 4-27　网格站服务商尽全力参与社区电商平台供应链增加收益的比值 K_b 的变化对网格站服务商影响仿真结果

（2）参与主体尽全力参与价值共创所需要的成本 C_{ij} 的变化对演化结果的影响

社区电商平台尽全力参与社区电商平台供应链所需要的成本 C_{ab} 的变化对社区电商平台和网格站服务商影响仿真结果如图 4-28、图 4-29 所示。

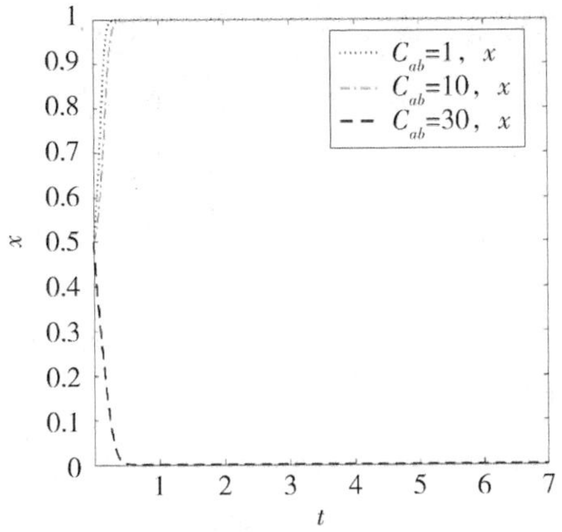

图 4-28　社区电商平台尽全力参与社区电商平台供应链所需要的成本 C_{ab} 的变化对社区电商平台影响仿真结果

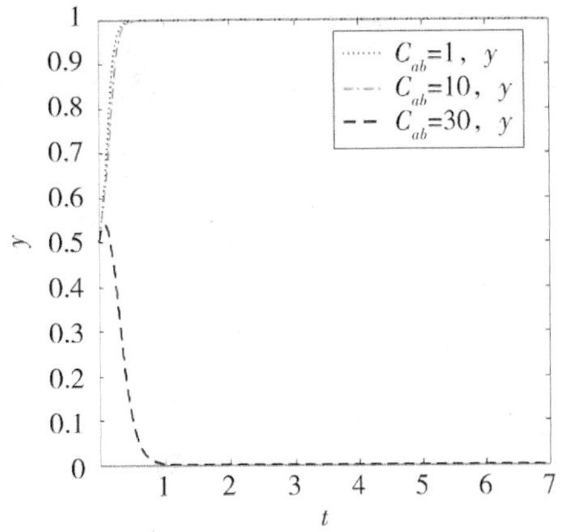

图 4-29　社区电商平台尽全力参与社区电商平台供应链所需要的成本 C_{ab} 的变化对网格站服务商影响仿真结果

网格站服务商尽全力参与社区电商平台供应链所需要的成本 C_{ba} 的变化对社区电商平台和网格站服务商影响仿真结果如图 4-30、图 4-31 所示。

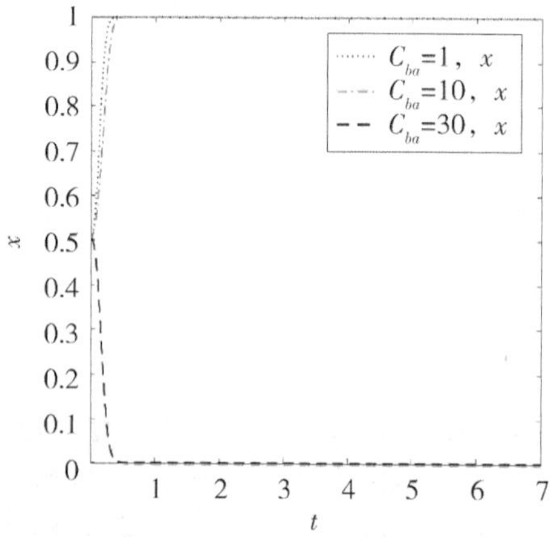

图 4-30　网格站服务商尽全力参与社区电商平台供应链所需要的成本 C_{ba} 的变化对社区电商平台影响仿真结果

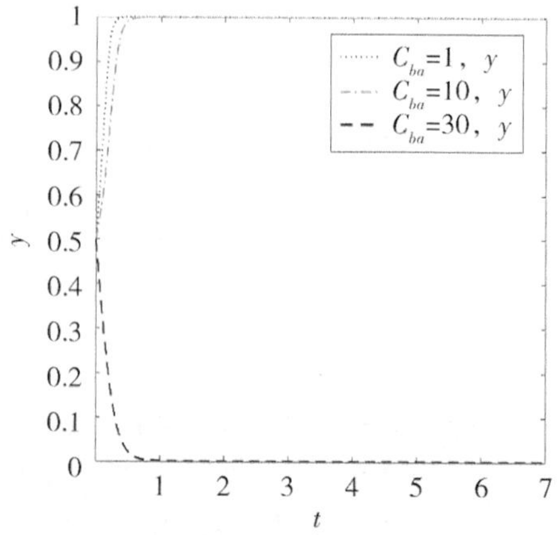

图 4-31　网格站服务商尽全力参与社区电商平台供应链所需要的成本 C_{ba} 的变化对网格站服务商影响仿真结果

通过对仿真图进行分析看出，当双方选择尽全力参与社区电商平台供应链所需要的成本位于较高水平（$C_{ij}\geqslant 30$）时，网格站服务商和社区电商平台参与社区电商平台供应链成本的提高会导致结果偏向 $x=0$，$y=0$，即双方均不尽全力参与价值共创，说明演化博弈的参与双方在参与价值共创的同时要尽量将成本控制在较低的水平。

（3）参与主体双方尽全力参与带来的消费者购买力 f 的变化对演化结果的影响

参与主体双方尽全力参与带来的消费者购买力 f 的变化对社区电商平台和网格站服务商影响仿真结果如图 4-32、图 4-33 所示。

动态方程中的其他参数不变，令 f 分别等于 10、30 和 100，得出仿真图，通过对仿真图分析，可知参与主体双方尽全力参与带来的消费者购买力 f 越高，参与双方选择尽全力参与社区电商平台供应链价值共创的速度越快，说明较高的社区消费者购买力会使社区电商平台和网格站服务商更有信心和动力继续参与价值共创，合作关系也更加稳定，双方会更尽全力地参与到社区电商平台供应链的价值共创中来。

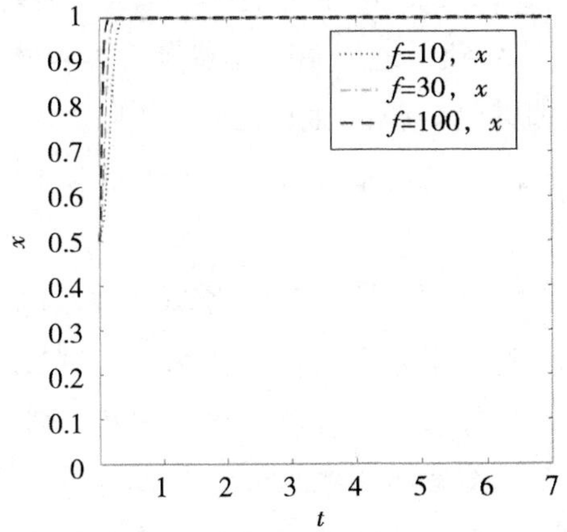

图 4-32　参与主体双方尽全力参与带来的消费者购买力 f 的变化对社区电商平台影响仿真结果

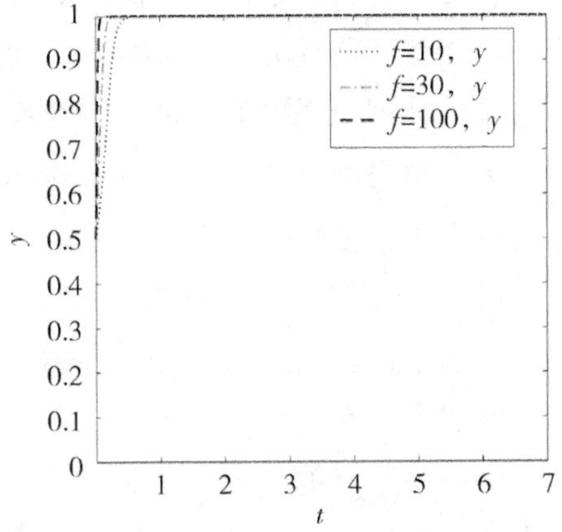

图 4-33　参与主体双方尽全力参与带来的消费者购买力 f 的变化对网格站服务商影响仿真结果

越来越多的社区电商平台开始逐渐进入人们的视野，各个社区电商平台的竞争越来越激烈，由社区团长、社区电商平台、消费者、供应商和网格站服务商组成的各个参与主体共同参与价值共创，通过参与主体双方互动整合资源实现价值共创。本节通过研究社区电商平台供应链的两个主要参与主体——社区电商平台和网格站服务商是否会尽全力参与价值共创的问题，构建了两方演化博弈模型，通过计算动态复制方程，得到了影响社区电商平台供应链收益的主要影响因素，最后利用 MATLAB 对关键因素进行了仿真实验，模拟了参与社区电商平台供应链博弈双方的决策演化趋势，并通过对仿真实验结果的分析提出相应的对策，从而提高网格站服务商和社区电商平台尽全力参与价值共创的意愿。得出的结论如下：

1）只有当社区电商平台和网格站服务商选择尽全力参与社区电商平台价值共创获得的最终收益大于选择不尽全力参与社区电商平台供应链价值共创的最终收益时，才会出现“尽全力参与，尽全力参与”和“不尽全力参与，不尽全力参与”两种策略组合的可能。

2）通过双方演化博弈模型的计算，得出参与主体尽全力参与社区电商平台供应链增加收益的比值 K_i、参与主体尽全力参与价值共创所需要的成本

C_{ij} 和与主体双方尽全力参与带来的消费者购买力 f 为关键因素。其中参与主体尽全力参与社区电商平台供应链增加收益的比值 K_i 和主体双方尽全力参与带来的消费者购买力 f 对价值共创的积极性起到促进作用，而参与主体尽全力参与价值共创所需要的成本 C_{ij} 对参与价值共创的积极性起到抑制作用。

为了提高网格站服务商和社区电商平台参与价值共创的积极性，对社区电商平台供应链提出以下几点建议：

（1）降低参与主体双方参与价值共创的成本。网格站服务商和社区电商平台在参与价值共创的过程中，需要在调整运营方案的过程中付出沟通成本和时间成本；而社区电商平台自己独特的经营模式以及相关的技术也可能随着社区电商平台的普及，其核心优势也在逐渐丧失，需要承担机会成本。参与主体参与价值共创过程中成本的提高，意味着社区电商平台供应链的收益减少，而参与双方为了获得更高的收益，就会选择不尽全力参与价值共创，从而不利于社区电商平台供应链的长久发展。网格站服务商和社区电商平台都应该积极参与价值共创。对消费者下单的商品信息和社区团长设置的自提点信息进行及时沟通，共同承担在社区电商平台运营过程的突发情况，共同承担成本。政府应该对社区电商平台给予大力的支持以及一定程度上的补助和优惠政策，从而使社区电商平台供应链的发展越来越好。

（2）通过增加社区电商平台的优惠力度和网格站服务商配送，及时提高消费者的购买力。消费者的购买力度决定了社区电商平台供应链整体收益的大小，社区电商平台应该通过“秒杀”、抢购以及团购等活动提高消费者对社区电商平台的信任度以及喜爱度，不仅实现社区电商平台供应链现有消费者购买力的提高，还可以通过消费者对社区电商平台好感度的提高，对社区电商平台进行宣传，使更多的新用户加入社区电商平台，增加了消费者的数量，提高了社区电商平台的商品销量，进而提高社区电商平台供应链的收益。网格站服务商应该及时对商品进行配送，认真对商品进行整理，确保商品配送准确无误，如在配送过程中出现意外情况或者其他突发事件，应该及时与社区团长进行沟通，从而形成良性循环。

（3）提高信息透明度。加强社区电商平台和网格站服务商之间的信任，从而激励参与双方参与价值共创。社区电商平台供应链的相关策略以及各项计划应该及时公布，网格站服务商也应该及时地向社区电商平台反馈配送情况以及社区自提点出现的问题，使得社区电商平台可以及时改正。信息透明化会使参与双方更加信任对方，从而更加积极地参与价值共创。

（4）树立双方共赢观念。社区电商平台和网格站服务商是两个独立的主体，有着各自利益。网格站服务商希望社区电商平台可以为其提供更多的佣金和配送收益；社区电商平台希望在提供给网格站服务商较少佣金的情况下，网格站服务商可以为社区电商平台创造更多的收益。但是如果只以利己为核心，不顾合作方的利益，最后只会得不偿失，双方的收益都会降低，所以社区电商平台和网格站服务商都应该转变观念，将对方看作命运共同体，共同合作，共同承担风险，共同尽全力参与社区电商平台供应链的价值共创。

4.7　结论与启示

为了提高社区电商平台与其他三个入驻主体社区团长、网格站服务商和供应商参与价值共创的积极性，通过本章的分析，得出以下结论和启示：

（1）降低参与主体参与社区电商平台供应链价值共创的成本。社区电商平台与其他三个入驻主体在参与价值共创的过程中，需要在调整运营方案的过程中付出沟通成本和时间成本；而社区电商平台自己独特的经营模式以及相关技术随着社区电商平台的普及，其核心优势也在逐渐丧失，需要承担机会成本。参与主体参与价值共创过程中成本的提高会使社区电商平台供应链的收益减少，而参与双方为了获得更高的收益，就会选择不尽全力参与价值共创，从而不利于社区电商平台供应链的长久发展。所以应该降低参与主体的成本，同时又不损害参与主体彼此的利益，参与主体应该共同承担在社区电商平台运营过程的风险，共同承担风险成本。

（2）政府应该对社区电商平台给予大力的支持以及一定程度上的补助和优惠政策，比如对社区电商平台供应链实行税收优惠政策，从而使得社区电商平台供应链的发展越来越好。

（3）通过增加社区电商平台的优惠力度提高消费者的购买力。消费者购买力度大小决定了社区电商平台供应链整体收益的多少，社区电商平台应该通过“秒杀”、抢购以及团购等活动，提高消费者对社区电商平台的信任度以及喜爱度，不仅实现社区电商平台供应链现有的消费者购买力的提高，还可以通过消费者对社区电商平台好感度的提高，从而对社区电商平台进行宣传，使得更多的新用户也会加入社区电商平台，增加了消费者的数量，提高了社区电商平台商品的销量，提高了社区电商平台供应链的收益。

（4）提高信息透明度。加强社区电商平台和其他三个入驻主体之间的信任，激励参与主体参与价值共创。社区电商平台应该及时公布平台相关策略以及各项计划，而社区团长应该及时地向社区电商平台反馈社区交流群中社区成员的反馈信息，网格站服务商应该及时向社区电商平台分享物流信息，供应商应该及时向社区电商平台反馈商品信息以及当前在平台上所有商品相关信息，通过每个入驻主体的及时分享，使得社区电商平台可以及时反馈给其他入驻主体，信息透明化增强了社区电商平台与其他三个入驻主体的信任，从而更加积极地参与价值共创。

（5）树立共赢观念。社区电商平台、网格站服务商、社区团长和供应商是独立的主体，有着各自利益，供应商、网格站服务商和社区团长希望社区电商平台可以为其提供更多的佣金，而社区电商平台希望在提供给入驻主体较少佣金的情况下，入驻主体可以为社区电商平台创造更多的收益。但是如果只以利己为核心，不顾合作方的利益，最后只会得不偿失，参与主体的收益都会降低，所以社区电商平台和其他三个入驻主体都应该转变观念，将对方看作命运共同体，共同合作，共同承担风险，共同尽全力参与社区电商平台供应链的价值共创。

（6）给社区团长的建议——及时处理社区成员问题。社区团长应该及时处理社区成员订单并做好售后处理，提高消费者对社区电商平台的体验好感度，还应该在社区交流群积极分享销量高的产品给消费者，增加产品出现在消费者视线中的频率，而出现频率高加上群里其他消费者的反馈，会驱使更多的社区成员下单销量高的产品，从而形成良性循环。

（7）给网格站服务商的建议——及时送货，服务态度良好。网格站服务商应该选择良好的环境存储供应商提供的商品，网格站服务商应该合理分货和配送，根据自提点位置合理分配车辆，做到配送及时。在配送过程中遇到问题应该及时与社区团长进行沟通，以便社区团长与社区消费者说明问题，获得消费者的理解。

（8）给供应商的建议——物美价廉，提供高质量产品。供应商应该选择高质量商品为社区电商平台供货，对于社区电商平台转达的消费者对商品的体验和评价，应该根据消费者的建议及时进行修改和更新产品。

本章参考文献

[1] PRAHALAD C K, RAMASWAMY V. Co - opting customer competence [J]. Harvard Business Review, 2000 (78): 79-87.

[2] PRAHALAD C K, RAMASWAMY V. Co-creation Experiences: The Next Practice in Value Creation [J]. Journal of Interactive Marketing, 2004, 18 (3): 5-14.

[3] 高志军，刘伟，高洁. 服务主导逻辑下物流服务供应链的价值共创机理 [J]. 中国流通经济，2014 (11): 71-77.

[4] 赵嘉妮，陈英毅. 物流服务供应链价值共创影响因素研究：基于互动与整合的视角 [J]. 中国市场，2019 (17): 158-160，162.

[5] 卢玥. 基于演化博弈的物流服务供应链价值共创机制研究 [J]. 物流技术，2020，39 (1): 96-105.

[6] 陈静怡. 商业生态系统下零售行业多元共创实现机理研究：以永辉超市为例 [J]. 北京科技大学学报（社会科学版），2021，37 (1): 74-83.

[7] 刘晓丽，王志勇. C2M 电商平台价值共创过程及升级演化机制分析 [J]. 财会月刊，2020 (22): 127-134.

[8] 李林秋. 数字化赋能出口型跨境电商的价值共创研究 [J]. 商业经济研究，2019，24: 68-71.

[9] FRIDERNAN D. Evolutionary games in economics [J]. Econometrica, 1991, 59 (3): 637-666.

第 5 章

社区电商平台供应链价值共创决策机制

在信息技术和互联网技术高速发展的今天，平台型企业的出现顺应了时代潮流，也是现代社会发展的一大创新。依靠互联网技术，平台型企业实现了线上线下相结合，将消费者和企业联系起来。一方面，互联网的发展为平台型企业的出现打下了坚实的基础；另一方面，人们对平台型企业的需求以及生活水平的逐步提升为其发展提供了强大的推动力。平台型企业要取得良好的发展，仅靠平台企业本身是远远不够的，尤其是在竞争如此激烈的今天，企业要获得广阔的发展空间还需所处的平台供应链具有独特的竞争能力。

5.1 相关研究

美团优选、京喜拼拼、多多买菜等社区电商平台是近几年新出现的一类购物平台，逐步进入人们的生活之中。线上选购商品，线下自取，这种线上线下相结合的购物方式为消费者提供了诸多方便。消费者使用手机 App 即可随时随地选购自己需要的商品，减少了传统线下购物的不便和烦琐。社区电商平台购物方便快捷，符合现代人快节奏的生活方式，因此受到了广大消费者的喜爱。同时，越来越多的企业开始涉猎社区电商平台，平台之间的竞争愈加激烈。在 21 世纪，“供应链”这一概念对人们不再陌生，而供应链的主导地位对于链上的成员非常重要，直接影响其最优决策和最大利润。

既往对供应链决策的研究主要集中于供应链不同权利结构对供应链决策的影响方面。刘卫华（2012）建立了生产商、批发商和零售商三级供应链的供给模型，并分析了集中决策和有不同参与主体主导下的分散决策对于供应链效率的影响[1]；路应金等（2017）引入消费者和零售商努力成本，基于斯坦伯格博弈构建了供应链利润模型，对供应链分散决策和集中决策时的销售量、销售价格和利润进行了比对分析[2]；许民利等（2020）考虑了消费者在回收阶段的参与，构建了在不同权利结构主导下的闭环供应链的决策模型，得出价值共创对于各个主体决策和利润的影响[3]；杨丽等（2019）探究了不同的物流策略和权利结构对供应链决策的影响[4]；刘新民等（2021）探索了不同权利结构下制造商努力成本系数和消费者的异质偏好对供应链决策的影响[5]；Luo 等（2016）建立了多阶段博弈模型，研究了不同权利结构对定价决策和零售商与制造商利润的影响[6]；Ma 等（2012）认为只有占据主导地位的制造商才能从批发价格主导策略中受益，而制造商和零售商都可以从渠道策略中受益[7]；Zhao 等（2016）建立了由制造商、零售商组成的低碳供应链的纳什博弈模型和斯坦伯格微分博弈模型[8]；曾佑新等（2019）通过对生鲜电商和农产品供应商组成的二级供应链在不同决策模式下的分析，得出不同决策模式会对最优策略和最优利润产生不同的影响[9]；姬晓环（2020）针对由电商平台和低碳产品制造商组成的二级供应链，分别构建了在集中决策和分散决策模式下的模型，继而进行了计算比较，并设计了相关协调机制[10]。

对于社区电商平台的研究主要集中在社区电商平台发展、模式方面。匡晶（2019）分析了社区电商平台的发展现状和未来趋势，认为社区电商平台供应链竞争激烈，模式趋同化[11]；刘燕（2021）分析了生鲜产品社区电商的发展现状，认为其市场需求和潜力巨大，并系统地分析了生鲜农产品社区电商的模式[12]。也有一部分对于社区电商平台消费者购买意愿的研究，李连英等（2020）探索了社区电商不同消费者购买意愿和影响因素的差异性[13]；简惠云等（2020）构建了社区电商消费者购买决策模型，探讨了社区电商特性和信任对消费者产生购买意愿的作用机理[14]。

由于目前对社区电商平台的研究还处于理论研究阶段，少有社区电商平台供应链决策方面相关的研究，因此本章以社区电商平台供应链为研究对象，考虑了供应商的价值共创努力水平和社区团长努力水平，分别探讨由供应商、社区电商平台、网格站服务商组成的三级供应链（SCG 供应链）在不同企业主导下的决策对销售价格、销售量以及价值创造的影响，并探索了由社区电商平台和社区团长（CL 供应链）组成的二级供应链在单位佣金、社区团长价值共创努力程度的决策。

5.2 社区电商平台、供应商、网格站服务商三级供应链模型构建

5.2.1 模型描述

本章研究的 SCG 供应链是由供应商 S、社区电商平台 C 和网格站服务商 G 组成的三级供应链，结构如图 5-1 所示。其中，供应商负责商品的生产和供应活动；社区电商平台提供一个可供消费者浏览商品并下单的平台，上架商品并发布相关商品信息及活动信息，消费者通过浏览相关信息来决定是否购买以及购买量，除此之外社区电商平台还负责收集消费者对商品的反馈意见；网格站服务商负责商品的拣选和配送，按消费者下单的内容进行拣选包装，并将消费者选购的商品配送至消费者选择的社区团长处。

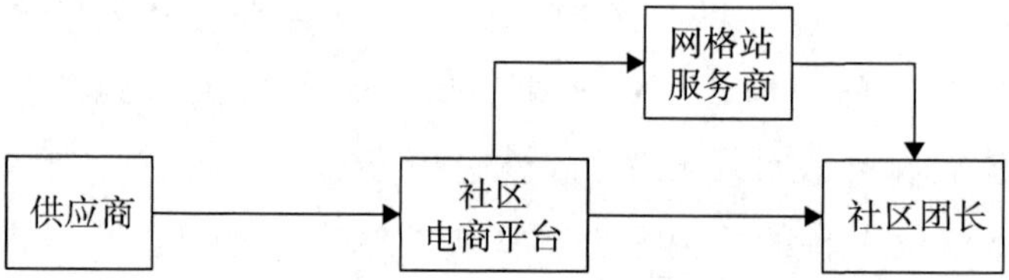

图 5-1 社区电商平台供应链结构

在 SCG 三级供应链中，本研究将供应商的价值共创努力纳入供应链的决策之中，供应商作为供应链的源头，为整个供应链提供商品或服务，商品或服务的质量直接影响下游消费者的消费体验和满意度。只有消费者认可了该商品或者服务，才会在以后重复购买该商品或服务，提高供应链的销售量，从而使供应链在激烈的市场竞争占据独特的优势。供应商的价值共创行为体现在商品生产、设计的各个环节。在商品的设计上，广泛吸取消费者对商品的使用感受和意见，依据消费者提出的需求意见对商品进行设计和改进，以

满足更多消费者的需求；在商品的生产上，选取更为合适的原材料和工艺流程来进行商品的生产制造，以满足消费者在质量方面的需求，等等。

由于社区电商平台和供应商在供应链中都占据着重要位置，而网格站服务商在供应链中处于非核心位置，只负责商品的拣选和配送，不涉及商品的定价以及订货量等供应链内部的运营决策，属于供应链中的跟随者。因此本章将研究 SCG 供应链集中决策、供应商主导型分散决策以及社区电商平台主导型分散决策三种决策方式下的最优策略和最大利润问题，不再将网格站服务商纳入供应链的决策中来。

5.2.2　基本假设

假设 1：基于经济人和理性人假设，此部分所有的研究主体是完全理性的，他们以自身收益最大化为目标，并且假设供应链上各个企业之间信息共享。

假设 2：假设供应商给社区电商平台的批发价格为 W，其生产成本为 C_1；社区电商平台的售价为 P，单位产品的成本为 C_2；网格站服务商拣选、配送单位产品获得的收益为 Z。

假设 3：假设供应商为满足消费者需求，以期提高供应链产量所做出的价值共创努力成本为 $C(v)=\frac{1}{2}\alpha v^2$，这是因为按照成本理论，努力水平越高，努力付出的成本就越大；而再继续努力提高水平就越难，要付出更高的成本，单位成本的边际效用递减。其中，α 为供应商的价值共创成本系数，v 为供应商的价值共创水平，取值范围为 $0\leqslant v\leqslant 1$。

假设 4：假设市场需求量与价格以及消费者需求满足度有关，因此市场需求函数为 $Q=a-bP+sv$。其中，P、Q 分别为产品的价格和销量，a 表示市场的最大容量，b 表示需求量对于价格的敏感系数，s 为消费者需求满足敏感系数，a、b 和 s 均为大于零的常数。

5.2.3　模型构建

根据以上对 SCG 供应链的模型描述和基本假设，可以得到各个参与主体的利润函数：

供应商的利润为

$$\pi_1=(W-C_1)Q-\frac{1}{2}\alpha v^2 \tag{5-1}$$

社区电商平台的利润为

$$\pi_2=(P-W-C_2-Z)Q \tag{5-2}$$

网格站服务商利润为

$$\pi_3=ZQ \tag{5-3}$$

SCG 社区电商平台供应链利润为

$$\pi_{SCG}=\pi_1+\pi_2+\pi_3=(P-C_1-C_2)Q-\frac{1}{2}\alpha v^2 \tag{5-4}$$

5.3 社区电商平台、供应商、网格站服务商三级供应链决策分析

5.3.1 集中决策

在集中决策下，SCG 供应链中各个企业均以供应链整体利润最大化为决策目标，共同决策出最优价格 P^* 和供应商努力程度 v^*。

此时，供应链决策的利润函数为

$$\pi_{SCG}=(P-C_1-C_2)(a-bP+sv)-\frac{1}{2}\alpha v^2 \tag{5-5}$$

首先，对式（5-5）分别求 P 和 v 的二阶导数，可以得到海塞矩阵

$$\boldsymbol{H}=\begin{bmatrix}\dfrac{\partial^2\pi_{SCG}}{\partial P^2} & \dfrac{\partial^2\pi_{SCG}}{\partial P\partial v}\\ \dfrac{\partial^2\pi_{SCG}}{\partial v\partial P} & \dfrac{\partial^2\pi_{SCG}}{\partial v^2}\end{bmatrix}=\begin{bmatrix}-2b & s\\ s & -\alpha\end{bmatrix}$$

由于$|\boldsymbol{H}|\geqslant 0$，所以该二阶海塞矩阵是正定矩阵，$\pi_{SCG}$ 是关于 P 和 v 的严格凹函数，此时存在唯一最优解。

联立一阶条件$\dfrac{\partial\pi_{SCG}}{\partial P}=0$ 和$\dfrac{\partial\pi_{SCG}}{\partial v}=0$，可以解得

$$P^*=\frac{\alpha a+(\alpha b-s^2)(C_1+C_2)}{2\alpha b-s^2},\qquad v^*=\frac{sa-sb(C_1+C_2)}{2\alpha b-s^2}$$

将解得的结果代入市场需求函数中，可求得

$$Q^* = \frac{\alpha ab-\alpha b^2\ (C_1+C_2)}{2\alpha b-s^2}$$

此时，SCG 供应链的整体最大利润为

$$\pi_{SCG} = \frac{\alpha[a-b\ (C_1+C_2)\ ]^2}{2\ (2\alpha b-s^2)}$$

结论 1：在集中决策的情况下，SCG 供应链的最优决策为：$P^* = \frac{\alpha a + (\alpha b - s^2)(C_1 + C_2)}{2\alpha b - s^2}$，$v^* = \frac{sa - sb(C_1 + C_2)}{2\alpha b - s^2}$，$Q^* = \frac{\alpha ab - \alpha b^2(C_1 + C_2)}{2\alpha b - s^2}$，此时供应链最大利润为 $\pi_{SCG} = \frac{\alpha[a - b(C_1 + C_2)]^2}{2(2\alpha b - s^2)}$。

5.3.2　分散决策

5.3.2.1　社区电商平台主导的供应链

分散决策是各个主体之间的博弈。在分散决策下，各个主体独自进行决策，并且以自身最大利益作为决策目标。在社区电商平台主导的情况下，社区电商平台首先考虑的是自身的最大利益，决策顺序为：社区电商平台首先决策产品的销售价格 P、订购量 Q，在此基础上，供应商决策出批发价格 W 和消费者需求满足努力成本 $C\ (v)$。因此采用斯坦伯格博弈的逆向归纳法进行模型求解。

根据逆向归纳法，首先计算供应商的反应函数，再代入社区电商平台的利润函数，得到社区电商平台的最优决策，最终计算出各主体的最优利润。由于直接将批发价 W 代入供应商的利润函数中并不能计算出最优解，所以在此假设供应商销售单位商品获得的利润为 n，将销售价格 P 表示为 W 和 n 的函数 $P=W+n$。

此时可以得到 SCG 供应链中供应商的利润函数为

$$\pi_1 = (W - C_1)Q - \frac{1}{2}\alpha v^2 = (W - C_1)\ [a - b(W + n) + sv] - \frac{1}{2}\alpha v^2 \tag{5-6}$$

与集中决策的推导过程类似，对式（5-6）分别求 W 和 v 的二阶导数，

可以得到海塞矩阵

$$H_2 = \begin{bmatrix} \frac{\partial^2 \pi_1}{\partial W^2} & \frac{\partial^2 \pi_1}{\partial W \partial v} \\ \frac{\partial^2 \pi_1}{\partial v \partial W} & \frac{\partial^2 \pi_1}{\partial v^2} \end{bmatrix} = \begin{bmatrix} -2b & s \\ s & -\alpha \end{bmatrix}$$

由于$|H_2| \geqslant 0$，因此可得 π_1 是关于 W 和 v 的严格凹函数，π_1 有唯一的最优解。

联立一阶条件 $\frac{\partial \pi_1}{\partial W}=0$ 和 $\frac{\partial \pi_1}{\partial v}=0$，可以解得

$$W^* = \frac{\alpha(a + bC_1) - s^2C_1 - \alpha bn}{2\alpha b - s^2}, \quad v^* = \frac{s(a - bC_1 - bn)}{2\alpha b - s^2}$$

求社区电商平台的最优策略，社区电商平台的利润函数为

$$\pi_2 = (P - W - C_2 - Z)(a - bP + sv) \tag{5-7}$$

将 $P=W+n$ 代入利润函数，化简可得

$$\pi_2 = (n - C_2 - Z)(a - bW - bn + sv)$$

接下来对 π_2 求关于 n 的二阶偏导数，$\frac{\partial^2 \pi_2}{\partial n^2}=-2b<0$，因此 π_2 是关于 n 的凹函数，存在唯一最优解。

令 $\frac{\partial \pi_2}{\partial n}=0$ 可得

$$n^* = \frac{a - bC_1 + b(C_2 + Z)}{2b}$$

将 n^* 代入 W^* 和 v^* 中，可以得到

$$W_1^* = \frac{\alpha[a + b(3C_1 - C_2 - Z)] - 2s^2C_1}{2(2\alpha b - s^2)}, \quad v_1^* = \frac{s[a - b(C_1 + C_2 + Z)]}{2(2\alpha b - s^2)}$$

将 n^* 和 W^* 代入函数 $P=W+n$ 中，可以得到社区电商平台的销售最优价格 P_1^*

$$P_1^* = \frac{\alpha b^2(C_1 + C_2 + Z) + b[3\alpha a - s^2(C_1 + C_2 + Z)] - as^2}{2b(2\alpha b - s^2)}$$

将 P_1^* 代入市场需求函数 $Q = a - bP + sv$ 中，通过计算并化简可得到 Q_1^*

$$Q_1^* = \frac{\alpha b[a - b(C_1 + C_2 + Z)]}{2(2\alpha b - s^2)}$$

结论 2：在社区电商平台主导的分散决策下，SCG 供应链的最优策略为

$$P_1^* = \frac{\alpha b(C_1 + C_2 + Z) + b[3\alpha a - s^2(C_1 + C_2 + Z)] - as^2}{2b(2\alpha b - s^2)},$$

$$Q_1^* = \frac{\alpha b[a - b(C_1 + C_2 + Z)]}{2(2\alpha b - s^2)}, \quad v_1^* = \frac{s[a - b(C_1 + C_2 + Z)]}{2(2\alpha b - s^2)}。$$

5.3.2.2　供应商主导的供应链

由供应商主导的情况下，供应商首先考虑自身利益的最大化。决策顺序为：首先供应商决策出批发价格 W 和消费者需求满足努力成本 C（v），在此基础上，社区电商平台决策产品的销售价格 P、订购量 Q。根据逆向归纳法，首先计算社区电商平台的反应函数，再代入供应商的利润函数，得到最优决策，最终算出各主体的最优利润。

计算社区电商平台的最优策略，在分散决策的情况下，社区电商平台的利润函数为

$$\pi_2 = (P - W - C_2 - Z)Q = (P - W - C_2 - Z)(a - bP + sv) \tag{5-8}$$

对式（5-7）中 π_2 求 P 的二阶偏导数 $\frac{\partial^2 \pi_2}{\partial P^2} = -2b$，因此 π_2 是严格的凹函数，存在唯一的最优解，所以令$\frac{\partial \pi_{\mathrm{SCG}}}{\partial P} = 0$，即可求得社区电商平台最优销售价格 P

$$P = \frac{a + sv + b(W + Z + C_2)}{2b}$$

接下来求解供应商的最优策略，供应商的利润函数为

$$\pi_1 = (W - C_1)Q - \frac{1}{2}\alpha v^2 = (W - C_1)(a - bP + sv) - \frac{1}{2}\alpha v^2 \tag{5-9}$$

将 P 代入式（5-8）中并化简得

$$\pi_1 = aW - W^2 b - bC_2 W + svW - aC_1 + WbC_1 + bC_1(C_2 + Z) - svC_1 - \frac{1}{2}\alpha v^2 \tag{5-10}$$

与以上推导过程类似，对式（5-9）分别求 W 和 v 的二阶导数，可以得到海塞矩阵

$$\boldsymbol{H}_3=\begin{bmatrix}\frac{\partial^2\pi_1}{\partial W^2} & \frac{\partial^2\pi_1}{\partial W\partial v}\\ \frac{\partial^2\pi_1}{\partial v\partial W} & \frac{\partial^2\pi_1}{\partial v^2}\end{bmatrix}=\begin{bmatrix}-2b & s\\ s & -\alpha\end{bmatrix}$$

由于$|\boldsymbol{H}_3|\geqslant 0$，因此可得 π_1 是关于 W 和 v 的严格凹函数，π_1 有唯一的最优解。

联立一阶条件 $\frac{\partial\pi_1}{\partial W}=0$ 和 $\frac{\partial\pi_1}{\partial v}=0$，可以解得

$$W_2^*=\frac{a\alpha+\alpha b(C_1-Z-C_2)-s^2C_1}{2\alpha b-s^2},\quad v_2^*=\frac{s[a-b(Z+C_1+C_2)]}{2\alpha b-s^2}$$

将 W_2^*、v_2^* 代入 P 中，可计算得到 P_2^*，Q_2^*

$$P_2^*=\frac{3a\alpha+[(b\alpha-2s^2)(Z+C_1+C_2)]}{2(2\alpha b-s^2)},\quad Q_2^*=\frac{\alpha b[a-b(C_1+C_2+Z)]}{2(2\alpha b-s^2)}$$

结论 3：在供应商为占据主导地位的分散决策下，SCG 供应链的最优价格为 $P_2^*=\frac{3a\alpha+[(b\alpha-2s^2)(Z+C_1+C_2)]}{2(2\alpha b-s^2)}$，最优销售量 $Q_2^*=\frac{\alpha b[a-b(C_1+C_2+Z)]}{2(2\alpha b-s^2)}$，供应商批发给社区电商平台的最优批发价格为 $W_2^*=\frac{a\alpha+\alpha b(C_1-Z-C_2)-s^2C_1}{2\alpha b-s^2}$，供应商价值共创努力程度为 $v_2^*=\frac{s[a-b(Z+C_1+C_2)]}{2\alpha b-s^2}$。

5.3.2.3 模型对比分析

由以上对三种模型的求解，已经得到了集中决策、社区电商平台主导的分散决策以及由供应商主导的分散决策三种情况下的最优解，见表 5-1。

表 5-1　不同决策模式下社区电商平台供应链比较情况

	集中决策	分散决策	
		社区电商平台主导	供应商主导
P^*	$\frac{\alpha a+(\alpha b-s^2)(C_1+C_2)}{2\alpha b-s^2}$	$\frac{\alpha b^2(C_1+C_2+Z)+b[3\alpha a-s^2(C_1+C_2+Z)]-as^2}{2b(2\alpha b-s^2)}$	$\frac{3a\alpha+[(b\alpha-2s^2)(Z+C_1+C_2)]}{2(2\alpha b-s^2)}$
v^*	$\frac{sa-sb(C_1+C_2)}{2\alpha b-s^2}$	$\frac{s[a-b(C_1+C_2+Z)]}{2(2\alpha b-s^2)}$	$\frac{s[a-b(Z+C_1+C_2)]}{2\alpha b-s^2}$
Q^*	$\frac{\alpha ab-\alpha b^2(C_1+C_2)}{2\alpha b-s^2}$	$\frac{\alpha b[a-b(C_1+C_2+Z)]}{2(2\alpha b-s^2)}$	$\frac{\alpha b[a-b(C_1+C_2+Z)]}{2(2\alpha b-s^2)}$
W^*	—	$\frac{\alpha[a+b(3C_1-C_2-Z)]-2s^2C_1}{2(2\alpha b-s^2)}$	$\frac{a\alpha+\alpha b(C_1-C_2-Z)-s^2C_1}{2\alpha b-s^2}$

通过对表 5-1 中的结果加以整理可以得到，在分散决策下，不同主导权下的最优销售价格、供应商价值共创努力系数以及供应商批发价格具有如下关系：$P_1^*<P_2^*$，$W_1^*<W_2^*$，$v_1^*<v_2^*$。

证明：$P_1^*-P_2^*=\dfrac{s^2[b(C_1+C_2+Z)-a]}{2b(2\alpha b-s^2)}<0$，$v_1^*-v_2^*=-\dfrac{s[a-b(Z+C_1+C_2)]}{2\alpha b-s^2}<0$，

$W_1^*-W_2^*=\dfrac{s[b(Z+C_1+C_2)-a]}{2(2\alpha b-s^2)}<0$

由此说明了不同的主导模式会给社区电商平台供应链带来不同的最优策略，对供应链产生不同的影响；在社区电商平台主导的情况下，最优销售价格、供应商价值共创努力程度以及最优批发价格均小于供应商主导情况下的最优销售价格。

5.3.2.4 算例数值分析

在上文的计算中，我们得到了一系列不同决策模式下的结果。为了进一步分析和验证社区电商平台、供应商以及网格站服务商在不同决策模式下的最优决策和收益情况，我们将在本部分进行算例数值分析。

通过参考以往相关文献，本文假设各个参数的取值情况如下：$a=100$，$b=0.7$，$C_1=7$，$C_2=2$，$s=0.15$，$Z=1$，$\alpha=0.2$，不同决策模式下的最优决策和最大利润见表 5-2。

表 5-2 SCG 社区电商平台供应链不同决策模式结果分析

集中决策		分散决策	
		社区电商平台主导	供应商主导
P^*/元	81.78	112.55	118.35
v^*	54.58	27.09	54.17
Q^*	50.94	25.28	25.28
W^*/元	—	43.12	79.23
π_1/元	—	839.73	1532.54
π_2/元	—	1679.35	913.11
π_3/元	—	25.28	25.28
π_{SCG}/元	3409.59	2544.36	2470.93

从表 5-2 可以看出，数据算例所计算出的结果和以上模型分析所得出的结论是一致的。

1）首先能够得到的是，考虑了供应商价值共创努力的 SCG 供应链在分散决策模式时，供应链的决策会受到主导权的影响，社区电商平台主导型供应链的销售价格为 112.55 元，供应商价值共创努力水平为 27.09，供应商批发价格为 43.12 元。而供应商主导型供应链的销售价格是 118.35 元，供应商价值共创努力水平为 54.17，供应商批发价格为 79.23 元。当社区电商平台主导供应链时，社区电商平台首先考虑自身利益的最大化，运用供应链中主导地位的优势尽可能地压低供应商批发价格来实现最大利润，而供应商则通过降低价值共创水平来保持自身利润不会急剧下降。当供应商作为供应链的主导者时，其就尽可能地将批发价格保持在一个较高的水平，并且以提高供应商价值共创水平来满足更多消费者的需求，从而提高销售量，通过这两种方式来获取自身最大利润。

2）在分散决策时，不同权利结构下的社区电商平台、供应商、网格站服务商乃至整个社区电商平台供应链都会产生不同的利润。当社区电商平台作为供应链的主导者时，社区电商平台的利润为 1679.35 元；供应商的利润为 839.73 元；网格站服务商的利润直接与供应链销售量有关，为 25.28 元；SCG 供应链总利润 2544.36 元。当供应商占据供应链的主导地位时，社区电商平台的利润为 913.11 元；供应商的利润为 1532.54 元；网格站服务商的利润为 25.28 元；SCG 供应链总利润 2470.93 元。从中可以看出，主导权会对供应链上不同主体的利润产生不同的影响，当社区电商平台作为主导者时，社区电商平台的利润大于供应商的利润；当供应链主导权掌握在供应商手中时，供应商利润远远高于社区电商平台利润。

3）集中决策下，SCG 供应链的最大利润为 3409.59 元；而在不同权利结构的分散决策下供应商的整体利润分别为 2544.36 元和 2470.93 元。虽然两者有所差别，但均少于集中决策模式下社区电商平台供应链获得的利润。

5.4 社区电商平台、社区团长二级供应链模型构建

5.4.1 模型描述

CL 供应链是由社区电商平台（C）和社区团长（L）共同组成的二级供应链，其中社区电商平台的作用与本章 5.2 节中描述一致，不再赘述。在此需要重点说明的是，社区团长是连接社区电商平台和消费者的桥梁，网格站服务商将消费者购买的商品配送到社区团长处后，消费者在社区团长指定的自提点自取商品。社区团长除为消费者提供自提点外，还具有商品推荐和处理售后问题的作用，社区团长的服务水平与消费者满意度之间存在着正向关系，其服务水平高低直接影响消费者购买与否，进而影响社区电商平台商品的销售量。社区电商平台、社区团长及消费者的关系如图 5-2 所示。

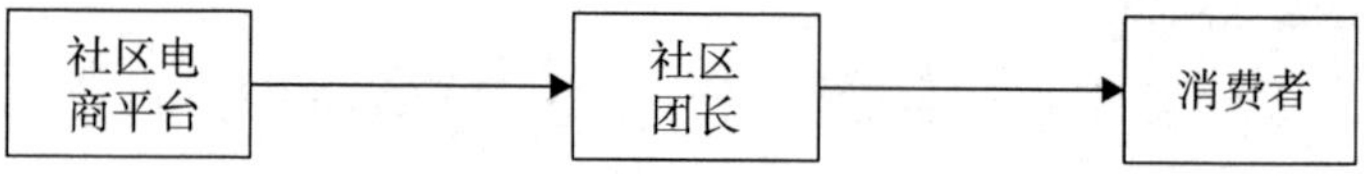

图 5-2 社区电商平台、社区团长及消费者关系

本部分考虑社区团长参与价值共创的努力水平对供应链的影响，社区团长的设立使社区电商平台与其他电商平台有明显的区别。首先，从商品的流动上看，社区电商平台通过社区团长将商品送到消费者手中，社区团长作为商品流动到消费者手中的最后一个环节，是商品在整个供应链末端环节的最终把控者，因此社区团长的个人作用被放大；其次，社区团长也是消费者中的一员，受社区电商平台以社区为单位进行服务的性质的影响，消费者很容易形成消费者群，在消费者群中社区团长还可以消费者的身份向其他消费者介绍自己对商品的使用感受并推荐自己满意的商品，他们的销售能力同样影响社区电商平台的消费者数量以及销售量；最后，社区团长良好的服务态度可以使消费者在获得物质需求的同时产生心理愉悦、满足[15]，从而提高消费者黏性，提高社区电商平台的消费者数量和销售量。因此社区团长在社区电商平台供应链中发挥着重要的作用，而社区团长的价值共创努力水平越高，社区团长的服务成本就越高。

5.4.2　基本假设

在此，本章第 5.2 节提出的假设 1 和假设 2 仍然适用，本部分再提出以下假设。

假设 5：假设社区电商平台商品的售价为 P，在未支付给社区团长佣金的情况下销售每单位商品的利润为 M，每销售单位商品支付给社区团长的佣金为 Y。

假设 6：假设社区团长为提高消费者满意度及对商品推荐所做出的服务成本为 $C(k)=\frac{1}{2}\beta k^2$，其中 β 为社区团长价值共创成本系数，k 为社区团长价值共创水平，取值范围为 $0\leqslant k\leqslant 1$。

假设 7：假设消费者在社区团长处每自提单位产品，社区团长将会获得的收入为 Y，社区团长在付出价值共创成本的同时会获得社区电商平台销售量的增长。社区电商平台的销量随着社区团长的价值共创水平而增长，两者关系表现为 $Q=q+ek$，其中 q 为社区团长不进行价值共创时社区电商平台的销量，e 为社区电商平台销量与社区团长努力相关系数，$0\leqslant e\leqslant 1$。

5.4.3　模型构建

根据以上对 CL 供应链的模型描述和基本假设，可以得到各个参与主体的利润函数如下：

社区电商平台利润函数为

$$\pi_{C}=(M-Y)Q \tag{5-11}$$

社区团长利润函数为

$$\pi_{L}=YQ-\frac{1}{2}\beta k^2 \tag{5-12}$$

CL 供应链总利润函数为

$$\pi_{CL}=MQ-\frac{1}{2}\beta k^2 \tag{5-13}$$

5.5　社区电商平台、社区团长二级供应链决策分析

由于社区团长和社区电商平台是雇佣关系，社区团长的收益受消费者自提量和单位佣金两者影响，而且社区团长不参与社区电商平台销售价格或者供应商批发价格等决策。因此，在社区电商平台和社区团长间，需要决策的是社区电商平台支付给社区团长的单位佣金以及社区团长的价值共创水平。

对于社区电商平台来说，需要决策的变量是单位佣金，佣金的大小直接影响社区团长的工作积极性的高低，甚至会影响平台销量的多少。为了决策出单位佣金的大小，在此假设没有社区团长参与价值共创时社区平台的利润为 $\pi_{CL}=Mq$。

令 $\pi_C=\pi_{CL}$，即（$M-Y$）（$q+ek$）$=Mq$，此时可得

$$Y=\frac{Mek}{q+ek}$$

因此得到结论 4：当单位佣金 $Y=\frac{Mek}{q+ek}$ 时，社区团长价值共创水平的有无对于社区电商平台的利润来说并无差异。即在此时，社区团长带来社区电商平台销售量的增加与社区电商平台支付给社区团长的成本，两者对社区电商平台利润没有影响。

由此可知，社区电商平台支付给社区团长的佣金需要保持在一定的范围内才能使自身利润达到最大化。当支付给社区团长的单位佣金大于 $\frac{Mek}{q+ek}$ 时，社区团长通过增加销售量使社区电商平台产生的超额利润小于平台支付给社区团长的佣金，最终造成利润的减少。而当单位佣金小于 $\frac{Mek}{q+ek}$ 时，社区电商平台会因为社区团长的价值共创而获利。

对于社区团长，由于在供应链上地位的差异，导致其在供应链中没有佣金定价权，只能接受社区电商平台已经决定好的单位报酬。所以社区团长要想获取更多的利润，只能从提高销售量入手，而提高销售量势必要付出努力，这些努力的表现即是相应的价值共创成本，比如宣传推广成本、服务成本等。

因此社区团长需要决策出价值共创水平。

令 $k=0$，即社区团长不付出价值共创成本时，社区团长的利润为$\pi_{L_1}=Yq$。

假设 $\pi_C=\pi_{C_1}$，即 $Y(q+ek)-\frac{1}{2}\beta k^2=Yq$，此时可得

$$k=\frac{2Ye}{\beta}$$

由此，可以得到结论 5：当社区团长的价值共创水平 $k=\frac{2Ye}{\beta}$ 时，社区团长获得的利润与不付出价值共创成本时的获得的利润是相同的。即当 $k=\frac{2Ye}{\beta}$ 时，付出价值共创成本带给社区团长的利润损失和销售量提高，其对社区团长的利润增加之和为 0。

当 $k>\frac{2Ye}{\beta}$ 时，社区团长付出的价值共创成本高于因销量增长而带来的利润，导致社区团长利润降低。当 $k<\frac{2Ye}{\beta}$ 时，社区团长实现的收益大于所付出的成本。

5.6　结论与启示

本章针对一个由供应商、社区电商平台、网格站服务商以及社区团长组成的社区电商平台供应链，考虑了供应商为满足消费者需求所做出的价值共创程度以及社区团长做出的价值共创努力程度，对 SCG 模型做了集中决策、分散决策分析，并且对 CL 模型中的社区电商平台和社区团长利润情况进行了分析，得到了以下结论，并根据结论得出了相关管理启示，期望能对社区电商平台乃至社区电商平台供应链的健康发展提供有力的理论支持。

5.6.1　结论

（1）不同的决策模式会给供应链不同的最优策略。集中决策情况下供应链产生的收益大于分散决策情况下产生的收益，而不同的权利结构也会给供应链上企业带来不同的收益。

（2）在分散决策下，当供应商作为社区电商平台供应链的主导者时，供应商参与价值共创所付出的努力成本低于社区电商平台主导时的成本，并且在这种情况下，商品批发价格会高于社区电商平台主导时的价格以获得更高的收益。

（3）在分散决策下，占据供应链主导地位时获得的利润会大于作为供应链跟随者产生的利润，即企业在供应链上所处的地位直接影响本企业的获利情况。在作为领导者时利润达到了最大，而在作为跟随者时利润最小。

（4）对于社区电商平台，支付的佣金受到其单位产品利润以及社区团长增加的销售量的影响，单位佣金不能一味地增多或减少，而是由多重因素共同决策，只有这样才能给社区电商平台自身带来更多的利润。

（5）对于社区团长，付出价值共创成本不一定会带来更高的收益，当付出的成本超过了增加的销售量带来的收益时，社区团长的利益就会受到损失。

5.6.2 管理启示

（1）由上述结论可知，集中决策下供应链产生的收益最高，因此供应链上各个企业需要注重供应链上的协调和合作，保持供应链高度的协调性，为集中决策的进行提供良好的基础。

（2）企业要获得更高的收益，可以从取得供应链领导权方面入手，努力提高企业自身的竞争优势，增强企业在供应链上的不可替代性，积极争取供应链的领导地位，从而获得自身最大的利益。

（3）社区电商平台在决策时，支付给社区团长的佣金需要保持在一个相对合适的水平，这样才能一方面避免因佣金过低而导致社区团长出现精神懈怠、工作不积极问题，进而影响社区电商平台形象，最终影响销售量；另一方面避免因为佣金过高而造成不必要的成本支出。

（4）社区团长要更好地发挥社区电商平台与消费者之间的桥梁作用，应该主动参与供应链价值共创中来，积极进行社区电商平台以及平台内商品的宣传、推广活动，广泛收集消费者对社区电商平台意见与建议，提高服务水平，为提高自身收益，也为提高供应链整体效益做出贡献。与此同时，为获取最大收益，要注重付出的价值共创努力成本需要与价值共创获取的收益相平衡，避免因消耗成本过多而造成利润下降。

本章参考文献

[1] 刘卫华. 易腐农产品三级供应链协同机制研究 [J]. 湖北农业科学，2012，51 (5): 1077-1080.

[2] 路应金，王静. 消费者参与零售商共创环境下的供应链决策模式研究 [J]. 物流工程与管理，2017，39 (6): 91-96.

[3] 许民利，齐鑫，简惠云. 不同权力结构下考虑价值共创的闭环供应链决策研究 [J]. 工业技术经济，2020，39 (8): 62-71.

[4] 杨丽，张旭凤，温卫娟. 不同权力结构和物流策略对供应链决策的影响 [J]. 中国流通经济，2019，33 (8): 63-71.

[5] 刘新民，孙向彦，吴士健. 不同权力结构下二级双渠道供应链决策 [J]. 系统工程，2021，39 (3): 69-79.

[6] LUO Z, CHEN X, CHEN J, et al. Optimal pricing policies for differentiated brands under different supply chain power structures [J]. European Journal of Operational Research, 2016, 47 (6): 345-378.

[7] MA L, ZHANG R, GUO S, et al. Pricing decisions and strategies selection of dominant manufacturer in dual-channel supply chain [J]. Economic Modelling, 2012, 29 (6): 2558-2565.

[8] ZHAO H J, LI Z. Dynamic game analysis of R&D investment in low carbon supply chain [C]. The 28th Chinese Control and Decision Conf. Yinchuan: IEEE, 2016: 4570-4573.

[9] 曾佑新，袁盼，张怡雯. 博弈论视角下不同主导权的生鲜电商供应链决策分析 [J]. 南京审计大学学报，2019，16 (5): 55-64.

[10] 姬晓环. 物流外包下低碳电商供应链决策与协调研究 [D]. 济南：山东财经大学，2020.

[11] 匡晶. 浅析社区社群电商发展现状及趋势 [J]. 中国集体经济，2019 (33): 56-57.

[12] 刘燕. 生鲜农产品社区电商供应链运作模式研究 [J]. 商业经济研究，2021 (4): 102-105.

[13] 李连英，聂乐玲，傅青. 不同类群消费者购买社区电商生鲜农产品意愿的

差异性分析：基于南昌市 578 位消费者的实证 [J]. 农林经济管理学报，2020，19（4）：457-463.

[14] 简惠云，杨欢. 社区电商技术特性对消费者购买意愿的影响 [J]. 商业经济研究，2020（23）：99-102.

[15] 陈静怡. O2O 商业生态系统下零售行业多元价值共创实现机理研究：以永辉超市为例 [J]. 北京科技大学学报（社会科学版），2021，37（1）：74-83.

第6章

社区电商平台供应链价值共创利润分配机制

社区电商平台供应链间企业进行合作是提高供应链整体价值的重要措施，而处理好利润分配问题是合作稳定的必要条件，为弥补夏普利值法的不足，结合社区电商平台供应链的特点，引入供应链地位、资源贡献程度、消费者满意相关程度、实施努力程度四个因素来对夏普利值进行修正，建立利益分配模型，进而实现了社区电商平台供应链各主体利润的合理分配，最后通过对美团优选数值算例分析，验证了方法的合理性和有效性，有助于实现整个供应链利润的最大化。

6.1　相关研究

近几年来，社区电商平台对于中国人民大众并不陌生，是人们广为接受的一种新型购物方式。消费者通过手机 App 或微信小程序进入社区电商平台下单选购，购买的商品次日配送至社区团长指定的自提点，消费者在自提点取货。随着诸如美团优选、京喜拼拼等平台的出现，社区电商平台间的竞争也变得尤为激烈。社区电商平台的竞争已经转变为供应链的竞争，而提高供应链竞争力的一个重要措施就是加强供应链各个参与主体的合作，通过合作带来的收益会大于供应链各主体单独决策产生的收益之和，因此重视供应链合作是现代企业追寻利益最大化的重要途径。要使供应链各个成员实现长久稳定的合作，就必须要解决好供应链上利润分配问题[1]，只有保证利润的合理分配才能使供应链内的合作更加稳定，创造更高的收益。

通过对现有文献的梳理可以发现，供应链利润分配主要采用的方法是夏普利值法。Zheng 等（2011）认为利用夏普利值法可以解决合作供应链的利益分配问题[2]；Bahinipati 等（2009）使用夏普利值法为半导体产业供应链成员确定了分配比例，解决了利润分配问题[3]；黄勇（2017）考虑了供应链上各主体的贡献程度，利用夏普利值法得出了猪肉供应链利益分配的方案[4]。但有学者认为夏普利值法在利益分配时存在不足，对夏普利值进行修正更能实现合理性。Yi（2009）基于传统夏普利值法，引入了风险和投资系数的两个影响因素，提高了合作利益分配的效果[5]；Xu 等（2018）基于修正的夏普利值法，建立了包含风险、生态投资和技术水平三个因素的绿色供应链利润分配机制[6]；宦梅丽等（2020）针对现行生鲜乳供应链收益分配不公平的问题，将违约风险、经营成本、合作意愿和信息对称程度四个修正因素引入利益分配模型中来，得出了生鲜乳供应链利益分配的最优策略[7]；黄湘萌等（2020）认为夏普利值避免了收益的平均分配，但合理性仍不足，因此引入资源贡献、地位效应、风险承担、额外补贴、实施程度以及创新努力六个因素对绿色供应链利润分配进行修正[8]。

在社区电商平台方面，目前学者的研究主要集中在模式、发展情况及发展趋势的研究，匡晶（2019）认为社区电商平台供应链竞争激烈，模式趋同化，而供应链环节是社区电商的要害，良好的供应链可以保证效率实现成本最优[9]；邵文君等（2020）认为现在的社区生鲜电商冷链需求大但供应链不完善，生鲜电商物流成本和运营成本高昂难以实现高额利润，需要供应链上各企业优势互补进行强强联合[10]。

社区电商平台带给消费者更为便利的消费体验，符合现代快节奏的生活方式，社区团长对供应链销量和利润的影响也是社区电商相较于传统电商的独特之处，值得深入研究。但目前对社区电商平台供应链利润分配的研究比较少，因此本文以社区电商平台供应链为研究对象，以美团优选为例，对社区电商平台供应链合作所产生的利润使用修正的夏普利值法进行分配。

6.2　社区电商平台供应链利润分配主体及影响因素

6.2.1　社区电商平台供应链利润分配主体分析

社区电商平台供应链是以社区电商平台为核心企业，以满足消费者最终需求为出发点，涉及商品生产流动全过程的由供应商、社区电商平台、网格站服务商、社区团长（社区自提点）以及消费者等全部参与者共同组成的网链结构。社区电商平台供应链主体的构成如图 6-1 所示，本章中研究的是供应链企业即企业联盟的利润分配情况。

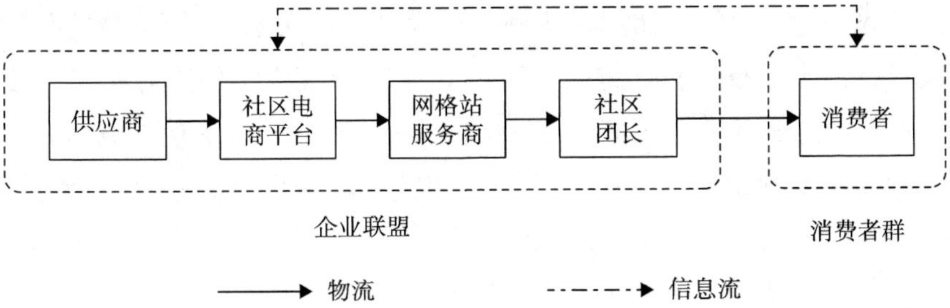

图 6-1　社区电商平台供应链主体示意图

供应商是整个供应链的起点，为供应链提供可流动的物质基础；社区电商平台作为供应链的核心企业，整合了各方资源，为上到供应商、下到消费者提供可供交易和沟通的平台；网格站服务商主要负责商品的拣选和运输，完成商品在供应链中从供应商到消费者的流动过程；社区团长是社区电商平台供应链与其他供应链最主要的区别，其直接面向消费者，是供应链上企业和消费者之间的桥梁，社区团长的努力程度直接影响社区电商平台供应链的收益情况。

6.2.2　社区电商平台供应链利润分配的影响因素

社区电商平台供应链的利润分配受到诸多因素的影响，为得到更为合理的利润分配策略，针对社区电商平台供应链多主体、复杂性和差异性等特点，有以下几个影响因素。

（1）供应链地位

社区电商平台供应链是由社区电商平台企业主导，上、下游企业协作来取得供应链整体的最佳化。拥有着核心资源的企业对于整个供应链关系的构建和维护有着重要的意义，供应链上的核心企业在利润分配方面具有优势和话语权，直接影响议价能力，形成不同的利益分配机制，因此将供应链地位作为利润分配的一大影响因素。供应链地位通过德尔菲法和层次分析法对供应链合作主导程度、企业规模、企业能力进行测量，最终评分标准化为 $\sum a_{1i}=1$，其中 $i=1$，2，3，4。

（2）资源贡献程度

社区电商平台供应链本身是复杂的，不同成员会提供多种资源，其中包括资金、人工、平台等。比如供应商提供商品，社区电商平台提供交易平台，社区团长提供人工服务和宣传等，不同主体对于供应链的资源贡献程度不尽相同，而利润分配是要遵循投入和利润相一致的原则，因此要根据不同企业的资源贡献程度对收益的分配情况进行调整，以使合作关系更加稳定。资源贡献程度的计算为 $a_{2i}=\dfrac{\sum a_{ij}}{\sum_{1}^{i}\sum a_{ij}}$，其中 $i=1$，2，3，4。

（3）消费者满意相关程度

消费者满意相关程度是指供应链各主体让消费者满意甚至会让消费者决定是否要购买或者回购的影响程度。社区电商平台供应链面向的是消费者，最终目标是使消费者满意。消费者满意度直接影响供应链的销量，一方面，较高的消费者满意度会让消费者继续在该社区电商平台购物；另一方面，消费者会对满意的商品进行宣传，为社区电商平台带来良好的口碑，提升客户量及销售量，实现平台利益的最大化。因此应该将消费者满意相关程度加入利益分配机制中来，由专家对各主体在消费者满意度中产生的影响进行打分，最终标准化为 $\sum a_{3i}=1$，其中 $i=1$，2，3，4。

（4）实施努力程度

实施努力程度是指各主体为了实现供应链上利益最大化而做出的努力程度，每个企业努力程度不尽相同。比如社区团长为了使更多人选择该社区电商平台或者积极建群并向消费者推广商品，社区电商平台积极寻找供应商并不断更新商品信息，网格站服务商为提高顾客满意度而加快拣选、配送速度和质量，供应商提供符合顾客需求的产品，等等。实施努力程度借助于德尔菲法和综合评价法对投资、进度、质量等指标进行度量，确定已完成任务的程度，最终评分标准化为 $\sum a_{4i}=1$，其中 $i=1$，2，3，4。

6.3　基于夏普利值的利润分配方法

6.3.1　夏普利值简介

夏普利值是用于解决多人合作博弈问题的一种数学方法，它有利于联盟之间实现公平、适当的利益分配。合作博弈存在的基本条件有两个：首先，对于合作的联盟来说，它们合作时产生的整体收益大于彼此单独经营所获得的收益之和；其次，对于联盟中的任意一个成员来说，在联盟中获得的收益都不会少于不加入联盟时所获得的收益，因此合作带给任意一方的都是利益的增长。

基于夏普利值的利益分配，是根据联盟各组的贡献程度来进行的，不再是平均分配，也体现了联盟中各成员的博弈。对社区电商平台供应链进行利润分配时使用夏普利值法，可以有效解决供应链各成员间因为利益分配不公问题而不愿意进行合作的问题，有效提高供应链合作的稳定性。其具体做法如下：

在供应链中，$\varphi_i(V)$ 为合作联盟取得最大收益时成员 i 能够分配到的收益值，合作分配的策略为：$\varphi_i(V)=\{\varphi_1(V),\ \varphi_2(V),\ \cdots,\ \varphi_n(V)\}$。对于任意一个 n 主体的合作博弈来说，夏普利值是唯一存在的。可以表示为

$$\varphi_1(V)=\sum_{i\in s\subseteq 1} W(|S|)[V(S)-V(S-\{i\})] \tag{6-1}$$

不同状态参与下的夏普利值参数见表 6-1。

表 6-1　不同状态参与下的夏普利值参数

分配模型	A	A+B	A+C	A+B+C
$V(S)$	a_{11}	a_{12}	a_{13}	a_{14}
$V(S-\{i\})$	a_{21}	a_{22}	a_{23}	a_{24}

续表

分配模型	A	A+B	A+C	A+B+C
$V(S)-V(S-\{i\})$	A_1	A_2	A_3	A_4
$\|S\|$	1	2	2	3
$W(S)$	1/3	1/6	1/6	1/3
$W(S)[V(S)-V(S-\{i\})]$	$A_1/3$	$A_2/6$	$A_3/6$	$A_4/3$

表 6-1 中，$V(S)$是指 A 参与联盟的特征函数的表达式，$V(S-\{i\})$ 表示联盟 S 中除 A 之外其他参与者的贡献值，$V(S)-V(S-\{i\})$ 表示 A 在合作联盟 S 中的贡献值，$|S|$表示集合 S 中的元素个数，$W(S)$表示参与人 A 应当获得的利益分配值，$W(S)[V(S)-V(S-\{i\})]$ 表示 A 在合作联盟中做出贡献后获得的利益。从计算公式可以看出，夏普利值法得出的主要依据是成员对于联盟所做出的利益贡献值，成员做出的贡献越大，其所能获得到的收益就越多，从而避免了平均主义。但是夏普利值法在利益分配中仍存在着局限性，比如没有考虑成员在联盟中的地位等因素对于利益分配的影响，因此直接将传统夏普利值法用于社区电商平台供应链确实有不妥之处。

6.3.2 修正夏普利值

由于传统夏普利值法在社区电商平台供应链利益分配中存在着不足，难以根据每个参与方在社区电商平台供应链的具体情况进行分配的调整，因此为了消除合作伙伴之间的利益冲突和分配不公[11]，让社区电商平台供应链的利益分配更具合理性[12]，将供应链地位、资源贡献程度、消费者满意相关程度和实施努力程度四个因素考虑到利益分配中来，对夏普利值进行修正，使社区电商平台供应链的利益分配更趋合理。

在此引入 Δr_i 综合修正因子，针对供应链地位、资源贡献程度、消费者满意相关程度和实施努力程度四个因素对社区电商平台供应链的合作影响程度进行修正，修正后的夏普利模型为

$$\varphi_{i'}(v)=\varphi_i(v)+v(s)\Delta r_i \tag{6-2}$$

其中

$$\Delta r_i=r_i-\frac{1}{n} \tag{6-3}$$

$$\boldsymbol{r}_i = (a_{1i}, a_{2i}, a_{3i}, a_{4i})(b_1, b_2, b_3, b_4)^{\mathrm{T}} \tag{6-4}$$

a_{1i}，a_{2i}，a_{3i}，a_{4i} 分别表示第 i 个成员各个指标的程度值，b_1，b_2，b_3，b_4 分别表示该四个指标的权重。

6.4　社区电商平台供应链利润分配分析

6.4.1　基于夏普利值的社区电商平台供应链利润分配

本章以美团优选某饮品供应链为例进行数值分析，该供应链由供应商 A、社区电商平台 B、网格站服务商 C 和社区团长 D 四方主体组成，并且假设供应链上几家企业可以实时对供应链上信息进行监控、记录、存储和交换，打破了企业间合作的瓶颈，各主体能够根据实时交易情况做出响应，实现了信息的共享。经过调查和研究，各主体在不同合作状态下的成本收益如下：

（1）对于供应商 A 来说，当其单独经营时，其商品的销量为 20 万件，批发价为 7 元/件，每件产品的材料成本为 4 元、人工成本为 1 元、制造费用为 0.3 元、销售费用为 0.4 元，故每件商品利润为 1.3 元，总利润为 26 万元。

（2）对于社区电商平台 B 来说，该商品在平台上的售价为 11 元/件，每件商品支付给网格站服务商的费用为 0.9 元、支付给社区团长的费用是 0.5 元，每件商品分摊的平台维护费用为 0.3 元、人工费用为 0.4 元、其他费用为 0.4 元，故每件商品利润为 1.5 元，总利润为 30 万元。

（3）对于网格站服务商 C 来说，其运输、分拣每件商品的收入为 0.9 元、人工费用为 0.2 元、车辆费用为 0.2 元，每件商品的利润为 0.5 元，总利润为 10 万元。

（4）对于社区团长 D 来说，每件商品的收入为 0.5 元，每件商品分摊的场地、设备等相关费用为 0.2 元，故每件商品的利润为 0.3 元，总利润为 6 万元。

（5）当供应商 A 和社区电商平台 B 合作时，减少了不必要的销售费用、合作企业搜寻成本及其他费用，此时每件商品共减少了 0.45 元的成本，供应商和社区电商平台获得的总利润为 65 万元。

（6）其他主体之间的合作与供应商 A 与社区电商平台 B 的合作类似，都会在不同程度上减少成本，社区电商平台 B 和社区团长 D 将创造 42 万元的价值；社区电商平台 B 和网格站服务商 C 将创造 45 万元的价值；供应商 A 和社区团长 D 将创造 38 万元的价值；供应商 A 和网格站服务商 C 将创造 40 万元的价值；社区团长 D 和网格站服务商 C 将创造 20 万元的价值；供应商 A、社区电商平台 B 和网格站服务商 C 进行合作，三者将为供应链创造 82 万元的价值；供应商 A、社区电商平台 B 和社区团长 D 合作，三者将为供应链创造 80 万元的价值；供应商 A、网格站服务商 C 和社区团长 D 三者合作，将创造 55 万元的价值；社区电商平台 B、网格站服务商 C 和社区团长 D 合作，将创造 60 万元的价值；而当这四者都愿意进行合作时，将为供应链创造 110 万元的价值。

将夏普利值代入不同的合作状态，得到不同企业在不同合作状态下的收益，见表 6-2~表 6-5。

表 6-2　供应商 A 在不同合作状态下的夏普利值参数

分配模型	A	A+B	A+C	A+D	A+B+C	A+C+D	A+B+D	A+B+C+D
$V(S)$	26	65	40	38	82	55	80	110
$V(S-\{i\})$	0	30	10	6	45	20	42	60
$V(S)-V(S-\{i\})$	26	35	30	32	37	35	38	50
$\|S\|$	1	2	2	2	3	3	3	4
$W(S)$	1/4	1/12	1/12	1/12	1/12	1/12	1/12	1/4
$W(S)[V(S)-V(S-\{i\})]$	6.50	2.92	2.50	2.67	3.08	2.92	3.17	12.50

注：$V(S)$、$V(S-\{i\})$、$V(S)-V(S-\{i\})$、$W(S)[V(S)-V(S-\{i\})]$的单位为万元。

由表 6-2 参数可以计算得出供应商的利益分配值为

$$\varphi_1(V)=\sum_{i\in s\subseteq 1}W(|S|)[V(S)-V(S-\{i\})]$$
$$=6.5+2.92+2.5+2.67+3.08+2.92+3.17+12.5$$
$$=36.26\ (万元)$$

表 6-3　社区电商平台 B 在不同合作状态下的夏普利值参数

分配模型	B	B+A	B+C	B+D	A+B+C	B+C+D	A+B+D	A+B+C+D
$V(S)$	30	65	45	42	82	60	80	110
$V(S-\{i\})$	0	26	10	6	40	20	38	55
$V(S)-V(S-\{i\})$	30	39	35	36	42	40	42	55
$\|S\|$	1	2	2	2	3	3	3	4
$W(S)$	1/4	1/12	1/12	1/12	1/12	1/12	1/12	1/4
$W(S)[V(S)-V(S-\{i\})]$	7. 50	3. 25	2. 92	3. 00	3. 50	3. 33	3. 50	13. 75

注：$V(S)$、$V(S-\{i\})$、$V(S)-V(S-\{i\})$、$W(S)[V(S)-V(S-\{i\})]$的单位为万元。

由表 6-3 参数可以计算得出社区电商平台的利益分配值为

$$\varphi_i(V) = \sum_{i \in s \subseteq 1} W(|S|)[V(S) - V(S - \{i\})]$$
$$=7.5+3.25+2.92+3+3.5+3.33+3.5+13.75$$
$$=40.75\text{（万元）}$$

表 6-4　网格站服务商 C 在不同合作状态下的夏普利值参数

分配模型	C	C+A	C+B	C+D	C+B+A	C+D+B	C+A+D	A+B+C+D
$V(S)$	10	40	45	20	82	60	55	110
$V(S-\{i\})$	0	26	30	6	65	42	38	80
$V(S)-V(S-\{i\})$	10	14	15	14	17	18	17	30
$\|S\|$	1	2	2	2	3	3	3	4
$W(S)$	1/4	1/12	1/12	1/12	1/12	1/12	1/12	1/4
$W(S)[V(S)-V(S-\{i\})]$	2. 50	1. 17	1. 25	1. 17	1. 42	1. 50	1. 42	7. 50

注：$V(S)$、$V(S-\{i\})$、$V(S)-V(S-\{i\})$、$W(S)[V(S)-V(S-\{i\})]$的单位为万元。

由表 6-4 参数可以计算得出网格站服务商的利益分配值为

$$\varphi_i(V) = \sum_{i \in s \subseteq 1} W(|S|)[V(S) - V(S - \{i\})]$$
$$=2.5+1.17+1.25+1.17+1.42+1.5+1.42+7.5$$
$$=17.93\text{（万元）}$$

表 6-5　社区团长 D 在不同合作状态下的夏普利值参数

分配模型	D	D+A	D+B	D+C	D+B+A	D+B+C	D+C+A	A+B+C+D
$V(S)$	6	38	42	20	80	60	55	110
$V(S-\{i\})$	0	26	30	10	65	45	40	82
$V(S)-V(S-\{i\})$	6	12	12	10	15	15	15	28
$\lvert S\rvert$	1	2	2	2	3	3	3	4
$W(S)$	1/4	1/12	1/12	1/12	1/12	1/12	1/12	1/4
$W(S)[V(S)-V(S-\{i\})]$	1.50	1.00	1.00	0.83	1.25	1.25	1.25	7.00

注：$V(S)$、$V(S-\{i\})$、$V(S)-V(S-\{i\})$、$W(S)[V(S)-V(S-\{i\})]$的单位为万元。

由表 6-5 参数可以计算得出社区团长的利益分配值为

$$\varphi_i(V) = \sum_{i \in s \subseteq 1} W(|S|)[V(S) - V(S - \{i\})]$$
$$= 1.5+1+1+0.83+1.25+1.25+1.25+7$$
$$= 15.08 \text{（万元）}$$

根据以上计算，可以得出供应商、社区电商平台、网格站服务商、社区团长的收益分别为 36.26 万元、40.75 万元、17.93 万元、15.08 万元。此时，社区电商平台供应链的总收益约为 110 万元。不论是对于社区电商平台供应链整体，还是对于供应链上各个成员，合作经营产生的利益均大于独自经营时产生的利益。

6.4.2　基于修正夏普利值法的社区电商平台供应链利润分配

由于经典夏普利值法存在不足，因此为了最大限度地实现社区电商平台供应链利益分配的合理性，综合考虑供应链地位 a_{1i}、资源贡献程度 a_{2i}、消费者满意相关程度 a_{3i} 和实施努力程度 a_{4i} 四个因素对供应链利益分配进行修正。利用 AHP 方法，建立影响收益分配的指标体系，对各个影响因素进行赋值加权和归一化处理，得到：

$\boldsymbol{a}_{1i}$ = （0.3，0.3，0.2，0.2）^{T}，$\boldsymbol{a}_{2i}$ = （0.3，0.35，0.25，0.1）^{T}，$\boldsymbol{a}_{3i}$ = （0.2，0.3，0.2，0.3）^{T}，$\boldsymbol{a}_{4i}$ = （0.15，0.25，0.3，0.3）^{T}，四个因素的权重为（b_1，b_2，b_3，b_4）^{T} = （0.2，0.3，0.2，0.3）^{T}，则：

$$\boldsymbol{r}_i=(a_{1i},\ a_{2i},\ a_{3i},\ a_{4i})(b_1,\ b_2,\ b_3,\ b_4)^{\mathrm{T}}$$

$$=\begin{pmatrix}0.3 & 0.3 & 0.2 & 0.15\\ 0.3 & 0.35 & 0.3 & 0.25\\ 0.2 & 0.25 & 0.2 & 0.3\\ 0.2 & 0.1 & 0.3 & 0.3\end{pmatrix}\begin{pmatrix}0.2\\ 0.3\\ 0.2\\ 0.3\end{pmatrix}$$

$$=\begin{pmatrix}0.235\\ 0.3\\ 0.245\\ 0.22\end{pmatrix}$$

根据以上结果可以得出供应商、社区电商平台、网格站服务商、社区团长修正后夏普利值的利益分配：

$\varphi A'(v)=\varphi_1(v)+v(s)\Delta r_1=36.26+110\times(0.235-1/4)=34.61$（万元）

$\varphi B'(v)=\varphi_2(v)+v(s)\Delta r_2=40.75+110\times(0.3-1/4)=46.25$（万元）

$\varphi C'(v)=\varphi_3(v)+v(s)\Delta r_3=17.93+110\times(0.245-1/4)=17.38$（万元）

$\varphi D'(v)=\varphi_4(v)+v(s)\Delta r_4=15.08+110\times(0.22-1/4)=11.78$（万元）

结果显示，经过四个影响因素的修正之后，供应商获得的利益是 34.61 万元，社区电商平台获得的利益是 46.25 万元，网格站服务商获得的利益是 17.38 万元，社区团长获得的利益是 11.78 万元。

在单独经营状态下，基于夏普利值法和修正的夏普利值法下的社区电商平台供应链利益分配情况见表 6-6。

表 6-6 不同策略下社区电商平台供应链利润分配情况 单位：万元

策略	供应商 A	社区电商平台 B	网格站服务商 C	社区团长 D
单独经营	26	30	10	6
夏普利值法	36.26	40.75	17.93	15.08
修正的夏普利值法	34.61	46.25	17.38	11.78

通过表 6-6 可以看出，修正后的利益分配模型结合了实际情况，考虑了供应链地位、资源贡献程度、消费者满意相关程度和实施努力程度四个因素，更具有合理性。

从总体上来讲，供应链从上游的供应商到下游的社区团长进行了合作，实现信息的实时共享，解决了信息孤岛和不信任问题，提高了供应链的柔性和协同能力，并且能够对消费者的反馈做出快速响应。这种合作使供应链在提高销量的同时降低了一些不必要的成本，实现了整体收益和各个企业单独收益的增加。

6.5 结论与启示

社区电商平台面临着激烈的竞争，同时也面对着消费者日益增高的消费需求，要想占据竞争优势，就要保证供应链的合作和协调运作，而做到利益的合理分配是保证合作顺利进行的关键，通过以上的分析，可以得出以下结论和启示：

（1）通过企业间的合作，可以提升社区电商平台供应链整体利润，这是由于合作带给各个企业多种成本的降低以及销量的增长。社区电商平台和供应商进行合作，供应商可以更及时地了解消费者对于商品的需求，并且按照需求量合理预测，这样既避免了不必要的库存，又避免了由于存货不足带来的损失。社区团长通过商品推荐和良好的服务进行合作来提升客户满意度，从而增加商品销量。网格站服务商通过快速准确地分拣和送货，可以保证商品质量提高客户满意度。

（2）夏普利值法在利益分配上虽然避免了分配的平均主义，但是在某些程度上没有考虑联盟的本身特征，在利益分配时是有些不妥当的。因此在利益分配模型中需要引入供应链地位、资源贡献程度、消费者满意相关程度以及努力程度来利益分配的合理性，使其更加符合实际情况。因此各企业要想增加收益，可以从以上四个方面入手。此外，面对日益激烈的竞争，各企业更要发挥自己的优势，实现资源互补，积极参与供应链的协同中，创造良好的经济效益。

（3）针对供应链合作可能涉及的信息不对称、成员间不信任问题，区块链技术的加入对这种合作有很大的促进作用。供应链实现合作首先要保证信息互通和真实透明，而区块链的实名认证、电子戳、分布式记账等技术恰恰为实现信息共享提供了便利条件。除此之外，区块链中的智能合约能够帮助社区电商平台供应链提供可靠并且具有约束性的契约，协助企业间完成利益的合理分配。总而言之，区块链技术的加入可以节省大量成本[13]，使供应链的运作更具效率，成员间相互信任，通过共享信息来对市场变化做出快速反应[14]，因此社区电商平台企业可以鼓励供应链各主体，在整个供应链中引入区块链技术，通过这种方式保证合作的顺利进行，以创造更高的价值。

本章参考文献

[1] SHI J G, WU G D. Study on the supply chain alliance profit allocation based on improved Shapely Value [C] //International Conference on Management Science & Engineering. IEEE, 2009, 9: 507-512.

[2] ZHENG Y, ZHANG S, CHEN X, et al. Application of Modified Shapley Value in Gains Allocation of Closed-loop Supply Chain under Third-Party Reclaim [J]. Energy Procedia, 2011, 5: 980-984.

[3] BAHINIPATI B K, KANDA A, DESHMUKH S G. Revenue sharing in semiconductor industry supply chain: Cooperative game theoretic approach [J]. Sadhana, 2009, 34 (3): 501-527.

[4] 黄勇. 基于 Shapley 值法的猪肉供应链利益分配机制研究 [J]. 农业技术经济, 2017 (2): 122-128.

[5] YI C H. Using Modified Shapley Value to Determine Revenue Allocation within Supply Chain [C] //International Conference on Information Management. IEEE, 2009, 18: 55-73.

[6] XU Z, PENG Z, YANG L, et al. An Improved Shapley Value Method for a Green Supply Chain Income Distribution Mechanism [J]. International Journal of Environmental Research and Public Health, 2018, 15 (9): 59-76.

[7] 宦梅丽, 迟亮, 陈鹏飞, 等. 基于修正 Shapley 值的生鲜乳供应链收益分配机制 [J]. 中国乳品工业, 2020, 48 (1): 32-37.

[8] 黄湘萌, 杨帅. 绿色供应链协同利益分配策略研究: 基于区块链技术的 Shapley 值修正模型 [J]. 技术经济与管理研究, 2020 (8): 14-19.

[9] 匡晶. 浅析社区社群电商发展现状及趋势 [J]. 中国集体经济, 2019 (33): 56-57.

[10] 邵文君，马坤. 社区生鲜电商的发展路径探析：以同程生活为例［J］. 营销界，2020（38）：14-16.

[11] ZHANG Y，JIANG H. Supply Chain Benefits Distribution Model Based on Improved Shapley Value Method［C］//6th International Conference on Electronic，Mechanical，Information and Management Society. 2016，13：114-127.

[12] LV B，QI X. Profit allocation in collaborative product minor updates supply chain enterprises based on improved shapely value［J］. Journal of Advanced Mechanical Design Systems & Manufacturing，2016，10（6）：108-116.

[13] YUAN H，QIU H，BI Y，et al. Analysis of coordination mechanism of supply chain management information system from the perspective of block chain［J］. Information Systems and e-Business Management，2020，18：76-85.

[14] NAKASUMI M. Information Sharing for Supply Chain Management Based on Block Chain Technology［C］//2017 IEEE 19th Conference on Business Informatics（CBI）. IEEE，2017，19：54-63.

第 7 章

社区电商平台供应链价值共创监管机制

随着网络的发展以及电子商务的普及，网络服务业表现出强大的发展潜力，许多社区电商平台应运而生。

本章对于社区电商平台对供应商和网格站服务商的监管问题，首先，详细阐述了研究问题和假设，引入社区电商平台监管延迟参数 a，构建“社区电商平台—网格站服务商—供应商”三方博弈演化模型，分析演化过程和结果。其次，利用 MATLAB 对各主体策略进行了仿真，研究了不同延迟参数下社区电商平台的行为。最后，本章对社区电商平台供应链的监管提出建议对策。

对于社区电商平台和消费者对社区团长的监管问题，社区电商平台监管时机延迟程度会对社区电商平台供应链的收益起到关键作用，所以引入社区电商平台监管延迟参数 a，建立“社区电商平台—社区团长—消费者”的三方博弈模型，利用 MATLAB 模拟三方的动态博弈过程和策略选择，通过分析三方博弈的过程和结果，为社区电商平台选择监管时机提供参考。

7.1　相关研究

社区电商平台供应链是指以社区电商平台为基础建立的供应商与消费者的关系，整合链上所有资源，使得供货、分拣、配送等环节无缝链接的供应链模式。社区电商平台供应链不同于平时的便利店和超市的供应链，超市的供应链是商家向批发商采买商品，批发商通过物流配送到商家，由商家进行销售；而社区电商平台供应链是通过网格站服务商将供应商提供的商品配送至社区团长设置的自提点，消费者进行自提即可。社区电商平台供应链各个参与主体在供应链中的功能如图 7-1 所示。

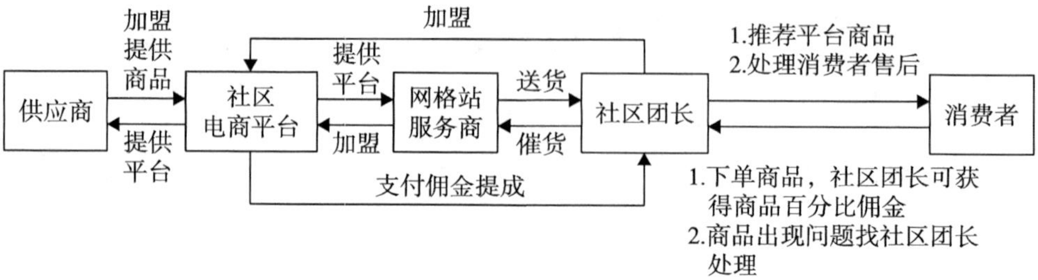

图 7-1　社区电商平台供应链参与主体功能

一些学者对电商平台的监管问题进行了研究。王晓晔[1] 指出电商平台存在“二选一”的违法行为，这种行为会严重损害竞争对手实现最低规模经济的能力，或者阻止新企业进入市场，在很大程度上妨碍市场竞争。吕雪晴等[2] 指出跨境电商平台存在行业发展规范缺失、市场定位模糊不清、综合服务能力薄弱、平台缺乏系统规划和建设等问题。吴斌等[3] 提出了心理账户视角下电商平台“杀熟”现象，通过建立电商平台、政府部门成本账户和效价账户的前景收益感知矩阵，分析了电商平台与政府部门的博弈演化过程及稳定策略，最后通过数值仿真技术进一步验证影响决策行为的因素，并针对这种现象给出了建议：消费者应利用自己的权利及时进行投诉，政府部门加大惩罚力度等。张顺等[4] 通过构建 ologit 模型分析了跨境电商平台模式的有效监管影响因素，并据此给出了数字经济平台治理机制实现路径的建议。Wang 等[5] 研究了电商平台的信任危机问题，为电子商务平台提出了一种基于保证金政策的消费者对企业模型，给出了基于双向博弈的保证金政策下 3 种模式：单价交易模式、双价交易模式和消费者举报行为模式。Salmina 等[6] 研究了跨境电商的税务问题，提出了通过将数字平台纳入税收过程并使其充分发挥来规范跨境电子商务税收的可能途径。张兴刚等[7] 研究了平台企业、供应方、消费者的三方博弈模型，通过分析私人监管策略均衡，探索公共监管对私人监管的影响。

在监管问题的解决方面，一些学者采用三方演化博弈方式进行分析。在环境质量监管方面，Sheng 等[8] 通过三方演化博弈对中央政府、地方政府和企业的演化稳定战略进行理论分析，探讨影响各利益相关者战略的因素，检验激励相容的环境规制政策。在电子垃圾回收行业可持续发展方面，Wang 等[9] 提出了一个由政府、回收者和消费者组成的三方演化博弈模型，确定了系统的收益矩阵，对产业发展的三种最优演化稳定性策略进行数值模拟，得出政府的监管应在电子垃圾回收行业的发展中发挥主导作用。在网约车平台方面，Pu 等[10] 通过建立三方演化博弈模型，对网约车平台进行监管，通过模拟研究平台、乘客和驾驶员三个博弈群体的演化路径及均衡状态得出减少投诉成本和提高奖励可以提高网约车平台的有效监管。在电子商务协同监管方面，Wu 等[11] 通过建模、理论推导和分析发现模型没有稳定的均衡点，得出增加合作收入和佣金系数可以鼓励政府采取监管策略，让消费者参与监管可以使电商平台做出更好的决策。在基础设施项目的可持续发展方面，Yang 等[12] 构建了政府、重点企业和公众三方演化博弈模型，模拟分析了三者在基础设施项目不同阶段的行为策略以及对相关影响因素的敏感性，得出政府在初始阶段充当领导者角色，并在中期和运营阶段逐渐演变为监护人的角色。在中国煤炭行业可持续发展方面，Wang 等[13] 构建了一个涉及中央政府、地方政府和煤炭企业的三方演化博弈模型，然后用它来检验产能过剩治理和替代政策的困境。

综合以上文献可以看出，电商平台存在监管问题。目前学者对于电商平台的监管问题研究只是停留在外部监管上，而社区电商平台自身同样存在监管问题，但学者并未对社区电商平台的监管问题进行深入研究。为了提高自身的收益，供应商可能会不遵守合约，提供劣质商品或假冒商品进行不良竞争，网格站服务商可能会有延迟送货等不尽力行为，这些都会引起消费者好感度下降，进而导致消费者减少、商品销量降低，从而损害社区电商平台供应链收益，因此研究社区电商平台监管问题具有重要意义。学者们应用演化博弈研究监管问题，说明三方博弈适用于研究企业监管问题，也同样适用于社区电商平台监管问题。同时，社区电商平台供应链满足演化博弈中的“信息不完全”和“参与者有限理性”特征，提供了理想的研究条件。

7.2 社区电商平台、供应商、网格站服务商监管时机演化分析

7.2.1 问题描述

在演化博弈中，所有参与主体均为有限理性，通过学习，与其他参与主体进行沟通和相互协调，修正自己的现有策略，使得整个博弈系统达到均衡稳定状态。

在社区电商平台供应链中，社区电商平台作为平台企业，供应商和网格站服务商作为入驻企业，对于保证社区电商平台供应链正常运行中有着至关重要的作用。社区团长在社区电商平台供应链中，是衔接企业与消费者的桥梁。消费者是社区电商平台供应链收益的来源，消费者不仅是消费主体，也是监管者。消费者对于供应商和网格站服务商的监管，是通过社区团长向社区电商平台反馈，由社区电商平台对供应商和网格站服务商进行监管和处理其违规行为。所以本文通过建立社区电商平台、供应商和网格站服务商三方博弈模型，从而使得社区电商平台的收益可以相对稳定。

供应商作为提供商品的主体，受到利益的驱使，一些供应商开始不正当竞争。比如，在提供商品时以次充好，打着品牌的旗号提供非品牌产品甚至是廉价的次品，在与社区电商平台签约和提供商品样品时提供质量好的商品，而在正式上线平台时提供伪劣产品，且价格高；对于消费者已经购买的商品，售后服务差。供应商的这些行为会使社区电商平台失去顾客，电商平台供应链收益下降。

网格站服务商连接社区电商平台和供应商，对供应商提供的商品进行存储，并将商品配送到自提点。有些网格站服务商为了提高自身的收益，会选择接单多个配送点，由于配送车辆和分拣人员数量有限，会导致配送到站点的时间延迟。除此之外，网格站服务商需要较好的储存商品环境，需要有相应的卫生人员对环境进行清理，而一些网格站服务商为了节省开支，存储的环境差，导致存储点的商品发生污染，更有严重者会对消费者的身体造成伤害。网格站服务商的这些行为会使消费者对于社区电商平台供应链的体验下降，从而对社区电商平台造成不良影响，失去大批量顾客，使社区电商平台

商品的销量下降，社区电商平台供应链收益下降。

在参与社区电商平台供应链收益过程中，网格站服务商是否按时将商品送到社区自提点（尽力与不尽力）；供应商是否按照加盟社区电商平台供应链时签订的合约履行义务，是否严格遵守社区电商平台的规定，商品质量是否合格（遵守合约和不遵守合约）；社区电商平台对供应商和网格站服务商是否进行监管，在哪种选择下社区电商平台供应链的收益较高，都会对社区电商平台供应链的收益产生影响。因此社区电商平台、入驻企业网格站服务商和供应商可以选择不同的决策，且三者的决策相互影响。图 7-2 为“社区电商平台—网格站服务商—供应商”组成的三方博弈模型。

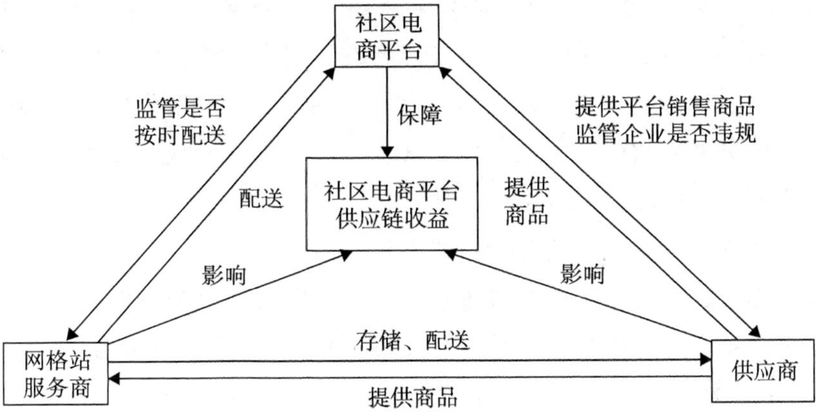

图 7-2　社区电商平台供应链三方博弈

7.2.2　相关假设

（1）博弈主体假设

假设参与三方博弈的行为主体社区电商平台、网格站服务商和供应商均为有限理性。

（2）社区电商平台延迟监管

社区电商平台监管延迟的程度是社区电商平台监管的关键。假设“延迟监管程度”为“监管以后供应商和网格站服务商收益会产生相对延迟”，用参数 a 表示社区电商平台延迟程度，取值区间为［0，1］，社区电商平台监管越晚，a 值越大，反之则越小。

（3）社区电商平台监管行为策略假设：监管和不监管

社区电商平台由于各种原因未能及时发现供应商和网格站服务商出现的失误，未能进行监管，或者由于准备不充分没有进行监管。监管概率为 x，不监管概率为 $1-x$。当 $x=1$ 时，表示社区电商平台一定监管；$x=0$ 时，表示社区电商平台一定不监管。

（4）供应商行为假设：遵守合约和不遵守合约

部分供应商为了提高收益，以次充好，提供质量不好的商品甚至是假冒伪劣产品，进行不良竞争。在参与社区电商平台供应链过程中，由于供应商的逐利性，为了使得自方收益变高，从而出现不遵守合约的策略选择。遵守合约的概率为 y，不遵守合约的概率为 $1-y$。当 $y=1$ 时，表示供应商一定遵守合约；$y=0$ 时，表示供应商一定不遵守合约。遵守合约保证社区电商平台供应链收益时，严格遵守与社区电商平台签订的合约，供应商提供的商品质量良好，并以最大力度在平台进行优惠活动，在为消费者提供最大的福利同时为社区电商平台创造更多的收益。

（5）网格站服务商行为假设：尽力和不尽力

在参与社区电商平台供应链过程中，由于网格站服务商的逐利性，为了使得自方收益变高，从而出现不尽力的策略选择。尽力的概率为 z，不尽力的概率为 $1-z$。当 $z=1$ 时，表示网格站服务商一定尽力；$z=0$ 时，表示网格站服务商一定不尽力。当网格站服务商尽力时，网格站服务商会在规定时间内将商品送到社区团长自提点处，甚至提前送到，如此可以提高消费者体验，增加平台销量。同时，网格站服务商存储供应商商品的仓库符合相关标准要求，网格站服务商的工作人员有健康证等。

（6）模型参数设置

在社区电商平台监管下，不同策略组合的社区电商平台、供应商和网格站服务商的收益与损失不同。为了表达各主体收益矩阵，并尽可能保证参数设置的客观性，各主体参数定义见表 7-1。

表 7-1　各主体参数定义

主体	参数	含义
社区电商平台	C_{11}	监管的成本
	C_{12}	不监管的成本
	E_{11}	不监管的损失
	E_{12}	不监管时，网格站服务商给社区电商平台供应链带来的损失
	E_{13}	监管时，供应商对社区电商平台供应链带来的损失
	I_{11}	监管的收益。供应商对社区电商平台供应链的影响
	I_{12}	监管时网格站服务商对社区电商平台供应链监管动态产生的收益
	a	社区电商平台监管时延迟参数。相对于供应商和网格站服务商收益的滞后程度
供应商	C_{21}	遵守合约尽力保证社区电商平台供应链收益的成本
	E_{21}	社区电商平台不监管时，供应商遵守合约尽力保证社区电商平台供应链收益的损失
	E_{22}	社区电商平台监管时，供应商遵守合约尽力保证社区电商平台供应链收益的损失
	I_{21}	遵守合约的收益
	I_{22}	尽力保证社区电商平台供应链收益中，通过网格站服务商遵守合约获得的收益
	I_{23}	遵守合约过程中，通过社区电商平台监管获得的收益
网格站服务商	C_{31}	网格站服务商尽力保证社区电商平台供应链收益的成本
	E_{31}	不尽力保证社区电商平台供应链收益的损失
	E_{32}	社区电商平台监管给网格站服务商尽力参与带来的损失
	I_{31}	尽力参与的收益
	I_{32}	因社区电商平台监管获得的收益

其中，当某一个主体参数变化时，会对其他主体决策产生直接影响，而该决策又间接影响其他主体参数的数值变化，以此形成各主体间的内部关联性。

（7）博弈收益

根据表 7-1 参数计算各策略集合下的各主体收益矩阵，见表 7-2。

表 7-2 各主体收益矩阵

策略集合	社区电商平台	供应商	网格站服务商
（监管，遵守，尽力）	$(1-a)(I_{11}+I_{12}-C_{11}-E_{13})$	$I_{21}+I_{22}+I_{23}-C_{21}-E_{22}$	$I_{31}+I_{32}-C_{31}-E_{32}$
（监管，遵守，不尽力）	$(1-a)(I_{11}-C_{11}-E_{13})$	$I_{21}+I_{23}-C_{21}-E_{22}$	$-E_{31}$
（监管，不遵守，尽力）	$(1-a)(I_{12}-C_{11}-E_{13})$	0	$I_{31}+I_{32}-C_{31}-E_{32}$
（监管，不遵守，不尽力）	$-C_{11}-E_{13}$	0	0
（不监管，遵守，尽力）	$-C_{12}-E_{11}-E_{12}$	$I_{21}+I_{22}-C_{21}-E_{21}$	$I_{31}-C_{31}$
（不监管，遵守，不尽力）	$-C_{12}-E_{11}$	$I_{21}-C_{21}-E_{21}$	$-E_{31}$
（不监管，不遵守，尽力）	$-C_{12}-E_{12}$	0	$I_{31}-C_{31}$
（不监管，不遵守，不尽力）	$-C_{12}$	0	0

7.2.3 三方博弈演化模型构建

在社区电商平台供应链三方博弈过程中，各主体均为有限理性，秉持保证社区电商平台供应链利益最大化构建动态复制方程，并随着社区电商平台供应链销量的多少进行策略调整，通过多次试错学习最终得到均衡解。

（1）社区电商平台策略演化分析

社区电商平台监管收益为 u_{11}，不监管的期望收益为 u_{12}，社区电商平台平均期望收益为 u_1，则：

$$u_{11} = (1-a)(yI_{11}+zI_{12}) + [a(y+z-yz)-1](C_{11}+E_{13}) \quad (7\text{-}1)$$

$$u_{12} = -yE_{11} - zE_{12} - C_{12} \quad (7\text{-}2)$$

$$u_1 = xu_{11} + (1-x)u_{12} = x\{(1-a)(yI_{11}+zI_{12}) + [a(y+z-yz)-1](C_{11}+E_{13})\} + (1-x)(-yE_{11}-zE_{12}-C_{12}) \quad (7\text{-}3)$$

社区电商平台的复制动态方程为：

$$f(x) = \frac{dx}{dt} = x(1-x)\{y[(1-a)I_{11} + a(1-z)(C_{11}+E_{13}) + E_{11}] + (1-a)zI_{12} + (az-1)(C_{11}+E_{13}) + zE_{12} + C_{12}\} \quad (7\text{-}4)$$

当 $y = \dfrac{(1-az)(C_{11}+E_{13}) - (1-a)zI_{12} - zE_{12} - C_{12}}{(1-a)I_{11} + a(1-z)(C_{11}+E_{13}) + E_{11}}$ 时，令 $f(x) = \dfrac{dx}{dt} = 0$，

x 取任意值均为稳定状态，社区电商平台的两种策略均为博弈稳定策略。

当 $y > \dfrac{(1-az)(C_{11}+E_{13})-(1-a)zI_{12}-zE_{12}-C_{12}}{(1-a)I_{11}+a(1-z)(C_{11}+E_{13})+E_{11}}$ 时，令 $f(x)=\dfrac{\mathrm{d}x}{\mathrm{d}t}=0$，则 $x=0$ 和 $x=1$ 时为稳定状态；此时，$\left.\dfrac{\mathrm{d}f(x)}{\mathrm{d}x}\right|_{x=1}<0$，$\left.\dfrac{\mathrm{d}f(x)}{\mathrm{d}x}\right|_{x=1}>0$，则 $x=1$ 时为均衡解，社区电商平台选择监管策略为稳定策略；反之，则 $x=0$ 时为均衡解，社区电商平台不监管策略为博弈稳定策略。社区电商平台策略演化过程如图 7-3 所示。

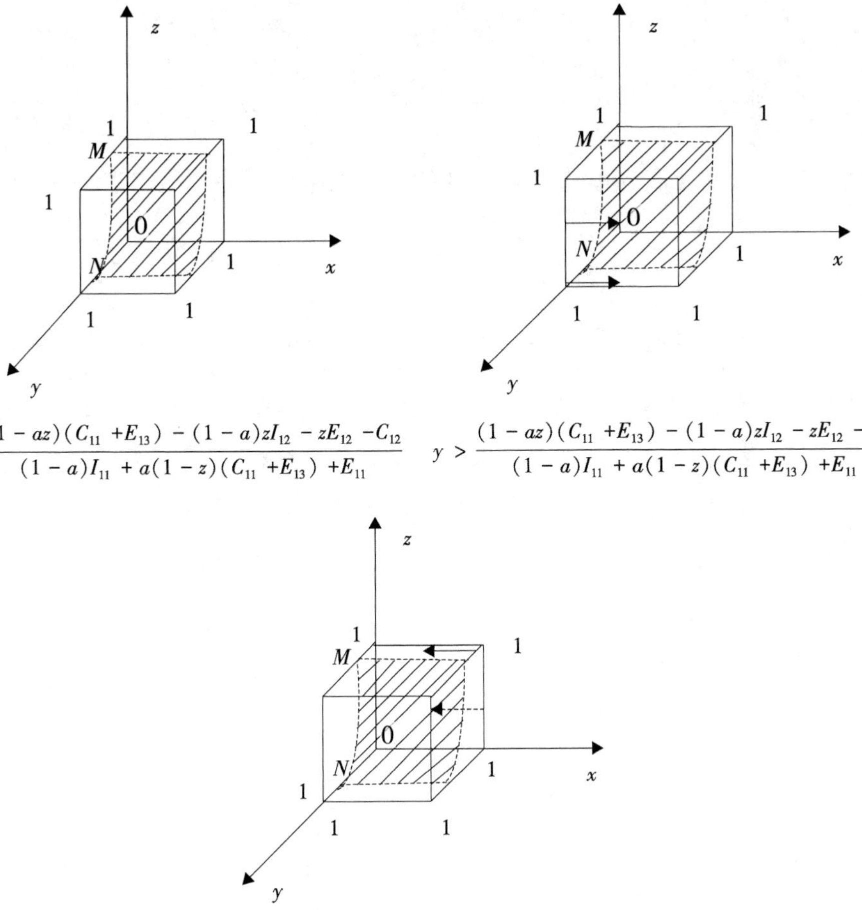

$y = \dfrac{(1-az)(C_{11}+E_{13})-(1-a)zI_{12}-zE_{12}-C_{12}}{(1-a)I_{11}+a(1-z)(C_{11}+E_{13})+E_{11}}$　　$y > \dfrac{(1-az)(C_{11}+E_{13})-(1-a)zI_{12}-zE_{12}-C_{12}}{(1-a)I_{11}+a(1-z)(C_{11}+E_{13})+E_{11}}$

$y < \dfrac{(1-az)(C_{11}+E_{13})-(1-a)zI_{12}-zE_{12}-C_{12}}{(1-a)I_{11}+a(1-z)(C_{11}+E_{13})+E_{11}}$

图 7-3　社区电商平台策略演化

（2）供应商策略演化分析

供应商遵守合约的期望收益为 u_{21}，不遵守合约的期望收益为 u_{22}，平均收益为 u_2，则：

$$u_{21} = x(I_{23} + E_{21} - E_{22}) + zI_{22} + I_{21} - C_{21} - E_{21}; u_{22} = 0 \tag{7-5}$$

$$u_2 = yu_{21} + (1-y)u_{22} = y[x(I_{23} + E_{21} - E_{22}) + zI_{22} + I_{21} - C_{21} - E_{21}] \tag{7-6}$$

供应商的复制动态方程为：

$$f(y) = \frac{dy}{dt} = y(1-y)[x(I_{23} + E_{21} - E_{22}) + zI_{22} + I_{21} - C_{21} - E_{21}] \tag{7-7}$$

当 $z = \frac{C_{21} + (1-x)E_{21} - xE_{22} - xI_{23} - I_{21}}{I_{22}}$ 时，$f(y) = \frac{dy}{dt} = 0$，y 取任意值三方博弈模型均为稳定状态，供应商的两种策略均为博弈稳定策略。

当 $z > \frac{C_{21} + (1-x)E_{21} - xE_{22} - xI_{23} - I_{21}}{I_{22}}$ 时，令 $f(y) = \frac{dy}{dt} = 0$，$y=0$ 和 $y=1$ 时为稳定状态；此时，$\left.\frac{df(y)}{dy}\right|_{y=1} < 0$，$\left.\frac{df(y)}{dy}\right|_{y=1} > 0$，则 $y=1$ 时为均衡解，供应商选择遵守合约策略为博弈稳定策略；反之，则 $y=0$ 时为均衡解，供应商选择不遵守合约策略为稳定策略。供应商策略演化过程如图 7-4 所示。

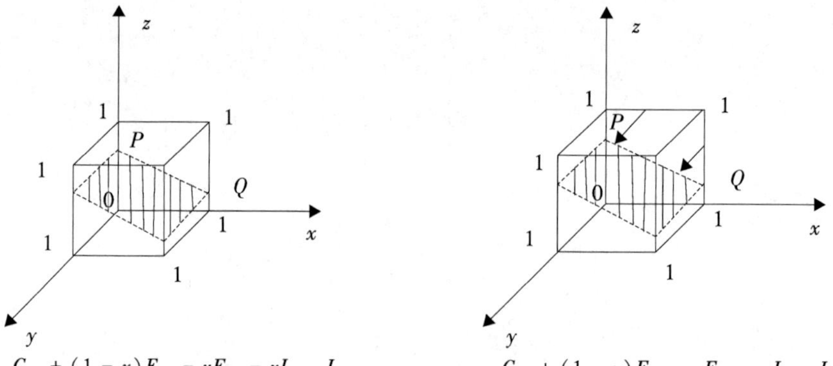

$z = \frac{C_{21} + (1-x)E_{21} - xE_{22} - xI_{23} - I_{21}}{I_{22}}$　　　　$z > \frac{C_{21} + (1-x)E_{21} - xE_{22} - xI_{23} - I_{21}}{I_{22}}$

图 7-4　供应商策略演化

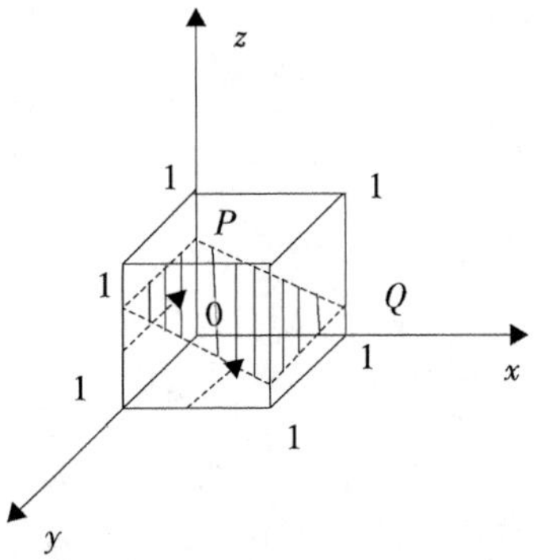

$$z < \frac{C_{21} + (1-x)E_{21} - xE_{22} - xI_{23} - I_{21}}{I_{22}}$$

图 7-4　供应商策略演化（续）

（3）网格站服务商策略演化分析

网格站服务商尽力保证社区电商平台供应链收益的期望收益为 u_{31}，不尽力保证社区电商平台供应链收益的期望收益为 u_{32}，平均期望收益为 u_3，则：

$$u_{31} = I_{31} - C_{31} + x(I_{32} - E_{32});u_{32} = -yE_{31} \tag{7-8}$$

$$u_3 = zu_{31} + (1-z)u_{32} = z[I_{31} - C_{31} + x(I_{32} - E_{32})] + (1-z)(-yE_{31}) \tag{7-9}$$

网格站服务商的复制动态方程为：

$$f(z) = \frac{\mathrm{d}z}{\mathrm{d}t} = z(1-z)(u_{31} - u_{32}) = z(1-z)[I_{31} - C_{31} + x(I_{32} - E_{32}) + yE_{31}] \tag{7-10}$$

当 $x = \frac{C_{31} - I_{31} - yE_{31}}{I_{32} - E_{32}}$ 时，$f(z) = \frac{\mathrm{d}z}{\mathrm{d}t} = 0$，$z$ 取任意值均为稳定状态，网格站服务商的两种策略均为博弈稳定策略。

当 $x > \frac{C_{31} - I_{31} - yE_{31}}{I_{32} - E_{32}}$ 时，令 $f(z) = \frac{\mathrm{d}z}{\mathrm{d}t} = 0$，则 $z=0$ 和 $z=1$ 时为稳定状态；此时，$\left.\frac{\mathrm{d}f(z)}{\mathrm{d}z}\right|_{z=1} < 0$，$\left.\frac{\mathrm{d}f(z)}{\mathrm{d}z}\right|_{z=0} > 0$，$z=1$ 时为均衡解，网格站服务商选择尽力策略为博弈稳定策略；反之，则 $z=0$ 时为均衡解，网格站服务商选择不尽力策略为博弈稳定策略。网格站服务商策略演化过程如图 7-5 所示。

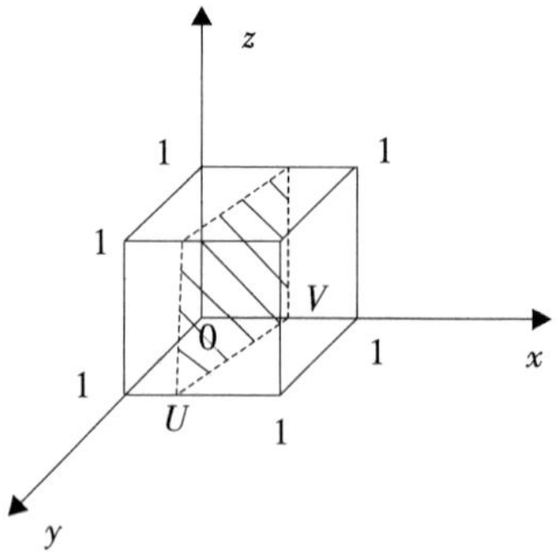

$$x = \frac{C_{31} - I_{31} - yE_{31}}{I_{32} - E_{32}}$$

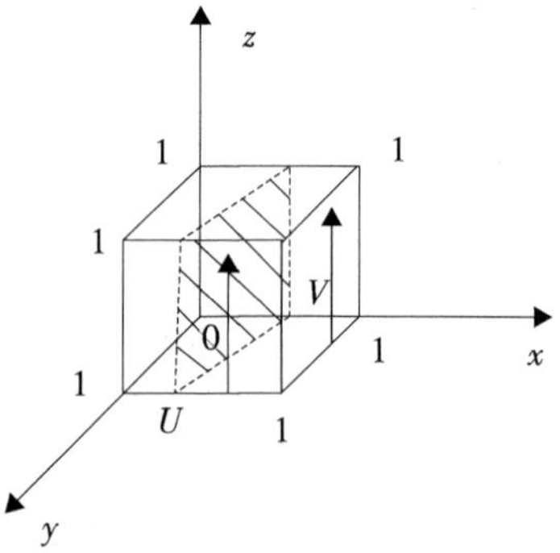

$$x > \frac{C_{31} - I_{31} - yE_{31}}{I_{32} - E_{32}}$$

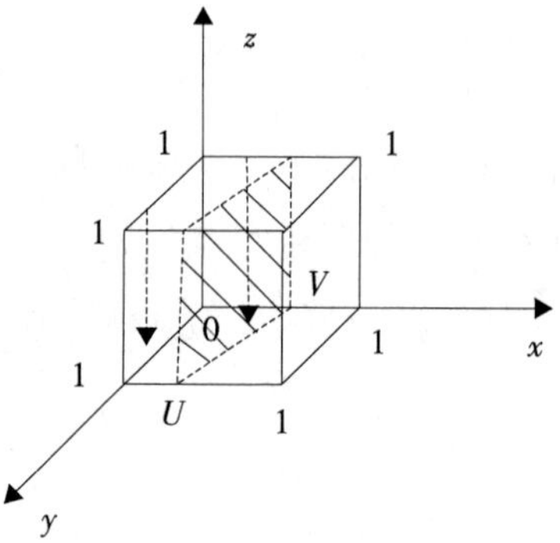

$$x < \frac{C_{31} - I_{31} - yE_{31}}{I_{32} - E_{32}}$$

图 7-5　网格站服务商策略演化

7.2.4　仿真分析

仿真分析可使模型更为直观，不仅能够验证博弈模型在实际中是否可行，还可以分析社区电商平台恰当的监管时间，分析社区电商平台在不同监管程度下影响各参与主体的博弈演化过程，并且可以弥补单纯理论分析的不足，使研究更加完整可信。同时，通过借鉴其他学者将三方博弈演化应用于时间监管上，说明引入仿真分析是恰当的；通过设置合适的参数仿真社区电商平台在不同监管情况下，另外两个入驻企业的动态博弈过程及策略选择，为社区电商平台供应链监管时间提出恰当的建议。

运用 MATLAB 软件对社区电商平台监管时间进行仿真实验，从而得出社区电商平台监管延迟参数的变化对于另外两个入驻企业在演化博弈过程中稳定策略的影响，并根据仿真结果为社区电商平台有效地监管网格站服务商和供应商提供更加科学合理的理论依据，演化稳定策略见表 7-3。

表 7-3　演化稳定策略

策略	监管		不监管	
	遵守合约	不遵守合约	遵守合约	不遵守合约
尽力	(1, 1, 1)	(1, 0, 1)	(0, 1, 1)	(0, 0, 1)
不尽力	(1, 1, 0)	(1, 0, 0)	(0, 1, 0)	(0, 0, 0)

(1) 仿真参数赋值

在下文展开的仿真实验中，为了使得不同演化稳定策略下的仿真过程更加理想，通过多次实验调整参数的赋值情况，见表 7-4。

表 7-4　初始参数设置

参数	C_{11}	E_{13}	I_{12}	E_{12}	C_{12}	E_{11}	I_{11}
赋值	7	10	2	5	1.5	3	2

同时，对参数 a 赋值 5 次，以研究网格站服务商、供应商在不同策略组合下，社区电商平台监管延迟程度对社区电商平台策略选择的影响以及社区电商平台监管时机选择。5 次取值分别为：0.1，0.3，0.5，0.7，0.9，对应的监管延迟程度分别为很低、较低、一般、较高和很高。

(2) 供应商遵守合约时的策略演化仿真

当供应商遵守合约时，$y=1$；此时有 6 种演化稳定策略，结果如图 7-6 和图 7-7 所示。

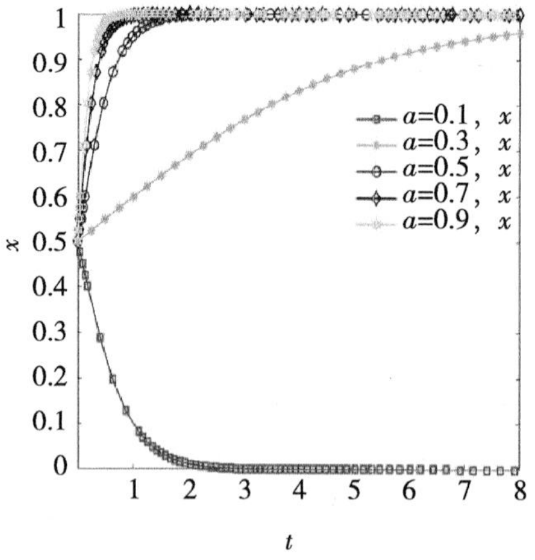

图 7-6　社区电商平台策略演化图（一）

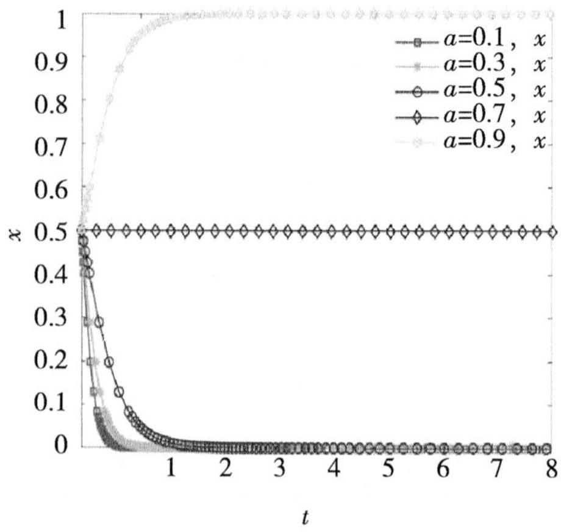

图 7-7　社区电商平台策略演化图（二）

当 $C_{31}-I_{31}-E_{31}<0$ 时，满足 $x>\frac{C_{31}-I_{31}-E_{31}}{I_{32}-E_{32}}$，网格站服务商选择尽力即 $z=1$ 时，仿真图如图 7-6 所示。当 $a=0.1$ 时，监管的延迟程度低，社区电商平台趋向于选择不监管，当供应商遵守合约，网格站服务商尽力时，社区电商平台较早监管，会引起社区电商平台入驻企业的反感，不利于社区电商平台的发展，同时社区电商平台成本大于收益，若监管效果不佳还会导致成本增加，从而降低社区电商平台收益。当 $a=0.3$，0.5，0.7，0.9 时，延迟程度逐渐升高，社区电商平台开始趋向于监管，当供应商遵守合约时，网格站服务商尽力保证社区电商平台的收益。

当 $\frac{C_{31}-I_{31}-E_{31}}{I_{32}-E_{32}}>1$，$x<\frac{C_{31}-I_{31}-E_{31}}{I_{32}-E_{32}}$ 时，网格站服务商选择不尽力即 $z=0$ 时，仿真图如图 7-7 所示。当 $a=0.1$，0.3，0.5 时，社区电商平台选择不监管，表明当供应商遵守合约，网格站服务商不尽力时，社区电商平台过早进行监管，会使得社区电商平台销量下降，影响社区电商平台收益；当 $a=0.7$ 时，社区电商平台选择监管与不监管的概率各为 0.5；当 $a=0.9$ 时，社区电商平台选择监管，表明供应商遵守合约参与时，即使网格站服务商会出现送货晚等现象，但消费者更看重社区电商平台供应链提供商品的质量。表 7-5 为供应商遵守合约时的策略组合。

表 7-5　供应商遵守合约（$y=1$）时的策略组合

序号	条件	网格站服务商策略	仿真图	a 值	社区电商平台策略	策略组合
1	$C_{31}-I_{31}-E_{31}<0$	尽力（$z=1$）	图 7-6	当 $a=0.1$	不监管	（0，1，1）
2	$x>\frac{C_{31}-I_{31}-E_{31}}{I_{32}-E_{32}}$			当 $a=0.3$，0.5，0.7，0.9	监管	（1，1，1）
3	$\frac{C_{31}-I_{31}-E_{31}}{I_{32}-E_{32}}>1$	不尽力（$z=0$）	图 7-7	当 $a=0.1$，0.3，0.5	不监管	（0，1，0）
4	$x<\frac{C_{31}-I_{31}-E_{31}}{I_{32}-E_{32}}$			当 $a=0.7$	0.5 监管	（1，1，0）
5					0.5 不监管	（0，1，0）
6				当 $a=0.9$	监管	（1，1，0）

（3）供应商不遵守合约时的策略演化仿真

当供应商不遵守合约时，$y=0$；此时有 3 种演化稳定策略，结果如图 7-8、图 7-9 所示。

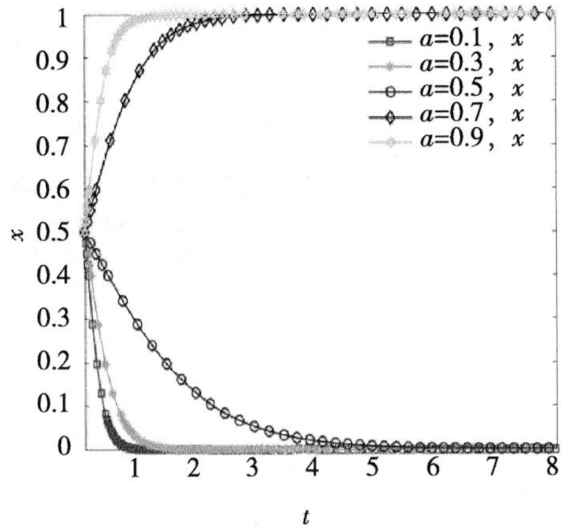

图 7-8　社区电商平台策略演化图（三）

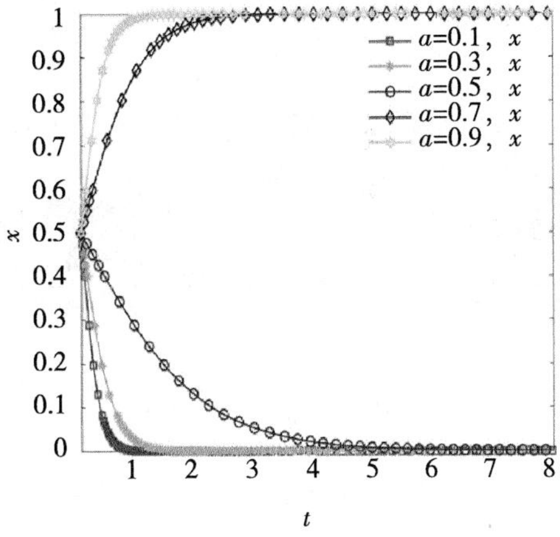

图 7-9　社区电商平台策略演化图（四）

当 $C_{31}-I_{31}<0$ 时，满足 $x>\frac{C_{31}-I_{31}}{I_{32}-E_{32}}$，网格站服务商选择尽力即 $z=1$ 时，仿真图如图 7-8 所示。当 $a=0.1$，0.3，0.5 时，监管的延迟程度低，社区电商平台趋向于选择不监管；当供应商不遵守合约，网格站服务商尽力时，社区电商平台较早监管，会引起社区电商平台入驻企业的反感，不利于社区电商平台的发展，同时会使得消费者体验感较差，社区电商平台成本大于收益，若监管效果不佳还会导致成本增加，从而使社区电商平台收益降低。当 $a=0.7$，0.9 时，社区电商平台供应链延迟程度逐渐升高，社区电商平台开始趋向于监管；当供应商遵守合约时，网格站服务商尽力保证社区电商平台的收益。

当 $\frac{C_{31}-I_{31}}{I_{32}-E_{32}}>1$ 时，满足 $x<\frac{C_{31}-I_{31}}{I_{32}-E_{32}}$，网格站服务商选择不尽力即 $z=0$，仿真图如图 7-9 所示。当 $a=0.1$，0.3，0.5 时，社区电商平台选择不监管，表明当供应商不遵守合约，网格站服务商尽力时，社区电商平台过早监管，会使得社区电商平台销量下降，影响社区电商平台收益；当 $a=0.7$，0.9，社区电商平台选择监管，供应商遵守合约参与时，即使网格站服务商会出现送货延迟等现象，但消费者更看重社区电商平台供应链提供商品的质量。表 7-6 为供应商不遵守合约时的策略组合。策略 9（0，0，0）即网格站服务商不尽力，供应商不遵守合约，社区电商平台不监管，是不符合实际情况的。

表 7-6　供应商不遵守合约（$y=0$）时的策略组合

序号	条件	网格站服务商策略	仿真图	a 值	社区电商平台策略	策略组合
7	$C_{31}-I_{31}<0$ $x>\frac{C_{31}-I_{31}}{I_{32}-E_{32}}$	尽力 （$z=1$）	图 7-8	当 $a=0.1$，0.3，0.5	不监管	（0，0，1）
8				当 $a=0.7$，0.9	监管	（1，0，1）
9	$\frac{C_{31}-I_{31}}{I_{32}-E_{32}}>1$ $x<\frac{C_{31}-I_{31}}{I_{32}-E_{32}}$	不尽力 （$z=0$）	图 7-9	当 $a=0.1$，0.3，0.5，0.7，0.9	不监管	（0，0，0）

7.3 社区电商平台、社区团长、消费者监管时机演化分析

7.3.1 问题描述

在演化博弈中，所有参与主体均为有限理性，通过学习，与其他参与主体进行相互沟通协调，改正现有策略，使得博弈系统达到均衡稳定状态。

在社区电商平台供应链中，社区电商平台为平台企业；社区团长的作用是对消费者提供售后服务，如果商品出现问题，消费者只需联系社区团长进行处理即可，而社区团长审核通过以后，社区电商平台就会退还消费者相应的款项。社区团长是社区电商平台与消费者之间的桥梁，消费者是社区电商平台供应链的收益来源，消费者不仅是消费主体，也是监管者。通过建立社区电商平台、社区团长和消费者三方博弈模型，从而使得社区团长更好地为社区电商平台和消费者服务，也使得社区电商平台的收益可以相对稳定。

7.3.2 相关假设

（1）博弈主体假设

假设参与三方博弈的行为主体社区电商平台、社区团长和消费者均为有限理性。

（2）社区电商平台延迟监管

社区电商平台监管延迟的程度是社区电商平台监管的关键。假设“延迟监管程度”为“监管以后社区团长和消费者收益会产生相对延迟”，用参数 a 表示社区电商平台延迟程度，取值区间为 [0，1]，社区电商平台监管得越晚，a 值越大，反之则越小。

（3）社区电商平台监管行为策略假设：监管和不监管

监管的概率为 x，不监管的概率为 $1-x$。当 $x=1$ 时，表示社区电商平台一定监管；$x=0$ 时，表示社区电商平台一定不监管。

（4）社区团长行为假设：积极服务和消极服务

有的社区团长参与社区电商平台供应链只是作为生活的一个副业，由于工作繁忙或者对工作不认真，消极对待社区成员的需要，不及时处理社区成

员的需求和售后服务，也不及时配送商品。积极服务的概率为 y，消极服务的概率为 $1-y$。当 $y=1$ 时，表示社区团长一定积极服务；$y=0$ 时，表示社区团长一定消极服务。

（5）消费者行为假设：投诉和不投诉

在参与社区电商平台供应链过程中，一些消费者由于性格或者对于平台的信任，认为社区团长的服务态度不好只是暂时的，所以不进行投诉；也有一部分消费者对于社区团长的服务会及时向社区电商平台反映。投诉的概率为 z，不投诉的概率为 $1-z$。当 $z=1$ 时，表示消费者一定投诉；$z=0$ 时，表示消费者一定不投诉。当消费者投诉时，社区电商平台会对社区团长进行监管，同时要求社区团长进行改正，甚至有时候会对社区团长处以罚金等。

（6）模型参数设置

在社区电商平台监管下，不同策略组合的社区电商平台、社区团长和消费者的收益与损失不同。为了表达各主体收益矩阵，并尽可能保证参数设置的客观性，各主体参数定义见表 7-7。

表 7-7　各主体参数定义

主体	参数	含义
社区电商平台	C_{11}	监管的成本
	C_{12}	不监管的成本
	E_{11}	不监管的损失
	E_{12}	不监管时，社区团长给社区电商平台供应链带来的损失
	E_{13}	监管时，消费者对社区电商平台供应链带来的损失
	I_{11}	监管的收益。消费者对社区电商平台供应链的影响
	I_{12}	监管时社区团长对社区电商平台供应链监管动态产生的收益
	a	社区电商平台监管时延迟参数。相对于消费者和社区团长收益的滞后程度

续表

主体	参数	含义
社区团长	C_{21}	积极服务社区电商平台供应链收益的成本
	E_{21}	社区电商平台不监管时，社区团长积极服务社区电商平台供应链收益的损失
	E_{22}	社区电商平台监管时，社区团长积极服务社区电商平台供应链收益的损失
	I_{21}	积极服务的收益
	I_{22}	积极服务社区电商平台供应链收益中，通过消费者投诉获得的收益
	I_{23}	积极服务过程中，通过社区电商平台监管获得的收益
消费者	C_{31}	消费者投诉社区电商平台供应链收益的成本
	E_{31}	不投诉社区电商平台供应链收益的损失
	E_{32}	社区电商平台监管给消费者投诉参与带来的损失
	I_{31}	投诉的收益
	I_{32}	因社区电商平台监管获得的收益

其中，当某一个主体参数变化时，会对其他主体决策产生直接影响，而该决策又间接影响其他主体参数的数值变化，以此形成各主体间的内部关联性。

（7）博弈收益

根据表 7-7 参数计算各策略集合下的各主体收益矩阵，见表 7-8。

表 7-8　各主体收益矩阵

策略集合	社区电商平台	社区团长	网格站服务站
（监管，积极，投诉）	$(1-a)(I_{11}+I_{12}-C_{11}-E_{13})$	$I_{21}+I_{22}+I_{23}-C_{21}-E_{22}$	$I_{31}+I_{32}-C_{31}-E_{32}$
（监管，积极，不投诉）	$(1-a)\ (I_{11}-C_{11}-E_{13})$	$I_{21}+I_{23}-C_{21}-E_{22}$	$-E_{31}$
（监管，不积极，投诉）	$(1-a)\ (I_{12}-C_{11}-E_{13})$	0	$I_{31}+I_{32}-C_{31}-E_{32}$
（监管，不积极，不投诉）	$-C_{11}-E_{13}$	0	0
（不监管，积极，投诉）	$-C_{12}-E_{11}-E_{12}$	$I_{21}+I_{22}-C_{21}-E_{21}$	$I_{31}-C_{31}$
（不监管，遵守，不投诉）	$-C_{12}-E_{11}$	$I_{21}-C_{21}-E_{21}$	$-E_{31}$
（不监管，不遵守，投诉）	$-C_{12}-E_{12}$	0	$I_{31}-C_{31}$
（不监管，不积极，不投诉）	$-C_{12}$	0	0

7.3.3 三方博弈演化模型构建

在社区电商平台供应链三方博弈过程中，各主体均为有限理性，秉持保证社区电商平台供应链利益最大化构建动态复制方程，并随着社区电商平台供应链销量的多少进行策略调整，通过多次试错学习最终得到均衡解。

（1）社区电商平台策略演化分析

社区电商平台监管收益为 u_{11}，不监管的期望收益为 u_{12}，社区电商平台平均期望收益为 u_1，则：

$$u_{11} = (1-a)(yI_{11} + zI_{12}) + [a(y+z-yz)-1](C_{11}+E_{13}) \quad (7-11)$$

$$u_{12} = -yE_{11} - zE_{12} - C_{12} \quad (7-12)$$

$$\begin{aligned} u_1 &= xu_{11} + (1-x)u_{12} \\ &= x\{(1-a)(yI_{11}+zI_{12}) + [a(y+z-yz)-1](C_{11}+E_{13})\} + \\ &\quad (1-x)(-yE_{11} - zE_{12} - C_{12}) \end{aligned} \quad (7-13)$$

社区电商平台的复制动态方程为：

$$\begin{aligned} f(x) &= \frac{\mathrm{d}x}{\mathrm{d}t} \\ &= x(1-x)\{y[(1-a)I_{11} + a(1-z)(C_{11}+E_{13}) + E_{11}] + \\ &\quad (1-a)zI_{12} + (az-1)(C_{11}+E_{13}) + zE_{12} + C_{12}\} \end{aligned} \quad (7-14)$$

当 $y = \dfrac{(1-az)(C_{11}+E_{13}) - (1-a)zI_{12} - zE_{12} - C_{12}}{(1-a)I_{11} + a(1-z)(C_{11}+E_{13}) + E_{11}}$ 时，令 $f(x) = \dfrac{\mathrm{d}x}{\mathrm{d}t} = 0$，$x$ 取任意值均为稳定状态，社区电商平台的两种策略均为博弈稳定策略。

当 $y > \dfrac{(1-az)(C_{11}+E_{13}) - (1-a)zI_{12} - zE_{12} - C_{12}}{(1-a)I_{11} + a(1-z)(C_{11}+E_{13}) + E_{11}}$ 时，令 $f(x) = \dfrac{\mathrm{d}x}{\mathrm{d}t} = 0$，则 $x=0$ 和 $x=1$ 时为稳定状态；此时，$\left.\dfrac{\mathrm{d}f(x)}{\mathrm{d}x}\right|_{x=1} < 0$，$\left.\dfrac{\mathrm{d}f(x)}{\mathrm{d}x}\right|_{x=1} > 0$，则 $x=1$ 时为均衡解，社区电商平台选择监管策略为稳定策略；反之，则 $x=0$ 时为均衡解，社区电商平台不监管策略为博弈稳定策略。社区电商平台策略演化过程如图 7-10 所示。

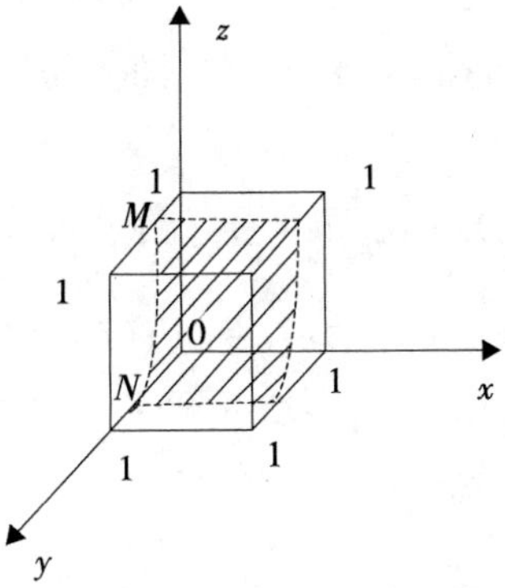

$$y=\frac{(1-az)(C_{11}+E_{13})-(1-a)zI_{12}-zE_{12}-C_{12}}{(1-a)I_{11}+a(1-z)(C_{11}+E_{13})+E_{11}}$$

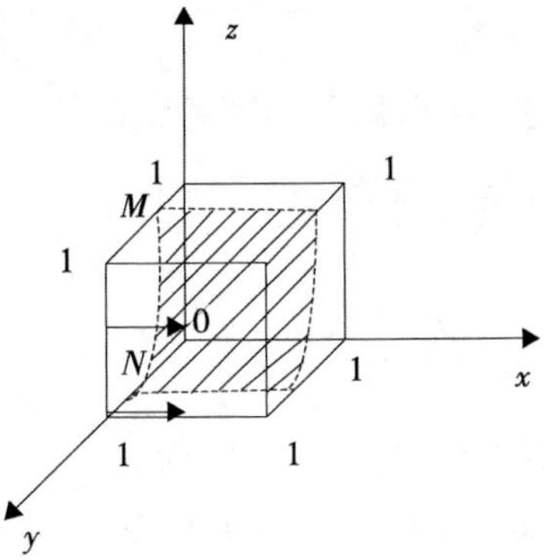

$$y>\frac{(1-az)(C_{11}+E_{13})-(1-a)zI_{12}-zE_{12}-C_{12}}{(1-a)I_{11}+a(1-z)(C_{11}+E_{13})+E_{11}}$$

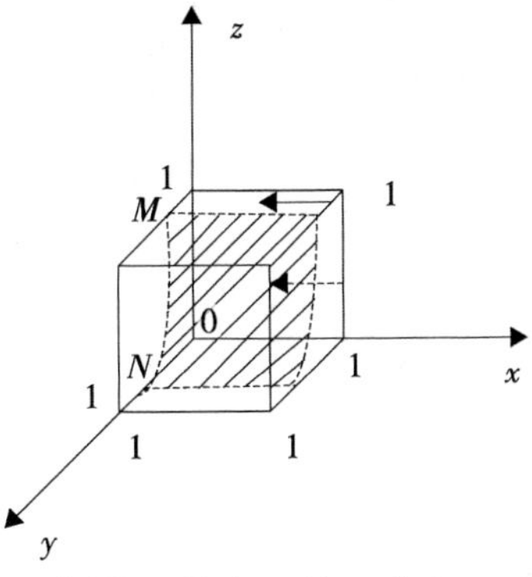

$$y<\frac{(1-az)(C_{11}+E_{13})-(1-a)zI_{12}-zE_{12}-C_{12}}{(1-a)I_{11}+a(1-z)(C_{11}+E_{13})+E_{11}}$$

图 7-10　社区电商平台策略演化

（2）社区团长策略演化分析

社区团长积极服务的期望收益为 u_{21}，消极服务的期望收益为 u_{22}，平均收益为 u_2，则：

$$u_{21} = x(I_{23} + E_{21} - E_{22}) + zI_{22} + I_{21} - C_{21} - E_{21}; u_{22} = 0 \tag{7-15}$$

$$u_2 = yu_{21} + (1-y)u_{22} = y[x(I_{23} + E_{21} - E_{22}) + zI_{22} + I_{21} - C_{21} - E_{21}] \tag{7-16}$$

社区团长的复制动态方程为：

$$f(y) = \frac{dy}{dt} = y(1-y)[x(I_{23} + E_{21} - E_{22}) + zI_{22} + I_{21} - C_{21} - E_{21}] \tag{7-17}$$

当 $z = \frac{C_{21} + (1-x)E_{21} - xE_{22} - xI_{23} - I_{21}}{I_{22}}$ 时，$f(y) = \frac{dy}{dt} = 0$，y 取任意值三方博弈模型均为稳定状态，社区团长的两种策略均为博弈稳定策略。

当 $z > \frac{C_{21} + (1-x)E_{21} - xE_{22} - xI_{23} - I_{21}}{I_{22}}$ 时，令 $f(y) = \frac{dy}{dt} = 0$，$y=0$ 和 $y=1$ 时为稳定状态；此时，$\left.\frac{df(y)}{dy}\right|_{y=1} < 0$，$\left.\frac{df(y)}{dy}\right|_{y=0} > 0$，则 $y=1$ 时为均衡解，社区团长选择积极服务策略为博弈稳定策略；反之，则 $y=0$ 时为均衡解，社区团长选择消极服务策略为稳定策略。社区团长策略演化过程如图 7-11 所示。

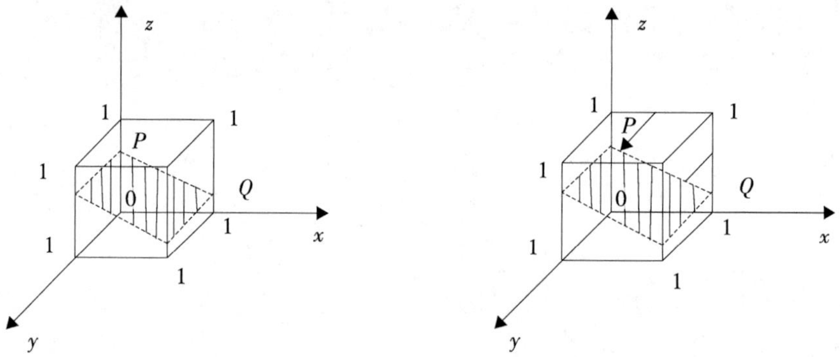

$z = \frac{C_{21} + (1-x)E_{21} - xE_{22} - xI_{23} - I_{21}}{I_{22}}$　　　　$z > \frac{C_{21} + (1-x)E_{21} - xE_{22} - xI_{23} - I_{21}}{I_{22}}$

图 7-11　社区团长策略演化

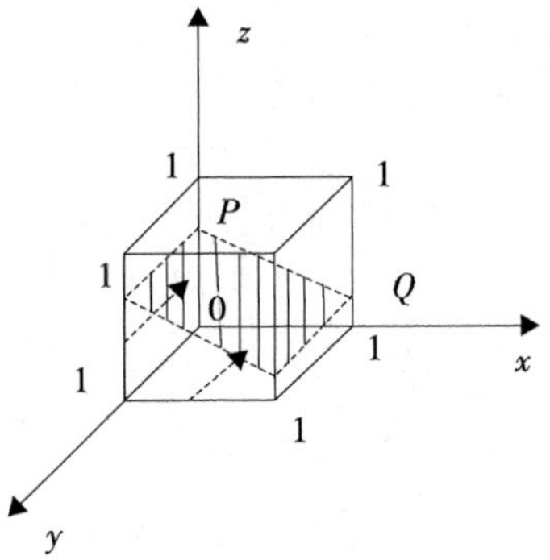

$$z < \frac{C_{21} + (1-x)E_{21} - xE_{22} - xI_{23} - I_{21}}{I_{22}}$$

图 7-11　社区团长策略演化（续）

（3）消费者策略演化分析

消费者选择投诉时社区电商平台供应链的期望收益为 u_{31}，选择不投诉时社区电商平台供应链的期望收益为 u_{32}，平均期望收益为 u_3，则：

$$u_{31} = I_{31} - C_{31} + x(I_{32} - E_{32}); u_{32} = -yE_{31} \tag{7-18}$$

$$u_3 = zu_{31} + (1-z)u_{32} = z[I_{31} - C_{31} + x(I_{32} - E_{32})] + (1-z)(-yE_{31}) \tag{7-19}$$

消费者的复制动态方程为：

$$f(z) = \frac{\mathrm{d}z}{\mathrm{d}t} = z(1-z)(u_{31} - u_{32}) = z(1-z)[I_{31} - C_{31} + x(I_{32} - E_{32}) + yE_{31}] \tag{7-20}$$

当 $x = \frac{C_{31} - I_{31} - yE_{31}}{I_{32} - E_{32}}$ 时，$f(z) = \frac{\mathrm{d}z}{\mathrm{d}t} = 0$，$z$ 取任意值均为稳定状态，消费者的两种策略均为博弈稳定策略。

当 $x > \frac{C_{31} - I_{31} - yE_{31}}{I_{32} - E_{32}}$ 时，令 $f(z) = \frac{\mathrm{d}z}{\mathrm{d}t} = 0$，则 $z=0$ 和 $z=1$ 时为稳定状态；此时，$\left.\frac{\mathrm{d}f(z)}{\mathrm{d}z}\right|_{z=1} < 0$，$\left.\frac{\mathrm{d}f(z)}{\mathrm{d}z}\right|_{z=0} > 0$，$z=1$ 时为均衡解，消费者选择投诉策略为博弈稳定策略；反之 $z=0$ 时为均衡解，消费者选择不投诉策略为博弈稳定策略。消费者策略演化过程如图 7-12 所示。

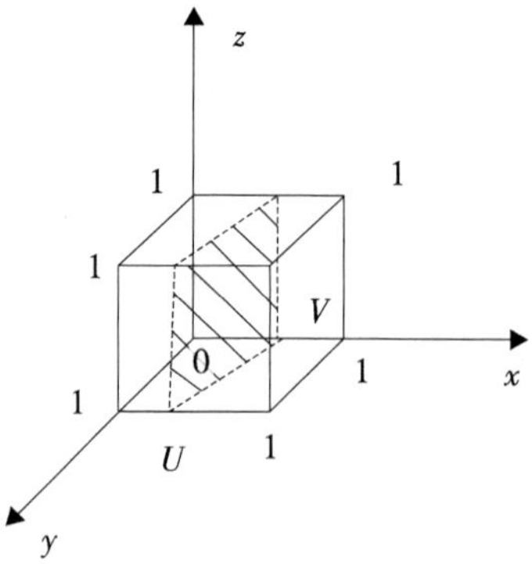

$$x = \frac{C_{31} - I_{31} - yE_{31}}{I_{32} - E_{32}}$$

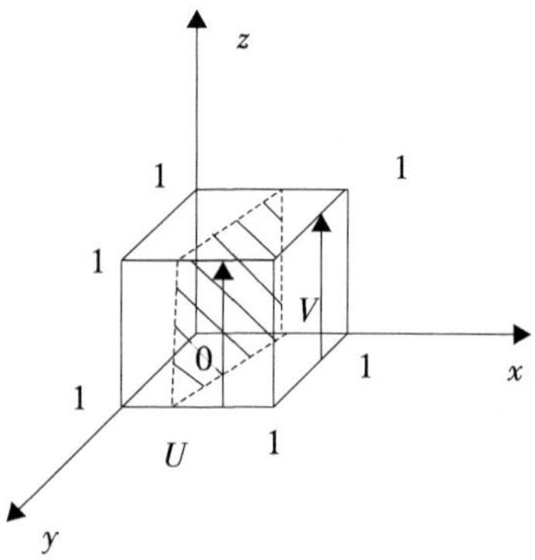

$$x > \frac{C_{31} - I_{31} - yE_{31}}{I_{32} - E_{32}}$$

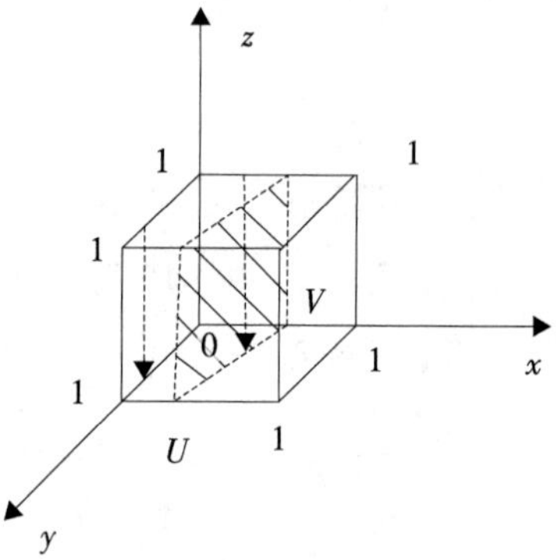

$$x < \frac{C_{31} - I_{31} - yE_{31}}{I_{32} - E_{32}}$$

图 7-12　消费者策略演化

7.3.4　仿真分析

仿真分析是使模型更为直观，不仅能够验证博弈模型在实际中是否可行，还可以分析社区电商平台恰当的监管时间，分析社区电商平台在不同监管程度下影响各参与主体的博弈演化过程，而且可以弥补单纯理论分析的不足，使研究更加完整可信。同时，通过借鉴其他学者将三方博弈演化应用于时间监管上，说明引入仿真分析是恰当的；通过设置合适的参数仿真社区电商平台不同监管情况下，另外两个入驻企业的动态博弈过程及策略选择，为社区电商平台供应链监管时间提出恰当的建议。

运用 MATLAB 软件对社区电商平台监管时间进行仿真实验，从而得出社区电商平台监管延迟参数的变化对社区团长和消费者在演化博弈过程中稳定策略的影响，并根据仿真结果为社区电商平台有效地监管社区团长提供更加科学合理的理论依据，演化稳定策略见表 7-9。

表 7-9　演化稳定策略

策略	监管		不监管	
	积极服务	消极服务	积极服务	消极服务
投诉	(1，1，1)	(1，0，1)	(0，1，1)	(0，0，1)
不投诉	(1，1，0)	(1，0，0)	(0，1，0)	(0，0，0)

（1）仿真参数赋值

在下文展开的仿真实验中，为了使不同演化稳定策略下的仿真过程更加理想，通过多次实验以及调研对参数的赋值情况见表 7-10。

表 7-10　初始参数设置

参数	C_{11}	E_{13}	I_{12}	E_{12}	C_{12}	E_{11}	I_{11}
赋值	7	10	2	5	1.5	3	2

同时，对参数 a 赋值 5 次，以研究消费者、社区团长在不同策略组合下，社区电商平台监管延迟程度对社区电商平台策略选择的影响以及社区电商平台监管时机选择。5 次取值分别为：0.1，0.3，0.5，0.7 和 0.9，对应的监管延迟程度分别为很低、较低、一般、较高和很高。

（2）社区团长积极服务时的策略演化仿真

当社区团长积极服务时，$y=1$；此时有 6 种演化稳定策略，结果如图 7-13、图 7-14 所示。

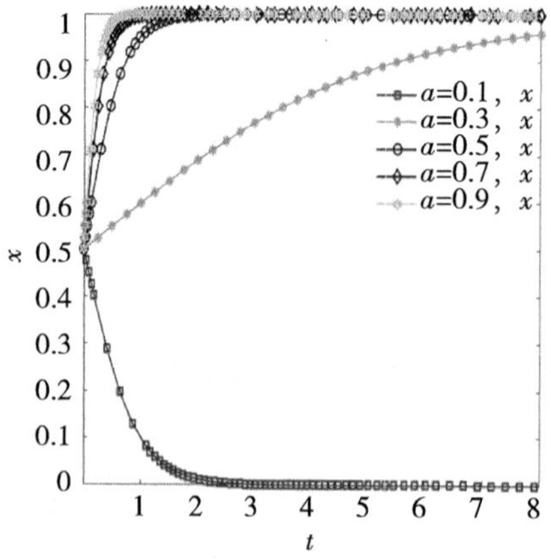

图 7-13　社区电商平台策略演化图（五）

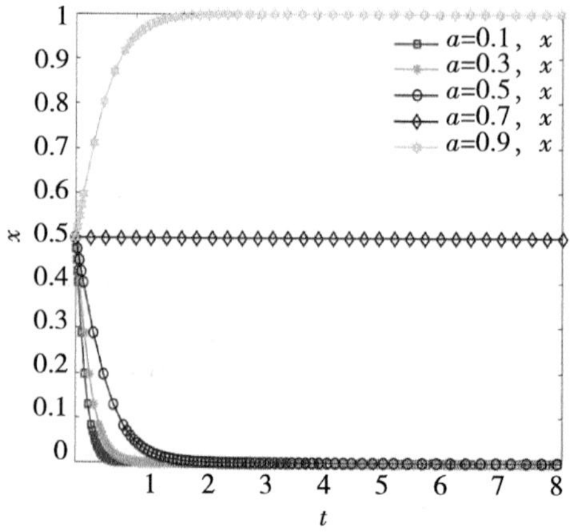

图 7-14 社区电商平台策略演化图（六）

当 $C_{31}-I_{31}-E_{31}<0$ 时，满足 $x>\frac{C_{31}-I_{31}-E_{31}}{I_{32}-E_{32}}$，消费者选择投诉即 $z=1$ 时，仿真图如图 7-13 所示，当 $a=0.1$ 时，监管的延迟程度低，社区电商平台趋向于选择不监管，当社区团长积极服务，消费者投诉时，社区电商平台较早监管，会使社区团长反感，不利于社区电商平台的发展；同时社区电商平台成本大于收益，若监管效果不佳还会导致成本增加，从而使社区电商平台收益降低。当 $a=0.3$，0.5，0.7，0.9 时，延迟程度逐渐升高，社区电商平台开始趋向于监管。

当 $\frac{C_{31}-I_{31}-E_{31}}{I_{32}-E_{32}}>1$，$x<\frac{C_{31}-I_{31}-E_{31}}{I_{32}-E_{32}}$ 时，消费者选择不投诉即 $z=0$ 时，仿真图如图 7-14 所示。当 $a=0.1$，0.3，0.5 时，社区电商平台选择不监管，表明当社区团长积极服务、消费者不投诉时，社区电商平台过早进行监管，会使得社区电商平台销量下降，影响社区电商平台收益；当 $a=0.7$ 时，社区电商平台选择监管与不监管的概率各为 0.5；当 $a=0.9$ 时，社区电商平台选择监管。表 7-11 为社区团长积极服务时的策略组合。

表 7-11　社区团长积极服务（$y=1$）时的策略组合

序号	条件	消费者策略	仿真图	a 值	社区电商平台策略	策略组合
1	$C_{31}-I_{31}-E_{31}<0$ $x>\dfrac{C_{31}-I_{31}-E_{31}}{I_{32}-E_{32}}$	投诉 ($z=1$)	图 7-13	当 $a=0.1$	不监管	(0，1，1)
2				当 $a=0.3$，0.5，0.7，0.9	监管	(1，1，1)
3	$\dfrac{C_{31}-I_{31}-E_{31}}{I_{32}-E_{32}}>1$ $x<\dfrac{C_{31}-I_{31}-E_{31}}{I_{32}-E_{32}}$	不投诉 ($z=0$)	图 7-14	当 $a=0.1$，0.3，0.5	不监管	(0，1，0)
4				当 $a=0.7$	0.5 监管	(1，1，0)
5					0.5 不监管	(0，1，0)
6				当 $a=0.9$	监管	(1，1，0)

（3）社区团长消极服务时的策略演化仿真

当社区团长消极服务时，$y=0$；此时有 3 种演化稳定策略，结果如图 7-15、图 7-16 所示。

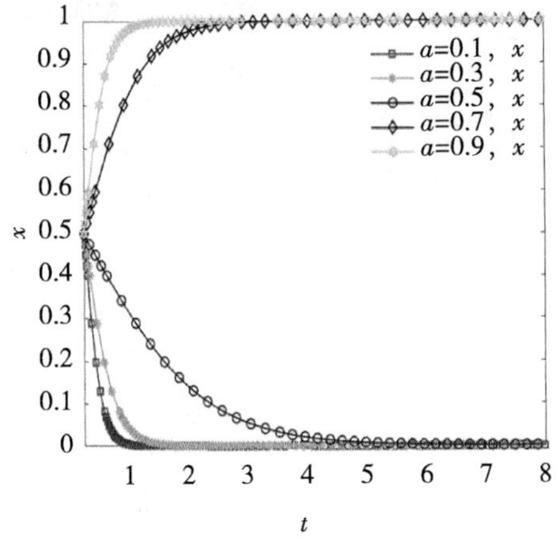

图 7-15　社区电商平台策略演化图

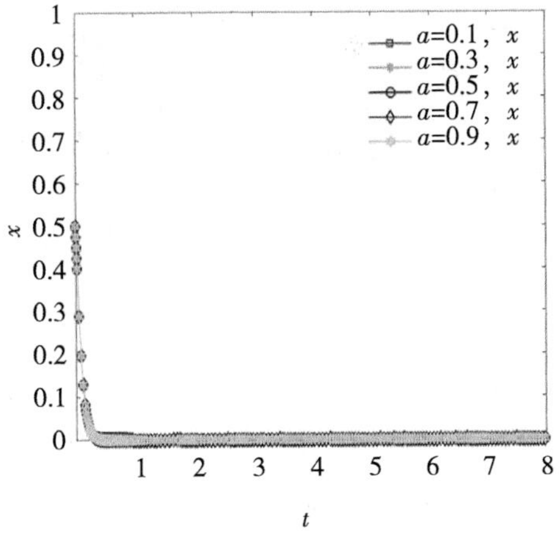

图 7-16　社区电商平台策略演化图

当 $C_{31}-I_{31}<0$ 时，满足 $x>\dfrac{C_{31}-I_{31}}{I_{32}-E_{32}}$，消费者选择投诉即 $z=1$ 时，仿真图如图 7-15 所示。当 $a=0.1$，0.3，0.5 时，监管的延迟程度低，社区电商平台

趋向于选择不监管；当社区团长消极服务，消费者投诉时，社区电商平台较早监管，会引起社区团长的反感，不利于社区电商平台的发展，社区电商平台成本大于收益，若监管效果不佳还会导致成本增加，从而使社区电商平台收益降低；当 $a=0.7$，0.9 时，社区电商平台供应链延迟程度逐渐升高，社区电商平台开始趋向于监管。

当 $\frac{C_{31}-I_{31}}{I_{32}-E_{32}}>1$ 时，满足 $x<\frac{C_{31}-I_{31}}{I_{32}-E_{32}}$，消费者选择不投诉即 $z=0$，仿真图如图 7-16 所示。当 $a=0.1$，0.3，0.5 时，社区电商平台选择不监管，表明当社区团长消极服务、消费者投诉时，社区电商平台过早监管，会使得社区电商平台销量下降，影响社区电商平台收益；当 $a=0.7$，0.9 时，社区电商平台选择监管。表 7-12 为社区团长消极服务时的策略组合。而策略 9（0，0，0）消费者不投诉，社区团长消极服务，社区电商平台不监管，是不符合实际情况的。

表 7-12 社区团长消极服务（$y=0$）时的策略组合

序号	条件	消费者策略	仿真图	a 值	社区电商平台策略	策略组合
7	$C_{31}-I_{31}<0$ $x>\frac{C_{31}-I_{31}}{I_{32}-E_{32}}$	投诉（$z=1$）	图 7-15	当 $a=0.1$，0.3，0.5	不监管	（0，0，1）
8				当 $a=0.7$，0.9	监管	（1，0，1）
9	$\frac{C_{31}-I_{31}}{I_{32}-E_{32}}>1$ $x<\frac{C_{31}-I_{31}}{I_{32}-E_{32}}$	不投诉（$z=0$）	图 7-16	当 $a=0.1$，0.3，0.5，0.7，0.9	不监管	（0，0，0）

7.4 结论与启示

本文以社区电商平台供应链为研究对象，基于演化博弈理论，构建了以社区电商平台—网格站服务商—供应商和社区电商平台—消费者—社区团长两个三方博弈演化模型，并通过仿真分析了不同延迟参数下社区电商平台的行为，最终得出的结论如下：

1）社区电商平台选择监管的时机，不仅取决于三方博弈中网格站服务商与社区电商平台、消费者与社区电商平台策略选择。社区电商平台延迟参数 a 对于社区电商平台监管时机有很大的影响。社区电商平台是否监管和何时监管取决于其他因素，要综合其他主体做出选择。

2）个别或者偶尔的供应商不遵守条约和网格站服务商短时间超时配送，不会对消费者的体验度造成太大的影响，而监管付出成本大于监管后的收益，甚至会出现监管以后造成市场混乱，入驻企业的反感甚至会退出社区电商平台供应链，对社区电商平台供应链收益造成影响，此时社区电商平台可以选择不监管；个别或者偶尔的社区团长消极服务，不会对消费者的体验度造成太大的影响，而监管付出成本大于监管后的收益，甚至会出现监管以后造成市场混乱，社区团长的反感甚至会退出社区电商平台供应链，对社区电商平台供应链收益造成影响，此时社区电商平台可以选择不监管。

3）社区电商平台如何快速、及时发现入驻企业存在的违约问题，提高社区电商平台监管效率，也是一个有待解决的问题；社区电商平台如何快速、及时发现社区团长的消极服务问题，提高社区电商平台监管效率，也是一个有待解决的问题。

结合实际情况和本文分析，对社区电商平台供应链提出以下对策：

1）鼓励消费者投诉。消费者作为社区电商平台供应链收益的主要参与者，用户体验直接影响社区电商平台商品的销量，消费者在购买商品的过程中应该及时向社区团长反馈商品的质量，从而使得社区电商平台及时对入驻企业进行规范要求。消费者的参与可以提高社区电商平台的监管效率。

2）制定对入驻企业的奖惩制度。对于遵守合约的供应商和尽力保证社区电商平台供应链收益的网格站服务商，应制定相应收益奖励比例，从而提高入驻企业的积极性。社区电商平台作为平台供应链的重要主体，应强化社区电商平台监管职责，在一定情况下可以加大对入驻企业违规的惩罚力度，对于不遵守条约或者不尽力保证社区电商平台供应链收益的商家进行严格惩罚或者设置黑名单。

（3）制定对社区团长的奖惩制度。对于积极服务的社区团长，应提高其收益奖励比例，从而提高社区团长的积极性。社区电商平台作为社区电商平台供应链的重要主体，应强化社区电商平台监管职责，社区电商平台在一定情况下可以加大对社区团长消极服务的惩罚力度，对于屡教不改的社区团长应严格惩罚或者设置黑名单。

（4）制定合理的监管制度。社区电商平台应该设置专人专区对社区电商平台入驻企业进行监管，从而可以提高社区电商平台监管的效率。在社区电商平台供应链加入区块链等相关技术，由于区块链技术支持商品在整个物流交付过程中的信息可见性，该数据在区块链数据库难以篡改，并可向所在的供应链的各参与方开放整个运输阶段的货运信息，从而保证了商品运输的安全性，也可以监管网格站服务商的配送流程，使得社区电商平台收益公开透明；社区电商平台应该设置专人专区对社区团长进行监管，从而可以提高社区电商平台监管的效率。

本章参考文献

［1］王晓晔．论电商平台“二选一”行为的法律规制［J］．现代法学，2020，42（3）：151-165.

［2］吕雪晴，周梅华．我国跨境电商平台发展存在的问题与路径［J］．经济纵横，2016，（3）：81-84.

［3］吴斌，程晶，宋琰．心理账户视角下电商平台“杀熟”现象演化博弈分析［J］．运筹与管理，2020，29（11）：37-44.

［4］张顺，费威，佟烁．数字经济平台的有效治理机制——以跨境电商平台监管为例［J］．商业研究，2020，（4）：49-55.

［5］WANG L，WAN J，ZHANG Y Q. Trustworthiness two-way games via margin policy in e-commerce platforms［J］. Applied Intelligence，2021（5）：1-19.

［6］SALMINA S V，KHAFIZOVA E K，BALABANOVA Y N. Educational research on solving real tax problems in cross-border e-commerce［J］. Propósitosy Representaciones，2021（9）：1291-1297.

［7］张兴刚，肖旭．平台市场监管的有效性：基于演化博弈的分析［J］．商业研究，2021（3）：9-17.

[8] SHENG J C, ZHOU W H, ZHU B Z. The coordination of stakeholder interests in environmental regulation: Lessons from China's environmental regulation policies from the perspective of the evolutionary game theory [J]. Journal of Cleaner Production, 2019 (249): 119385-119410.

[9] WANG Z, WANG Q X, CHEN B X, WANG Y. Evolutionary game analysis on behavioral strategies of multiple stakeholders in E-waste recycling industry [J]. Resources Conservation and Recycling, 2019 (155): 1-9.

[10] PU D P, XIE F, YUAN G H. Active Supervision Strategies of Online Ride-Hailing Based on the Tripartite Evolutionary Game Model [J]. IEEE ACCESS, 2020 (8): 149052-149064.

[11] WU B, CHENG J, QI Y Q. Tripartite evolutionary game analysis for "Deceive acquaintances" behavior of e-commerce platforms in cooperative supervision [J]. Physica A - statistical Mechanics and its' Applications, 2020 (550): 123892-123908.

[12] YANG K, WANG W, XIONG W. Promoting the sustainable development of infrastructure projects through responsible innovation: An evolutionary game analysis [J]. Utilities Policy, 2021 (70): 1-11.

[13] WANG Y D, WANG D L, SHI X P. Exploring the dilemma of overcapacity governance in China's coal industry: A tripartite evolutionary game model [J]. Resources Policy, 2021 (71): 1-18.

第 8 章

社区电商平台供应链价值共创绩效影响因素研究

8.1 相关研究

在信息技术和互联网技术高速发展的今天，社区电商平台企业的出现顺应了时代潮流，也是现代社会发展的一大创新。依靠互联网技术，社区电商平台企业实现了线上线下相结合，将消费者和企业联系起来。一方面互联网的发展为平台型企业的出现打下了坚实的基础；另一方面，人们对于社区电商平台型企业的需求以及生活水平的提升为其发展提供了强大的推动力。社区电商平台企业要取得良好的发展，仅靠平台企业本身是远远不够的，尤其是在竞争加剧的今天，企业要想获得广阔的发展空间还需要社区电商平台供应链具有独特的竞争能力。

价值共创一直是企业乃至社会持续关注的重点，价值的创造能力也正是一家企业或者是一个供应链获得强劲竞争力并能够得到持续发展的重要指标。随着社会经济的不断发展，人们对于价值创造的理解已经逐步从最开始的“价值是由一个个企业所创造出来并通过各种方式传递到消费者手中进行使用，而消费者只是价值的消耗者并非价值的创造者”的思想中解放出来，已经认识到消费者对于价值创造的重要作用，消费者不仅只是价值的消耗者，也是价值共创过程中积极的参与者，消费者给价值创造带来的影响不容小觑。现代价值共创的观点大致可以分为两种：一种是顾客体验逻辑的价值共创理论，另一种是服务主导逻辑的价值共创理论。顾客体验逻辑下，顾客通过互动来获取企业的产品或服务，并利用自身的知识及技能来为自己创造价值。在服务主导逻辑下，价值是一种互动的产物，企业通过互动与消费者进行交流沟通，促进各方资源的优势整合，让消费者用自己的知识、经验参与到产品的设计生产过程中来，进一步实现价值的互惠增生[1]。

通过对以往文献的研究可以发现，对于价值共创已经有了不少的研究。张培等人（2016）从多主体的角度分析了价值共创的内涵和特征，指出价值共创具有主体多元性、过程动态性、资源匹配性，共创过程包含生产和价值创造两个过程，各主体在不同的过程中承担不同的角色[2]。万骁乐等人（2017）构建了考虑开放式创新主体供应链的价值创造模型，并对开放式创新主体对供应链价值、消费者价值产生等产生的影响进行了数值分析[3]。陈静怡（2021）对 O2O 商业生态系统多元价值共创实现机理进行了研究，提出在核心价值创造过程中，一方面零售企业要整合自身及供应链上的资源并不断增强自身，另一方面客户要借助个人有价资源的整合以及个性价值主张的传递与反馈来提高自我参与价值共创的能力，其他利益相关者也需通过资源的传递和整合来推动价值共创[4]。张秀妮（2019）构建了基于价值创造的平台企业商业生态系统模型，分析了其价值创造系统并对各方主体合作关系进行了研究，阐述了各方利益相关者之间的价值关系[5]。杨路明等人认为网络平台需要具备价值链的整合能力、平台组织的整合能力以及创新能力才能实现价值共创[6]。

通过对文献的梳理可知，以往对于平台供应链价值共创的研究大多是从理论总结和文献归纳方法来进行的，对于价值共创绩效影响因素的实证研究比较少，而且平台供应链作为这个互联网高速发展时代一种新的商业模式，迎合了市场的需求，在未来的发展中有着广阔的发展空间，也面临着巨大的挑战。因此本章以平台供应链为研究主体，主要对质量安全问题、客户实际体验、供应链协作互动以及信息技术几方面展开研究，对平台供应链价值共创绩效影响因素进行实证分析。

8.2 研究模型和假设

8.2.1 研究模型

供应链绩效是供应链战略执行的结果[7]，供应链的终极目标是增加供应链盈余，故供应链整体利润提升是价值共创绩效优化的目的。社区电商供应链区别于传统农产品供应链，其基于现代互联网信息技术，以社区电商企业为龙头企业，连接各构成主体，包含生产、采购、服务、销售和配送等一系动作[8]。国内外关于社区电商供应链绩效影响因素研究还不多，大致分为对发展现状提出绩效优化对策的理论性研究和通过评价模型探究各因素对绩效影响的实证研究两种。

关于基础理论性研究有：Van der Vorst 等（2000）强调了生鲜产品具有易腐性、短保质期、生产季节性、质量和数量的可变性、生产吞吐量时间长和专门的运输要求等特殊性质[9]；作为电商领域最后一片“蓝海”的生鲜电商，影响其供应链绩效的驱动因素不仅有行业特征、技术和客户等外部因素，还有流程、合作伙伴关系和供应链战略等内部因素[7]；Joby George 等（2018）指出目前影响供应链绩效的主要因素为供应链结构、库存控制、政策、信息共享、客户需求、预测方法、准备时间和评审周期长度[10]；昝梦莹、陈光等人（2020）对国内生鲜电商发展历程进行了全面回顾，提出了生鲜电商品牌不易打造、经营成本高、供应端恶性竞争和与传统市场摩擦等阻碍因素，并提出细化采购标准和提升信息化程度等优化建议[11]。

关于生鲜供应链绩效评价与优化等实证方面研究介绍如下。Muhammad Moazzam（2018）在五项绩效标准基础上，通过审查现有的绩效评价体系和框架，总结出了适合生鲜农产品供应链绩效和风险分析的 SCOR 模型，在选定的可靠性、反应性、敏捷性、成本和资产属性中加入了环境可持续性、食品质量、灵活性和风险价值等指标，并通过新西兰乳制品案例验证了分析框架的优异性[12]；Odongo Walter 等（2016）在三级生鲜农产品供应链中，用信任、承诺、信息共享、强制力、非胁迫力、依赖和冲突代表供应链关系质量的结构，探究供应链关系质量对供应链绩效的影响，得到生鲜农产品上游企业认为信任、承诺、强制力、非胁迫力、依赖和冲突是最重要的属性，下游核心企业认为信任和冲突是最重要属性，客户认为信任、依赖和强制力是重要属性[13]；Sanjeev Yadav（2020）开发了基于物联网的数据驱动农业供应链绩效衡量框架，并加入可持续指标，为提高农业供应链绩效提供参考[14]；Sanjeev Yadov（2016）通过基于云的信息技术系统在农产品供应链的各个层面上实时地进行信息共享，解决生鲜供应链内部的权力分配不对称，提高供应链公平感与绩效[15]；Riikka Kaipia（2013）对牛奶、新鲜鱼类和家禽三种生鲜食品供应链中如何利用信息共享来减少浪费提升可持续绩效进行了研究[16]；Yeh（2013）研究中小企业供应链整合如何影响供应链的关系稳定性，从而影响供应链绩效，得出内部整合、供应商整合和客户整合对关系稳定性有积极的影响，关系稳定性对供应商绩效有正向的影响，环境不确定性只是调节内部整合对关系稳定性的影响[17]。国内生鲜电商供应链绩效研究中，张艳、王淑云（2020）研究了权力（控制力）对三种分散决策模型中生鲜供应链绩效影响[18]；符少玲（2016）通过结构方程模型分析了信息共享与流程优化对于“公司+农户”的样本模式中食品质量绩效的影响[19]；赵京芳（2017）发现动态能力（学习、重构、整合和创新能力）对农产品供应链绩效均有正向影响[20]；谭丹（2015）对农产品绿色供应链集成化进行了研究，并提出了合理的利益分配机制，提升整体绩效[21]。

综合分析上述文献，我们发现结合生鲜电商的行业特征以及现有供应链绩效研究文献，从行业特征、技术和客户等外部因素，还有流程、合作伙伴关系和供应链战略等内部因素，可归纳得到本章研究的生鲜供应链价值共创绩效提升制约因素有食品质量安全问题、供应链合作伙伴关系、供应链协作与整合、客户实际体验和信息技术等内外部因素。

平台供应链的运行主体包括平台企业、供应商、消费者以及提供支撑作用的相关企业，通过主体间的交流互动、资源整合来实现价值创造活动，并通过参与者制定的制度和相关机制来进行协调[22-23]。平台供应链不同于传统供应链的一大特点是提供了一个平台，可以让消费者与消费者、消费者与企业、企业与企业能够在一个环境下进行信息交换、互相帮助、共创价值、实现共赢。本研究假设平台供应链价值共创绩效的影响因素包括食品质量安全问题、供应链合作伙伴关系、客户实际体验以及信息技术（见图 8-1），对于价值共创的结果主要从企业获得价值和消费者获取价值两方面来考虑。

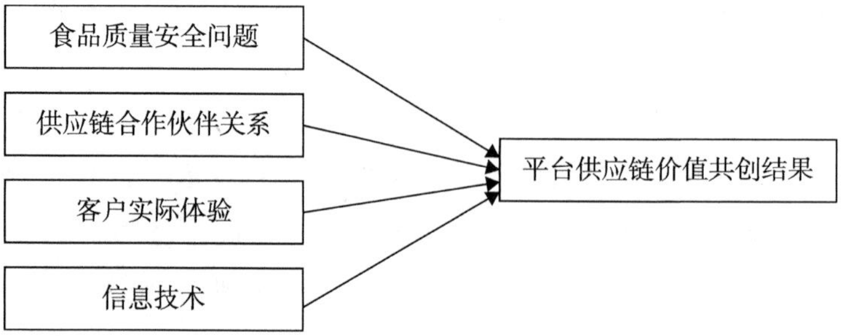

图 8-1　平台供应链价值共创影响因素模型

8.2.2　研究假设

（1）食品质量安全问题与平台供应链价值共创

平台供应链是一种新型的商业模式，充分利用了互联网信息技术进行平台管理和集成，但它的本质特点，即为消费者提供满意的产品和服务，不会随着供应链形式的改变而改变。在消费者进行商品或者服务的选择时，首先会受到质量安全因素的影响，企业、供应链之间的竞争在某种程度上也体现为质量的竞争，而且随着人们生活水平的提高，消费者对于产品质量的要求也越来越高，新鲜度、外观整齐度以及产品的可溯源都是消费者进行选择时的衡量标准。供应链最终面对的对象是消费者，因此满足消费者的需求是供应链所追求的目标，这也是链上企业实现更好的价值共创的必要前提。如果平台供应链提供高质量的产品，那么可以提升企业在消费者心目中的形象，提高市场份额，进而实现供应链价值共创能力。基于此，提出假设 1。

假设 1：食品质量安全问题对平台供应链价值共创有正向相关关系。

（2）供应链合作伙伴关系和平台供应链价值共创

以往，合作伙伴之间可能被看作竞争或者是对手的关系，上、下游企业会为追逐自身利益最大化而使集体利益造成损失。在供应链的环境下，上、下游企业之间不再是对手关系，而是合作关系，它们通过良好的合作来实现双方或者多方共赢从而使整个供应链价值达到最大化。根据对以往文献的梳理可以发现，供应链合作伙伴关系一般包括成员间的信任、承诺（供应链成员关系努力的意愿)、信息共享以及依赖性等。良好的供应链合作伙伴关系可以实现资源的整合，以此来减少相关设施、设备的投入，扩大资源的共享程度，弥补各方资源、能力的缺陷，降低企业的风险，实现价值共创。此外，长期稳定、相互信赖的合作关系，减少了企业间不必要的沟通成本和搜寻成本，使整个供应链条的价值实现增值。由此分析提出假设 2。

假设 2：供应链合作伙伴关系对平台供应链价值共创具有正向相关关系。

(3) 客户实际体验与平台供应链价值共创

平台客户实际体验是消费者在平台内浏览选购以及接受产品或服务过程中所形成的主观感受，它是除产品或服务本身特性之外的一种伴生产物，甚至会直接体现在消费者的消费行为之中。平台供应链价值是企业创造出来的，消费者只进行价值消耗的说法不再适用，消费者也是价值共创积极的重要参与者。消费者参与供应链价值共创，可以提升客户的体验感，消费者把自己的需求和想法通过互动告知企业，企业再根据消费者所反馈的建议和意见进行平台环境、服务水平的改进，以此来提升客户体验感。从这个角度来看，消费者参与价值共创是提高客户体验感的重要方式。就消费者参与价值创造行为本身来说，它也是一种客户体验，因为消费者除产品外，也注重选择以及使用产品或服务的消费感受。因此，客户体验也是平台供应链价值共创的一个因素。根据以上分析可以提出假设 3。

假设 3：客户实际体验对平台供应链价值共创具有正向相关关系。

(4) 信息技术与平台供应链价值共创

在当今，科学技术高度发达，先进的设计技术和制造技术使得产品的更新速度急剧加快，产品的生命周期越来越短，同时各种技术的进步影响供应链的各方各面。从本质上讲，平台供应链的产生是信息技术发展到一定程度的产物，区块链、移动互联网、云计算以及大数据等信息技术的发展，都为平台企业的顺利运行以及信息共享等方面奠定了可操作的技术基础，便于企业之间的信息集成、资源整合，并降低了因信息滞后失真而造成的损失。先进信息技术的应用可以有效提高供应链的管理效率，减少不必要的资源浪费，并能够在一定程度上提高平台供应链的价值创造能力。基于此，可以提出假设 4。

假设 4：信息技术与平台供应链价值共创具有正向相关关系。

8.3 研究设计

本研究采用问卷调查的方式展开，选取平台供应链行业作为调查对象，针对消费者和平台供应链企业成员进行调研。调查问卷采用李克特五级量表进行评分，1 代表“非常不同意”，2 代表“有些不同意”，3 代表“中立”，4 代表“有些同意”，5 代表“非常同意”。被调查者按照题项进行打分，提前告知被调查者本问卷的回答没有对错之分，通过感知同意和不同意的程度进行评分。问卷共包括 17 个量表题项，详细设计见表 8-1。

表 8-1 问卷量表设计

潜变量	维度	显变量	问卷描述
食品质量安全问题（QS）	新鲜度	QS1	平台供应链为用户提供新鲜的产品
	产品外观	QS2	平台提供的产品具有良好的产品外观
	生产信息可靠性	QS3	平台的产品信息可靠、可溯源
合作伙伴关系（CP）	信任	CP1	平台供应链上下游伙伴间相互信任
	承诺	CP2	平台供应链内成员具有强烈的关系努力意愿
	信息共享	CP3	平台供应链成员之间能够进行信息共享
	依赖性	CP4	平台供应链成员具有强烈的依赖性
客户实际体验（CE）	个性化需求	CE1	平台供应链上的产品具有异质性，能够满足个性化需求
	服务柔性	CE2	平台供应链服务人性化并且具有柔性
	交流互动	CE3	平台供应链的消费者和企业以及消费者之间具有良好交流互动
信息技术（IT）	个性化推荐	IT1	平台供应链可以进行个性化推荐
	交流互动功能	IT2	平台具有很多交流互动功能
	信息共享功能	IT3	平台供应链主体之间具有信息共享技术

续表

潜变量	维度	显变量	问卷描述
价值共创结果（VC）	客户实用价值	VC1	消费者在平台供应链中可以获得想要的产品和服务
	客户社交价值	VC2	在平台进行消费者与企业、消费者间的互动可以赢得尊重以及快乐
	企业价值	VC3	企业间的互动整合可以节约成本、提高效率
	互动价值	VC4	通过企业与消费者的互动可以解决各自的问题

8.4　样本分析

8.4.1　人口统计学分析

本调查问卷主要是通过网络调查和现场调查相结合的方式进行，网络调查主要是通过朋友圈转发，现场调查主要是通过发放纸质问卷。调研对象包括消费者群体，也包括供应链企业参与者。在调研中，事先告诉被调查者的回答没有对错之分，按照自身实际理解进行填写即可。本次调查共发放问卷250份，回收221份，回收率为88.4%；通过筛选，将没有参与过平台供应链的问卷去除，最终得到有效问卷187份，总有效率为74.8%。从性别上看，男性被调查者79人，占比42.2%，女性被调查者108人，占总数的57.8%。从年龄上看，中青年所占的比例较大，20~50岁的占89.3%，50岁以上的占10.7%。这种现象出现的原因是50岁以上的人接触平台供应链比较少，也可以说平台供应链的主要受众为中青年人群，这主要是由平台供应链本身性质所决定，它是一种以信息技术为支撑的新型商业模式，一方面年轻人对于新鲜事物的接受能力比较强，另一方面中青年人群对网络技术相关操作比较熟悉。

8.4.2　信效度分析

信度考察的是量表里面所有题项的一致性，而效度是具体考察每一个题项的能效性，即每一个题项对于量表而言是否发挥了重要作用。以下是对量表的信效度分析。

（1）信度分析

样本的信度分析也叫作可靠性分析，主要用来评估量表的可靠性，即样本是否真实作答量表类题项。量表的信度越高，表明量表越稳定，结果是真实有效的。衡量样本信度的方法有很多，比如 Cronbach 信度、折半信度、相关分析等，其中常见也是广泛使用的是 Cronbach α 系数，该系数的取值范围在 0~1 之间，系数值越大越好。如果 Cronbach α 系数值大于 0.6，一般说明量表的信度可以接受，当系数在 0.7 以上时，表明量表信度良好。一般情况下，当量表的可靠性非常低时，应当舍弃；当量表的可靠性较低时，应当对量表进行改动，重新编制；当量表可信或者非常可信时，说明量表的质量比较高，可以反映所要测量的信息。

本研究通过 SPSS 22.0 对量表信度进行分析，结果总体内部一致性 Cronbach α 系数为 0.960，其中食品质量安全问题、供应链合作伙伴关系、客户实际体验、信息技术以及价值共创结果的 Cronbach α 系数分别为 0.843，0.895，0.856，0.868，0.864，这些系数都大于 0.7，表明量表的信度是非常高的。量表信度的分析值见表 8-2。

（2）效度分析

样本的效度分析一般用 KMO 检验和巴特利球体检验。KMO 检验统计量用于比较变量间简单相关系数和偏相关系数的指标，主要应用于多元统计的因子分析，它的取值在 0~1 之间。当所有变量间的简单相关系数平方和远大于偏相关系数平方和时，KMO 值越接近 1，表示量表中各变量间的相关性越强，越适合进行因子分析；反之，KMO 值越接近 0，就意味着变量间的相关性越弱，越不适合进行因子分析。一般情况下，当 KMO 值大于 0.5 时，即可进行因子分析，而本次的 KMO 值大于 0.5，说明本调查问卷的样本数据基本适合进行因子分析。

通过运用 SPSS 22.0 对量表效度进行分析，总体变量的 KMO 值为 0.927，其中各维度变量的值都在 0.719~0.829，并且巴特利球体检验显著性 p 值为 0（小于 0.005 为合格），这表明各变量效度显著，可以进行因子分析。量表效度见表 8-2。

表 8-2　量表的信度、效度

潜变量	显变量	标准化因子载荷系数	标准化项的 Cronbach α 系数	KMO 值
食品质量安全问题	QS1	0. 701	0. 843	0. 727
	QS2	0. 804		
	QS3	0. 810		
合作伙伴关系	CP1	0. 864	0. 895	0. 829
	CP2	0. 765		
	CP3	0. 819		
	CP4	0. 804		
客户实际体验	CE1	0. 802	0. 856	0. 719
	CE2	0. 834		
	CE3	0. 876		
信息技术	IT1	0. 766	0. 868	0. 739
	IT2	0. 844		
	IT3	0. 798		
价值共创结果	VC1	0. 784	0. 864	0. 732
	VC2	0. 790		
	VC3	0. 835		
	VC4	0. 692		

注：基于标准化项的总体内部一致性 Cronbach α 系数为 0. 960，总体变量的 KMO 值为 0. 927。

8. 4. 3　结构方程分析

结构方程模型是一种验证性的多元统计技术，能够同时考虑并处理多个因变量，并检验多维变量之间的依赖关系，容许自变量和因变量含有测量误差并允许更具弹性的模型设定，为理论模型的检验与修正提供了一个有效的分析工具。本研究主要采用结构方程模型，运用 AMOS. 22 对假设模型进行验证，采用极大似然估计法来计算模型的路径系数和各项拟合指标。常用的结构方程拟合指标包括卡方检验、标准拟合指数（NFI）、比较拟合指数

（CFI）、残差均方根（RMR）、拟合优度指数（GFI）、调整拟合优度指数（AGFI）、近似均方根误差（RMSEA）和 Tucker-Lewis 指数（TLI）。假设模型的各项拟合指标的运算结果如表 8-3 所示，那么本研究的假设模型与数据的拟合程度就较好。

表 8-3　模型拟合指标

拟合指标	拟合指标结果	建议标准
χ^2/df	1.170	<3.00
CFI	0.998	>0.90
NFI	0.953	>0.90
GFI	0.936	>0.90
AGFI	0.811	>0.80
RMSEA	0.028	<0.05
RMR	0.063	<0.10
TLI	0.996	>0.90

本研究模型的路径系数检验结果见表 8-4。其中第一列数据为标准化的路径系数，p 值中，*代表 $p<0.05$，**代表 $p<0.01$，***代表 $p<0.001$，可以看出各路径系数的 p 值都在 0.01 以下，表示食品质量安全问题、供应链合作伙伴关系、客户实际体验以及信息技术对于平台供应链价值共创的影响都是显著的。

表 8-4　路径系数检验

标准化估计				p 值
VC	←	QS	0.189	***
VC	←	CP	0.278	***
VC	←	CE	0.419	***
VC	←	IT	0.161	**
QS3	←	QS	0.472	***
QS2	←	QS	0.581	***

续表

标准化估计				p 值
QS1	←	QS	0. 559	* * *
CP4	←	CP	0. 528	* * *
CP3	←	CP	0. 589	* * *
CP2	←	CP	0. 468	* * *
CP1	←	CP	0. 573	* * *
CE3	←	CE	0. 411	* * *
CE2	←	CE	0. 488	* * *
CE1	←	CE	0. 429	* * *
IT3	←	IT	0. 692	* * *
IT2	←	IT	0. 719	* * *
IT1	←	IT	0. 449	* * *
VC4	←	VC	0. 589	* * *
VC3	←	VC	0. 591	* * *
VC2	←	VC	0. 533	* * *
VC1	←	VC	0. 492	* * *

注：←代表影响路径。

最终模型路径图如图 8-2 所示，对于假设 1，食品质量安全问题对价值共创结果的标准化影响路径系数为 0. 189，$p<0.001$，即食品质量安全问题与平台供应链价值共创呈正向相关关系且影响显著。除此之外，还要求误差变异必须达到显著水平，即 t 值大于 1. 96，该路径的 t 值为 3. 342。所以，综合以上的分析，假设 1 是成立的。对于假设 2～假设 4 的分析也如同假设 1 所示，因此可知供应链合作伙伴关系、客户实际体验、信息技术因素对平台供应链价值共创也是显著的影响因素。各项假设的验证结果见表 8-5。

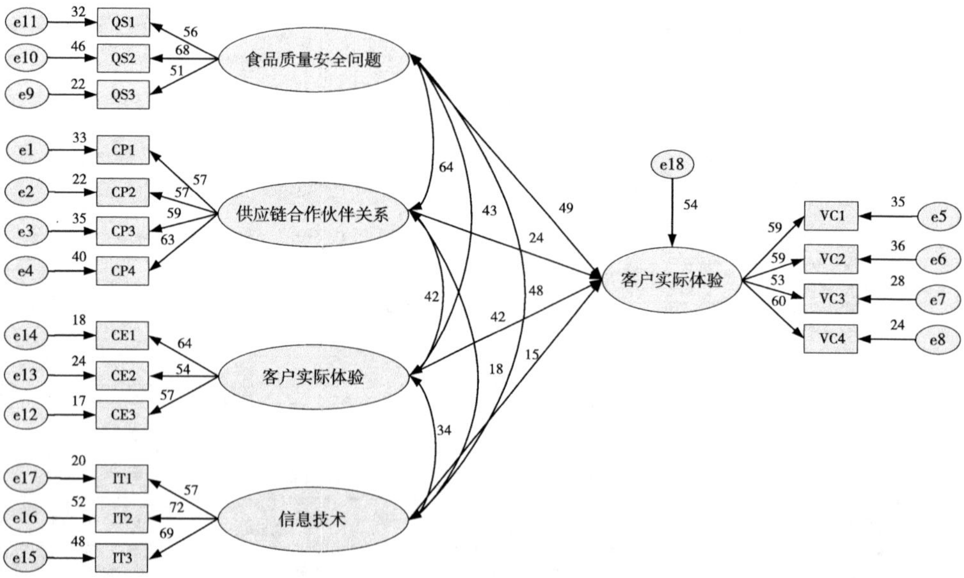

图 8-2　最终模型路径图

表 8-5　研究假设结果

研究假设	路径关系	标准化路径系数	t 值	p 值	检验结果
假设 1	食品质量安全问题→价值共创结果	0. 189	3. 342	* * *	接受
假设 2	供应链合作伙伴关系→价值共创结果	0. 278	5. 312	* * *	接受
假设 3	客户实际体验→价值共创结果	0. 419	4. 578	* * *	接受
假设 4	信息技术→价值共创结果	0. 161	7. 734	* *	接受

8. 5　社区电商平台供应链价值共创绩效影响因素结论

既往的研究表明，价值共创是需要企业和消费者共同参与的，消费者不再只是价值的接受者和消耗者，他们也是价值的重要创造者。价值创造是一种复杂的行为，受到多因素的影响[24]。通过梳理以往的文献，得出了食品质量安全问题、合作伙伴关系、客户实际体验、信息技术是供应链价值共创的影响因素，并用结构方程进行了验证。通过文献分析法和实证研究相结合的方法，得出了以下结论，希望能够对社区电商平台企业的发展提供良好的建议。

（1）供应链价值创造能力的大小和供应链提供产品的质量安全问题有很大的关系。究其原因，一方面新鲜可靠的产品会增加供应链企业之间的相互依赖性，供应商和平台企业由此可以避免不必要的因产品质量所产生的矛盾，形成固定的合作伙伴关系；另一方面也是最重要的一个原因，消费者是供应链中产品的末端接受者，所有产品在抵达消费者手中才能完成价值的实现，产品质量的优劣直接影响消费者对于产品的实用价值和体验价值的感知。当购买到质量差的产品时，消费者除申请赔偿外还会降低对于该种商品甚至是整个平台的满意度，减少回购率。除此之外，还有可能会在平台评论区发表评价或者告知身边的其他消费者，进而影响其他消费者对于产品或平台的好感度，最终影响平台供应链的销量以及价值创造能力。

（2）供应链企业合作伙伴的关系以及企业与消费者的关系会对平台供应链价值创造能力产生影响。供应链合作伙伴关系对每个企业的价值和影响力是不言而喻的，整个供应链的物流、商流、信息流和资金流都对企业的运营有重大影响。在合作、互信、共赢的基础上，建立起多样化、个性化相结合的良好和谐的供应链合作伙伴关系，可以使企业处于有利的市场竞争地位，使得企业权益最大化或者成本最小化。在供应链中独木不成林，一个企业的资源和能力无法完成全部过程，要使供应链进程顺利进行，需要节点企业之间进行资源整合来实现协同。整合的资源包括信息资源、物流资源以及关系资源，通过资源的整合来减少相关设施、设备的投入，扩大资源的共享程度，弥补各方资源、能力不足的缺陷，降低企业的风险，实现价值共创。长期稳定、相互信赖的合作关系，减少了企业间不必要的沟通成本和搜寻成本，使整个供应链的价值实现增值。

（3）客户体验就是企业以服务为舞台，以商品为道具，围绕着消费者，创造出值得消费者回忆的活动。无论是对什么类型的企业，客户都是最终的服务对象，企业客户实际体验现在已经成为企业竞争的又一个战场，只有提升客户体验，才能使客户满意，进而获得客户忠诚，企业的“用户体验”越好，用户回访的概率越大，就越有可能成为常青树，在激烈的竞争中长期立于不败之地。消费者获得良好的客户体验才能进行重复购买。良好的客户体验还会激发消费者向其他消费者进行产品或者平台推荐的可能性，并通过交互为他人解决相关难题，还能获得交互乐趣以及社会价值[25-26]。因此，客户实际体验对于平台供应链价值共创的影响，一是体现在消费者自身的回购之中，二是体现在推荐产品和平台之中，三是体现在心理体验价值上。

（4）平台供应链本身是信息技术发展到一定程度的产物，平台中的信息共享和个性化推荐以及交流互动都依赖于信息技术来实现，不管是企业与企业、企业与消费者或者是消费者与消费者，都是信息技术把双方连接在一起，实现共同参与价值共创。

本章参考文献

[1] VARGO S L, LUSCH R F. Evolving to a New Dominant Logic for Marketing [J]. Journal of Marketing, 2004, 68 (1): 1-17.

[2] 张培，刘凤．基于多主体的价值共创过程机理：以广东品胜电子股份有限公司为例［J］．中国科技论坛，2016（12）：154-160.

[3] 万骁乐，郝婷婷，戎晓霞，等．共创视角下考虑开放式创新的供应链价值创造研究［J］．中国管理科学，2017，25（7）：57-66.

[4] 陈静怡．O2O商业生态系统下零售行业多元价值共创实现机理研究：以永辉超市为例［J］．北京科技大学学报（社会科学版），2021，37（1）：74-83.

[5] 张秀妮．基于价值共创的平台企业商业生态系统演化研究［D］．秦皇岛：燕山大学，2020.

[6] 杨路明，张惠恒，许文东．服务主导逻辑下价值共创影响研究：平台能力的中介作用［J］．云南财经大学学报，2020，36（5）：76-91.

[7] 周晓东．供应链整体绩效影响因素及优化措施［J］．中南民族大学学报（人文社会科学版），2004（S1）：41-42.

[8] 吴竞鸿．基于区块链技术的自治型生鲜电商供应链管理研究［J］．大理大学学报，2020，5（1）：123-128.

[9] VAN DER VORST, BEULENS J A J M, VAN BEEK P. Modelling and Simulating Multi-Echelon Food Systems [J]. European Journal of Operational Research,

2000, 122 (2): 354-366.

[10] GEORGE J, PILLAI V M. A study of factors affecting supply chain performance [J]. ICAME, 2019 (2): 018018-012018.

[11] 昝梦莹, 陈光, 王征兵. 我国生鲜电商发展历程、现实困境与应对策略 [J]. 经济问题, 2020 (12): 68-74.

[12] MOAZZAM M. Measuring agri-food supply chain performance and risk through a new analytical framework: a case study of New Zealand dairy [J]. Production Planning & Control, 2018, 28 (15): 1258-1274.

[13] WALTER O, MANOJ D, ADRIENN M. Performance perceptions among food supply chain members A triadic assessment of the influence of supply chain relationship quality on supply chain performance [J]. British Food Journal, 2016, 118 (7): 1783-1799.

[14] YADAV S, GARG D. Development of IoT based data-driven agriculture supply chain performance measurement framework [J]. Journal of Enterprise Information Management, 2020, 34 (1): 292-327.

[15] YADAV S, GARG D. Implementing technology to improve stakeholder fairness perception [J]. 18th International Symposium on Horticultural Economics and Management, 2016 (1132): 105-112.

[16] KAIPIA R. Creating sustainable fresh food supply chains through waste Reduction [J]. International Journal of Physical Distribution & Logistics Management, 2013, 43 (3): 262-272.

[17] YEH T M, PAI F Y, WU L C. Relationship Stability and Supply Chain Performance for SMEs: From Internal, Supplier, and Customer Integration Perspectives [J]. Mathematics, 2020, 8 (11): 1902.

[18] 张艳, 王淑云. 考虑控制力的生鲜品供应链绩效比较 [J]. 公路交通科技, 2020, 37 (9): 139-147.

[19] 符少玲. 农产品供应链整合与质量绩效 [J]. 华南农业大学学报 (社会科学版), 2016, 15 (3): 10-18.

[20] 赵京芳. 动态能力对农产品供应链绩效的影响分析 [J]. 商业经济研究, 2017 (20): 131-134.

[21] 谭丹. 集成化农产品绿色供应链动态联盟的利益分配机制构建 [J]. 商业经济研究, 2015 (32): 14-16.

[22] 李智慧, 沈志锋, 焦媛媛. 社交支持对早期用户的新产品采纳意愿影响研究: 基于同侪影响和感知价值的多重中介效应 [J]. 科学学与科学技术管理, 2019, 40 (11): 82-97.

[23] VARGO S L, LUSCH R F. Institutions and axioms: an extension and update of service-dominant logic [J]. Journal of the Academy of Marketing Science, 2016, 44 (1): 5-23.

[24] 王玖河, 刘琳. 顾客参与价值共创机理研究: 基于结构方程模型的量化分析 [J]. 企业经济, 2017, 36 (2): 73-81.

[25] 方倩, 罗明宇, 胡守忠. 基于价值共创的服装新型社群平台运行模型构建 [J]. 丝绸, 2020, 57 (8): 57-69.

[26] 王松, 王金龙, 李芳. 价值共创视角下个性化推荐用户满意度的形成机理研究 [J]. 商业经济研究, 2020 (23): 68-71.

第 9 章

基于区块链的社区电商平台供应链价值共创优化策略研究

社区电商平台销售商品多为果蔬、肉类和水产品等生鲜产品，所以社区电商平台也可以称为社区生鲜电商平台或生鲜农产品电子商务平台，是以信息技术为基础的电子商务平台，将生鲜产品进行零售交易的模式、业态或企业活动[1]。据《2020 中国农产品电商发展报告》中数据显示，我国 2017—2019 年生鲜电商交易额分别为 1418 亿元、2158 亿元和 3506 亿元。随着交易额的剧增，一边是生鲜电商企业“井喷”，一边又存在生鲜电商“死结”。生鲜电商发展的 15 年中，每年都会有 20 多家生鲜电商亏损倒闭，2019 年就有易果生鲜、迷你生鲜和鲜来多等 27 家电商因亏损倒闭。生鲜电商快速扩张，其供应链协作差、诚信体质缺失、产业链长且损耗大等问题存在，没形成产业链、供应链、价值链、区块链四链为主的“网链”，进而影响企业经营和生鲜供应链的整体绩效。生鲜电商供应链价值共创绩效提升与健康发展成为亟待解决的问题。

目前，以价格折扣和配送服务为核心竞争力，不足以支撑生鲜社区电商长远发展。2019 年《数字乡村发展战略纲要》强调了区块链对生鲜农产品电商推动作用；2020 年“中央一号文件”重点关注区块链在农业领域应用[2]。社区电商企业的竞争核心在于其背后供应链的强弱，区块链技术能够解决社区电商供应链中成员信息不对称、产品质量安全和物流服务质量等内外部绩效影响因素。区块链技术的信息共享、智能合约和可追溯等特性与社区电商供应链整体绩效提升需求存在多重耦合，对社区电商提高效益和健康发展具有重要意义。

食品质量安全问题、供应链合作伙伴关系、供应链协作与整合、客户实际体验和信息技术等内外部因素的正向优化，可实现生鲜电商供应链产品质量安全可控、物流信息可追溯、促进企业关系质量提升、资源整合和利益分配等需求，提升生鲜电商供应链整体绩效。

本章从区块链技术应用于社区电商供应链提升价值共创绩效出发，通过分析已有生鲜电商供应链和区块链相关文献，总结区块链技术特征与生鲜电商价值共创绩效提升需求之间耦合特征，并设计基于联盟链的社区电商供应链信息平台，实现社区电商供应链各成员价值共创绩效提升需求，促进社区电商供应链价值共创绩效提升。

9.1 区块链技术在电商供应链中的应用相关研究

区块链技术具有去中心化、公开透明、数据不可篡改、安全可信、匿名性、可追溯等特性，被广泛应用于金融、教育、医疗和供应链管理等领域。作为比特币的底层技术，区块链实质上是按时间顺序将一个个数据区块链接而成的链状数据结构，一种密码学保证的不可篡改、安全、透明的去中心化的分布式数据库或电子账簿[3]。数据区块主要由区块头与区块体共同组成，区块头包含版本号、区块的哈希值、前一区块的哈希值、前区块共识过程的解随机数、时间戳和 Merkle 树节点。区块体包括当前交易记录及之前所有验证成功的交易记录[4]。关于区块链技术在生鲜农产品供应链中的应用研究分为四个方面。

（1）生鲜品安全溯源体系研究

是目前区块链与生鲜供应链结合最多的领域。周雄和郑芳（2019）针对目前食品监管改革后的全产业链管理，构建了以电商平台为核心的四层次（物理层、核心层、数据层、应用层）体系框架，并分析了追溯运作流程[5]；Salah Khaled 等（2019）提出了一种基于以太坊区块链的农产品供应链大豆的跟踪与追溯技术，利用智能合约来控制和管理所有参与者的交易和交互[6]；霍红和詹帅（2019）提出将区块链技术应用在农产品集成供应链内外部，构建全过程监控体系[7]；Naif Alzahrani 等（2020）提出了一种利用 NFC 和区块链技术的分散防伪供应链[8]。

（2）生鲜农产品供应链物流流通方面

生鲜电商供应链对物流效率要求严格是另一研究热点。李萍（2020）针对我国生鲜农产品流通效率低、时效可控度低、流通成本高等制约因素，设计了初始层、中间层和消费层三层区块链部署，并通过实证研究以仿真验证了方案可行性[9]；Park K. O.（2020）探究了区块链技术在物流业中应用的影响因素，并指出区块链技术是供应链物流更加高效和有竞争力[10]；梅宝林（2020）立足农村农产品冷链物流，基于区块链技术，构建了包含从产地到销售全过程的冷链物流模式[11]。

（3）供应链金融方面应用

万海霞和孙旭（2017）通过分析生鲜农产品供应链金融特征，结合区块链技术特征，构建了生鲜农产品供应链金融信用体系理论框架[12]；唐丹和庄新田（2019）基于区块链技术针对供应链金融信贷问题，构建了区块链债转平台，通过报童模型对比传统模式的优劣，并通过数值分析验证区块链债转平台优势[13]；Jeffrey Gauthier（2020）系统地研究了基于区块链智能合约技术的保理业务模型，提出了设计操作简单、操作成本低、融资优势方便的供应链“智能保理”系统[14]。

（4）生鲜供应链绩效方面

大多是对于区块链加入供应链后带来的各种效率提升实证研究。Madhavi Latha Nandi（2020）目前支持区块链技术的供应链系统的工作更侧重于提高业务层面的能力（信息共享和协调能力），而不是战略层面的能力（整合和协作能力），如质量合规和改进、流程改进、灵活性、降低成本和减少流程时间，从而提高其供应链绩效[15]；龙蔚等（2020）分析了农产品上行中的阻碍，并通过回归模型分析区块链技术对于顾客网购买生鲜品的意愿影响，得出区块链技术可以增加消费端热情，提高农产品上行[16]。结合以上文献发现区块链技术在生鲜电商供应链中的应用具备了良好的基础，但是对于区块链研究成果大都在完善阶段，落地实施性不强。

综合分析上述文献发现：

（1）区块链技术特征与生鲜电商供应链价值共创绩效提升需求存在多重耦合，区块链在生鲜电商供应链局部应用研究已有部分成果，例如质量安全追溯体系、物流流通体系优化和融资信用体系的优化，但成果大都在完善阶段，落地应用较少。

（2）国内外学者对于区块链技术以及生鲜电商供应链绩效实证研究，为本文基于区块链技术集成与协调全链，提升生鲜电商供应链整体绩效水平，提高供应链盈余，奠定了理论基础。

9.2 基于区块链的社区电商平台供应链价值共创优化模型

9.2.1 区块链技术与价值共创绩效影响因素耦合分析

社区电商供应链价值共创绩效受多因素影响，由第 8 章的分析发现食品质量安全问题、供应链合作伙伴关系、供应链协作与整合、客户实际体验和信息技术等内外部因素影响社区电商供应链价值共创绩效的提升。本研究以外部驱动因素客户和内部驱动因素中合作伙伴、成本和信息为基础，选取质量安全、物流可溯、关系质量、资源整合和利益分配等影响因素，并与区块链技术特征的耦合进行分析。社区电商供应链中的客户是供应链利润的来源和市场风向标，客户对于产品的质量、服务的柔性和实际体验是价值共创绩效的主要影响因素；合作伙伴的关系质量对价值共创绩效影响显著，供应链中伙伴的关系是合作共赢，并具有降低成本、提升利润、预测准确性和库存控制等优势，可保持供应端稳定性，为供应链带来可持续性；成本是社区供应链中的重要投入，生鲜品的流通成本、经营成本和损耗等都是影响价值共创绩效的重要因素；信息共享是社区电商供应链关键竞争力，信息共享可以减少生鲜供应链不确定性，提高敏捷性，减弱信息不对称，提高信任水平，提高社区电商供应链效率与绩效。

根据对参与节点的限制，区块链可以大致分为三种类型：一是公有链，类似比特币区块链，每个人都可以参与检查交易、获取共识和匿名验证；二是私有链，根据私有组织规则制定，读写和共识都需要组织授权；三是联盟链，类似 China Ledger 和 Hyper Ledger，根据联盟规则制定读写权限与获得共识过程，链中的数据可以是公开，也可以私有，限于联盟成员使用。

目前，联盟链适用于社区电商供应链，区块链技术具有去中心化（全部网络节点权利义务平等，共同共享和维护数据库）、数据不可篡改（非对称加密和共识机制保证了数据的安全不可篡改，需要控制 51% 的节点才可伪造数据）、安全可信（采用密码学中哈希算法、电子签名和数字证书等技术保障区块交易数据安全）、智能合约、可追溯等特性，社区电商供应链的绩效优化需求（质量安全、物流可溯、关系质量、资源整合和利益分配）与区块链技术特征（智能合约、信息共享、数据不可篡改、可追溯和去中心化）存在多重耦合，如图 9-1 所示。将区块链技术应用社区电商供应链中，可弱化信息不对称，提升供应链成员公平性；增强供应链成员间协作，提升供应链稳定性；整合供应商和客户等各节点资源，有助于社区电商形成一体化整合，提升竞争力；信息共享可减少社区电商供应链不确定性，增强客户黏性，形成品牌化的标准，促进社区电商供应链的集成化，社区电商的价值共创整体绩效得以提高。

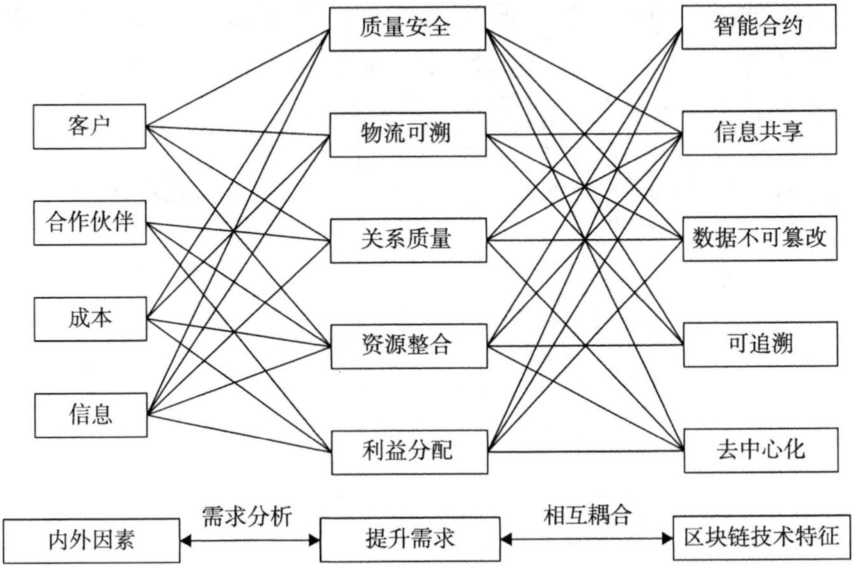

图 9-1　区块链技术特征与社区电商供应链价值共创绩效影响因素耦合

9.2.2　社区电商平台供应链区块链信息平台模型构建

为了解决社区电商供应链绩效提升阻碍问题，促进社区电商供应链整体绩效提升和可持续性发展，借助区块链技术构建区块链信息平台，助力社区电商供应链走向集成化、标准化和一体化的高阶模式。

联盟链是由多个主体、机构或企业共同组织管理的区块链，其中记账节点是事先预选好的，新块的生成由预选的节点共同验证记录。虽抛弃完全去中心化，但更加符合行业需求，基于拜占庭共识算法，系统的记录交易速度快；群体中需由每个成员共同同意，才可以建立自己的制度准则。在社区电商供应链领域，区块链系统由数据层、网络层、共识层、合约层和应用层五个层级机构而成，本研究只对于其中四个层级（应用层、合约层、网络层和数据层）进行设计，区块链信息平台的基础构架如图 9-2 所示。应用层是对于用户追溯查询、供应链成员（生产商、物流商和生鲜电商等）管理和查询信息以及监管部门检查的客户端封装；合约层是各种企业、政策和法律等智能合约，还包括脚本代码和算法等自动执行合约以及可编程的基础；网络层中 P2P 网络结构是分布式储存的基础，还具有向全网广播新的交易数据和区块的传播机制以及根据事先预定好的协议执行的验证机制；数据层的数据区块主要由区块头与区块体共同组成，区块头包含版本号、区块的哈希值、前

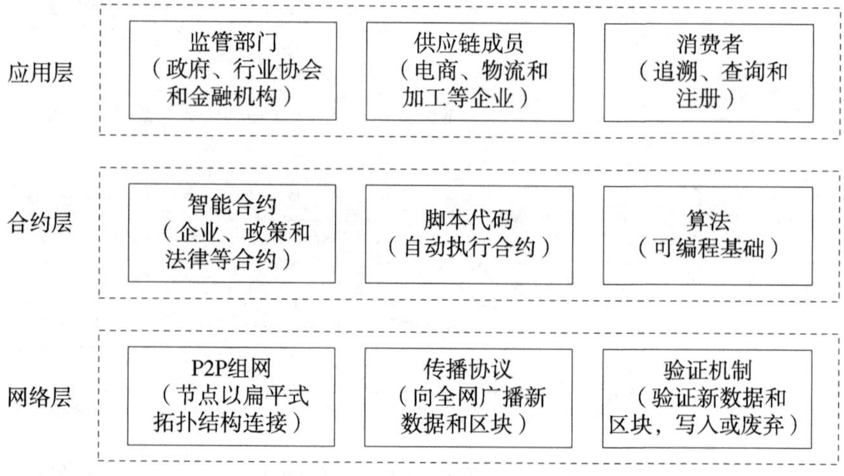

图 9-2　区块链信息平台基础构架

一区块的哈希值、前区块共识过程的解随机数、时间戳和 Merkle 树根节点，区块体包括当前各企业交易记录及之前所有验证成功的信息和交易记录，是数据不可篡改和可追溯的基础。

社区电商供应链的参与主体有生产商（个体农户、生鲜基地等）、加工企业、批发商、物流企业、社区电商平台企业和消费者等。目前社区电商企业众多，有 O2O 模式的盒马生鲜和社区拼团类美团优选等电商模式。如蝌蝌精选生鲜电商供应链环节，是由供应商（生鲜基地、厂商和经销商等）将货物运送到电商企业仓库，电商企业完成物流配送。大多数社区电商供应链如图 9-3 所示。

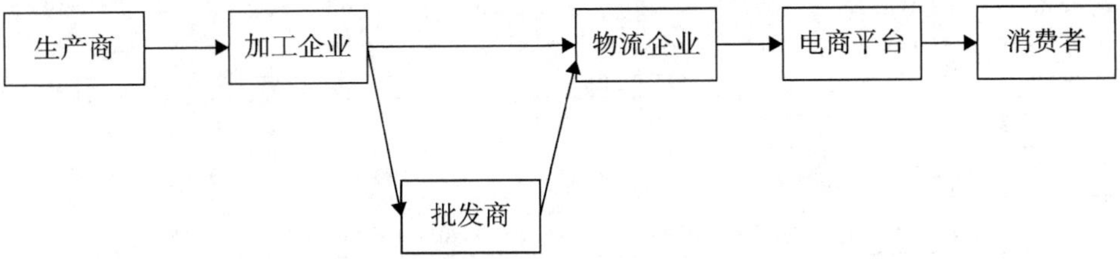

图 9-3 生鲜电商供应链

目前社区电商对供应链上游控制力薄弱，供应端多以农户和农业合作社为主，信息化水平不高，生产标准化和产品质量难以保证；生鲜品流通过程中，包装和物流成本较高，生产商和批发商大多数自己承担物流部分，物流企业也呈现多、小、散的现象，无法形成协同发展的局面，制约冷链运营效率；社区电商供应链中各主体权利与信息不对称，缺乏信任机制和信息共享，合作伙伴关系质量不高，缺乏整合和协调能力；客户实际体验较差，对于生鲜品价格接受能力不强，价值观念须转化。联盟链十分契合生鲜电商供应链协调、整合、标准化和集成化的发展方向，故构建基于联盟链的社区电商区块链信息平台，实现产品质量可控、物流可追溯、构建信任桥梁、信息共享和利益合理分配等，提高社区电商供应链绩效，如图 9-4 所示。

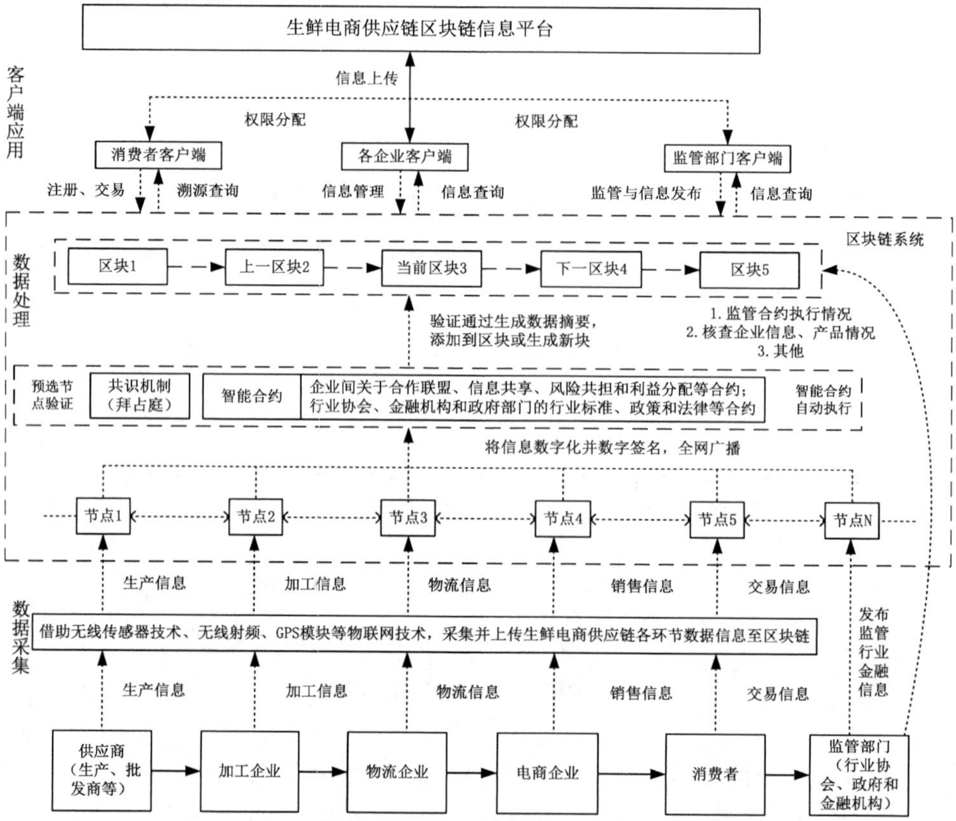

图 9-4　基于联盟链的社区电商供应链区块链信息平台

社区电商供应链区块链信息平台的构建，须联合供应链各构成主体（供应商、加工企业、物流企业和电商企业等）、生鲜行业协会、政府监管部门和金融机构等，由社区电商核心企业带头组织构建多类型企业和部门为节点的联盟链。区块链信息平台分为三个阶段，即数据采集、数据处理和客户端应用。

数据采集阶段：根据统一标准、各种企业制度和合约，各社区电商供应链主体将生产信息（产品品种、生长环境、施药情况和生长时间等）、加工信息（加工单位、加工流程和检疫结果等）、物流信息（承运单位、车辆信息、配送路径、车厢温度和预计时间等）、仓储信息（产品数量、储存时间、储存湿度、温度和产品新鲜度等）、销售信息（销售时间、销售价格、销售数量和产品保质期等)、交易信息（消费者下单时间、支付信息和购买品类等）通过物联网技术（无线传感器、无线射频和 GPS)、视频监控和二维码等技术实现信息采集和上传，各主体在区块链中以 P2P 组网分布式链接，信息上传后全网广播，验证通过后数据分布式储存在每一个节点中，每个阶段的可以生成 RFID 标签或二维码，方便数据采集与查询；去中心化和分布式储存的方式，使传统的信任机制从信任人到信任机器。

数据处理阶段：企业通过各自控制的节点上传企业内部能力、生鲜品和交易等信息，经哈希运算生成数字摘要，将信息数字化。节点将数字摘要进行数字签名并广播全网，其他节点通过哈希算法生成摘要对比解密的数字摘要，验证信息真实性；通过拜占庭共识算法，预备、准备和提交三阶段共识，验证节点加盖时间戳后，将验证成功的数据录入区块链；数据验证成功后，系统智能合约将自动执行所有通过验证的协议（包括成交价格、利益分配和风险共担等协议)；非对称加密、哈希算法和共识机制，实现了信息不可篡改、安全可信，区块的链式结构、时间戳和 Merkle 树等提供了从源头到终点的数据溯源可能。

客户端应用阶段：客户端的应用服务于消费者、企业和监管部门等，各参与主体通过注册获得公钥和私钥，并分配不同的权限。消费者可以通过客户端进行产品信息溯源，监控区块链网络的运行，对卖家进行信用评级等；各企业可以管理和发布企业信息，进行信息共享、协调和整合企业运营，整合资源形成快速重组、反应式供应链；智能合约运用可以减少企业间交易成本和促进企业间长期契约关系的建立。监管部门通过客户端监管和抽查生鲜品是否符合标准，对企业信用进行监管和监督智能合约的签署，必要时强制执行利益共享和风险共担等智能合约的实施。

联盟链的信息可追溯、智能合约、信息共享等技术特征，可促进社区电商横向整合，纵向协调，向集成化和一体化方向发展，提升整体绩效。首先，联盟链创始成员（核心企业、各部门和机构等）一起制定社区电商供应链战略目标，并生成智能合约加入区块链。即，制定统一的行业标准、企业运作制度（利益分配制度和奖惩制度)，以及协作、整合程度和范围，以满足顾客个性化需求与消费体验为根本，实现顾客价值最大化。其次，借助区块链去中心化、分布式储存和共识机制等特性，实现社区电商供应链各主体间信任桥梁的构建，促进社区电商供应链各环节的横向整合，在减少无序竞争的同时，各种资源和信息集成共享，形成规模化经营，还可获得规模经济效应以及提高竞争地位；通过区块链提供的信任机制和信息共享，社区供应链各构成主体企业可以纵向协调，不同互补能力的企业联合并签订契约，在竞争中环境中获得优势，并实现共同愿景和目标。最后，根据制定的统一行业标准和制度规范，运用区块链技术的数据不可篡改、可追溯、信息共享、智能合约和共识机制构建的区块链信息平台，实现社区电商供应链产品质量安全控、物流信息可追溯、促进企业关系质量提升、资源整合和利益分配等需求，提升社区电商供应链整体绩效。

9.3 应用区块链前后社区电商平台供应链价值共创绩效分析

在本节中，为了研究社区电商供应链应用区块链信息平台（BIP）前后供应链利润的变化，将社区电商供应链简化为由社区供应商和电商平台组成的二级供应链。在这个二级供应链系统中，供应商拥有生鲜品的鲜活度和生产时间等一手消息，会存在谎报产品信息行为，以获得更多的订单。本研究以生产商为领导者、电商平台为跟随者的分散式供应链为研究对象。在斯坦克尔伯格博弈模型中，不使用 BIP 时，供应商发布质量安全可靠度为 β 的生鲜品，将批发价格 ω 以及谎报生产时间 γt 等信息报给电商平台，电商平台根据批发价格 ω 制定订货量 Q ，然后制定零售价格 P 。

9.3.1 变量说明

社区电商二级供应链作为一个利润系统，追求各自利润最大化，消费者订单量受价格、新鲜度和安全性影响。如图 9-5 所示，相应的基础模型中变量假定为：P 为电商平台的单位零售价格；ω 为供应商提供生鲜品的单位批发价格；c_s 为供应商单位生产成本和运输成本；c_r 为电商平台单位仓储和配送成本；t 为真实生鲜品生产时间（ γ 为谎报因子，$\gamma \in [0, 1]$，则谎报生产时间为 γt ）；$\theta_{(t)}$ 和 $\theta_{(\gamma t)}$ 分别为真实生鲜品新鲜度和谎报行为下产品新鲜度（根据陈化飞[32] 等文献，生鲜品新鲜度 $\theta_{(t)} = 1 - \frac{t^2}{T^2}$ ，$0 \leqslant t \leqslant T$ ，T 为产品生命周期)；β 为生鲜品质量可靠度；c_{os} 和 c_{or} 分别为供应商和电商平台使用 BIP 后的成本；Q 和 Q^o 分别为谎报行为下和真实新鲜度下零售商的订货量；D 和 D^o 分别为谎报行为下和真实新鲜度下市场需求预测；电商平台根据需求预测向供应商订货，故 $Q = D$ ，$D^o = Q^o$ 。

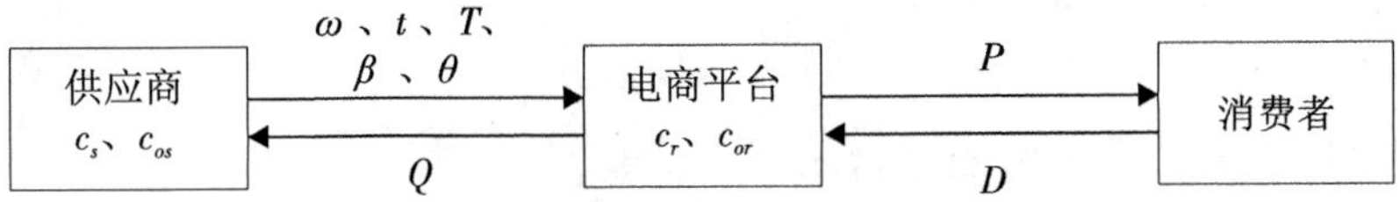

图 9-5　生鲜电商供应决策流程图

在没有使用 BIP 时，供应商谎报新鲜度，产品质量可靠度较低，用 λ 表示可靠度系数（$0 \leqslant \lambda \leqslant 1$）；使用 BIP 后，区块链技术会降低谎报情况，提升信任关系，增加消费者购买力，则可靠度系数 $\lambda^B > \lambda$ 。P^B 为使用 BIP 后电商平台的单位零售价格；ω^B 为使用 BIP 后供应商提供生鲜品的单位批发价格；$Q^B = Q^o$ 为使用 BIP 后电商平台的订货量；π_s 和 π_r 为未使用 BIP 时供应商和电商平台的利润；π_s^B 和 π_r^B 为使用 BIP 后供应商和电商平台的利润。

9.3.2　模型假设

假设 1：供应商为电商平台提供一种生鲜品，有足够的生产能力，双方都以自身利益最大化为目标，且都是风险中性和完全理性。

假设 2：供应链成员存在使用区块链信息平台需求，改善食品质量安全和伙伴关系；消费者愿意为质量安全可靠度高、新鲜度水平高的产品支付合适的费用。

假设 3：生鲜品订单需求受价格、新鲜度和可靠度共同影响，根据曾佑新和 Pan Liu 等文献，假设需求函数 $D = a - bP + \lambda\beta\theta_{(t)}$ ，a 为市场规模，b 为价格敏感系数（ a、b 均为大于 0 的常数，为了计算方便，这里设 a、b 均为 1，则简化需求函数 $Q = 1 - P + \lambda\beta\theta_{(t)}$ ）。

9.3.3 模型建立与求解

（1）未应用 BIP 时决策模型

未应用 BIP 时，供应商向电商平台瞒报生鲜品信息，促使电商平台增加订货量，此时需求函数为

$$Q = 1 - P + \lambda\beta\theta_{(\gamma t)} \tag{9-1}$$

此时供应商和生鲜电商平台的利润函数为

$$\pi_s = (\omega - c_s)Q \tag{9-2}$$

$$\pi_r = (P - \omega - c_r)Q^o - (Q - Q^o)\omega \tag{9-3}$$

基于式（9-1）和式（9-3），通过逆推归纳法解决此问题，首先针对式（9-3）中的 Q 求得二阶导数$\frac{\partial^2\pi_r}{\partial^2 Q}=-2<0$，故存在最优解，令一阶导数$\frac{\partial\pi_r}{\partial Q}=0$，求得最优值为

$$Q^* = \frac{1 + 2\lambda\beta\theta_{(\gamma t)} - \lambda\beta\theta_{(t)} - \omega - c_r}{2} \tag{9-4}$$

$$P^* = \frac{1 + \lambda\beta\theta_{(t)} + c_r + \omega}{2} \tag{9-5}$$

将式（9-4）和式（9-5）代入式（9-2），针对 ω 求二阶导数$\frac{\partial^2\pi_s}{\partial^2\omega}=-1<0$，故存在最优解，令一阶导数$\frac{\partial\pi_s}{\partial\omega}=0$，求得 ω 最优值为

$$\omega^* = \frac{1 + 2\lambda\beta\theta_{(\gamma t)} - \lambda\beta\theta_{(t)} - c_r + c_s}{2} \tag{9-6}$$

将式（9-6）代入式（9-4）、式（9-5），求得最优的订货量和零售价为

$$Q^* = \frac{1 + 2\lambda\beta\theta_{(\gamma t)} - \lambda\beta\theta_{(t)} - c_s - c_r}{4} \tag{9-7}$$

$$P^* = \frac{3 + 2\lambda\beta\theta_{(\gamma t)} + \lambda\beta\theta_{(t)} + c_r + c_s}{4} \tag{9-8}$$

最后将 Q^*、P^* 和 ω^* 分别代入式（9-1）和式（9-2），求出供应商和电商平台各自最优利润和整个链条利润分别为

$$\pi_s^* = \frac{[1 + 2\lambda\beta\theta_{(\gamma t)} - \lambda\beta\theta_{(t)} - c_s - c_r]^2}{8} \tag{9-9}$$

$$\pi_r^* = \frac{[1 - 2\lambda\beta\theta_{(\gamma t)} + 3\lambda\beta\theta_{(t)} - c_r - c_s]^2}{16} + \frac{[\lambda\beta\theta_{(t)} - \lambda\beta\theta_{(\gamma t)}][1 + 2\lambda\beta\theta_{(\gamma t)} - \lambda\beta\theta_{(t)} - c_r + c_s]}{2} \tag{9-10}$$

总利润为

$$\pi = \pi_s^* + \pi_r^* = \frac{[1 + 2\lambda\beta\theta_{(\gamma t)} - \lambda\beta\theta_{(t)} - c_s - c_r]^2}{8} + \frac{[1 - 2\lambda\beta\theta_{(\gamma t)} + 3\lambda\beta\theta_{(t)} - c_r - c_s]^2}{16} + \frac{[\lambda\beta\theta_{(t)} - \lambda\beta\theta_{(\gamma t)}][1 + 2\lambda\beta\theta_{(\gamma t)} - \lambda\beta\theta_{(t)} - c_r + c_s]}{2} \tag{9-11}$$

命题 1：未使用 BIP 时，随着新鲜度 $\theta_{(\gamma t)}$ 提升，供应商的利润 π_s^* 将增加，电商平台的利润 π_r^* 将减少，生鲜电商供应链整体利润 π 减少。

证明：对式（9-9）和式（9-10）求 $\theta_{(\gamma t)}$ 的一阶导数，结合式（9-6）、式（9-7）和式（9-8），可知：

$$Q^o = 1 - 2\lambda\beta\theta_{(\gamma t)} + 3\lambda\beta\theta_{(t)} - c_s - c_r > 0,\ \theta_{(\gamma t)} > \theta_{(t)}$$

$$1 + 2\lambda\beta\theta_{(\gamma t)} - \lambda\beta\theta_{(t)} - c_s - c_r > 0$$

则 $\dfrac{\partial\pi_s^*}{\partial\theta_{(\gamma t)}} = \dfrac{\lambda\beta}{2}[1 + 2\lambda\beta\theta_{(\gamma t)} - \lambda\beta\theta_{(t)} - c_s - c_r] > 0$

$$\frac{\partial\pi_r^*}{\partial\theta_{(\gamma t)}} = \frac{-\lambda\beta}{4}[1-2\lambda\beta\theta_{(\gamma t)} + 3\lambda\beta\theta_{(t)} - c_s - c_r] + 2\lambda\beta[\lambda\beta_{(t)} - \lambda\beta_{(\gamma t)}] - \lambda\beta[1 + 2\lambda\beta\theta_{(\gamma t)} - \lambda\beta\theta_{(t)} - c_r + c_s] < 0$$

$$\frac{\partial\pi}{\partial\theta_{(\gamma t)}} = \frac{-\lambda\beta}{4}[1 - 2\lambda\beta\theta_{(\gamma t)} + 3\lambda\beta\theta_{(t)} - c_s - c_r] + 2\lambda\beta[\lambda\beta_{(t)} - \lambda\beta_{(\gamma t)}] - \frac{\lambda\beta}{2}[1 + 2\lambda\beta\theta_{(\gamma t)} - \lambda\beta\theta_{(t)} - c_r + c_s] < 0$$

故，随着 $\theta_{(\gamma t)}$ 的增大，函数 π_s^* 的值增加、π_r^* 的值减小、π 的值减小，命题 1 得证。

(2) 应用 BIP 时决策模型

当应用 BIP 时，谎报行为将得到解决，而供应商和电商平台所消耗的成本将会降低为 c_s^B 和 c_r^B($c_s > c_s^B$，$c_r > c_r^B$)。此时，电商平台需求函数为

$$Q^B = 1 - P + \lambda\beta\theta_{(t)} \tag{9-12}$$

供应商和电商平台利润函数为

$$\pi_s^B = (\omega^B - c_s^B - c_{os})Q^B \tag{9-13}$$

$$\pi_r^B = (P^B - c_r^B - c_{or} - \omega^B)Q^B \tag{9-14}$$

同样通过逆推归纳法，针对 Q^B 求一阶导数和二阶导数。首先，$\frac{\partial^2 \pi_r^B}{\partial^2 Q^B} = -2 < 0$，故存在最优解，令一阶导数 $\frac{\partial \pi_r^B}{\partial Q^B} = 0$，求得 Q^{B*} 和 P^{B*}。将 Q^{B*} 代入式(9-13)中，针对 ω^B 求其一阶导数和二阶导数，$\frac{\partial^2 \pi_s^B}{\partial^2 \omega^B} = -1 < 0$，故存在最优解，令 $\frac{\partial \pi_s^B}{\partial \omega^B} = 0$，求得使用 BIP 时最优批发价格为

$$\omega^{B*} = \frac{1 + \lambda^B\beta\theta_{(t)} - c_r^B - c_{or} + c_s^B + c_{os}}{2} \tag{9-15}$$

将 ω^B 代入 Q^{B*} 和 P^{B*} 中化简得到最优订货量和零售价格分别为

$$Q^{B*} = \frac{1 + \lambda^B\beta\theta_{(t)} - c_r^B - c_{or} - c_s^B - c_{os}}{4} \tag{9-16}$$

$$P^{B*} = \frac{3 + 3\lambda^B\beta\theta_{(t)} + c_r^B + c_{or} + c_s^B + c_{os}}{4} \tag{9-17}$$

将式(9-15)、式(9-16)和式(9-17)代入式(9-13)和式(9-14)中，求得使用区块链信息平台后供应商的利润和电商平台的利润分别为

$$\pi_s^{B*} = \frac{[1 + \lambda^B\beta\theta_{(t)} - c_r^B - c_{or} - c_s^B - c_{os}]^2}{8} \tag{9-18}$$

$$\pi_r^{B*} = \frac{[1 + \lambda^B\beta\theta_{(t)} - c_r^B - c_{or} - c_s^B - c_{os}]^2}{16} \tag{9-19}$$

生鲜电商供应链整体利润为

$$\pi^{B*}=\frac{3[1+\lambda^B\beta\theta_{(t)}-c_r^B-c_{or}-c_s^B-c_{os}]^2}{16} \tag{9-20}$$

命题 2：随着产品可靠度系数 λ^B 和新鲜度 $\theta_{(t)}$ 的提升，生鲜电商供应链各方利润以及整体利润均增加。

证明：分别针对式（9-18）~式（9-20）求 λ^B 和 $\theta_{(t)}$ 一阶偏导，再结合式（9-16），可以求得：

$$\frac{\partial^2\pi_s^{B*}}{\partial^2\lambda^B}=\frac{\beta\theta_{(t)}}{4}[1+\lambda^B\beta\theta_{(t)}-c_r^B-c_{or}-c_s^B-c_{os}]>0 \tag{9-21}$$

$$\frac{\partial^2\pi_s^{B*}}{\partial^2\theta_{(t)}}=\frac{\lambda\beta}{4}[1+\lambda^B\beta\theta_{(t)}-c_r^B-c_{or}-c_s^B-c_{os}]>0 \tag{9-22}$$

通过观察得 $\frac{\partial^2\pi_r^{B*}}{\partial^2\lambda^B}=\frac{\partial^2\pi_s^{B*}}{2\partial^2\lambda^B}>0$，$\frac{\partial^2\pi_r^{B*}}{\partial^2\theta_{(t)}}=\frac{\partial^2\pi_s^{B*}}{2\partial^2\theta_{(t)}}>0$；$\frac{\partial^2\pi^{B*}}{\partial^2\lambda^B}=\frac{3\partial^2\pi_s^{B*}}{2\partial^2\lambda^B}>0$，$\frac{\partial^2\pi^{B*}}{\partial^2\theta_{(t)}}=\frac{3\partial^2\pi_s^{B*}}{2\partial^2\theta_{(t)}}>0$。故随着 λ^B 和 $\theta_{(t)}$ 值增加，则函数 π_s^{B*}、π_r^{B*} 和 π^{B*} 的值均增加，命题 2 得证。

命题 3：当 $c_{or}+c_{os}<\min(\mu_1,\mu_2)$ 时，应用区块链信息平台，生鲜电商供应链整体及各方利润均有所增加。

证明：$\pi_s^B>\pi_s$，$\pi_r^B>\pi_r$，使用 BIP 后供应商和零售商利润要大于未使用前的利润。

$$\pi_s^B-\pi_s=\frac{[1+\lambda^B\beta\theta_{(t)}-c_r^B-c_{or}-c_s^B-c_{os}]^2}{8}-\frac{[1+2\lambda\beta\theta_{(\gamma t)}-\lambda\beta\theta_{(t)}-c_s-c_r]^2}{8}$$

当 $c_{or}+c_{os}<(\lambda+\lambda^B)\beta\theta_{(t)}-2\lambda\beta\theta_{(\lambda t)}+c_s-c_s^B+c_r-c_r^B=\mu_1$，$\pi_s^B-\pi_s>0$

$$\pi_r^B-\pi_r=\frac{[1+\lambda^B\beta\theta_{(t)}-c_r^B-c_{or}-c_s^B-c_{os}]^2}{16}-\frac{[1-2\lambda\beta\theta_{(\gamma t)}+3\lambda\beta\theta_{(t)}-c_r-c_s]^2}{16}-\frac{[\lambda\beta\theta_{(t)}-\lambda\beta\theta_{(\gamma t)}][1+2\lambda\beta\theta_{(\gamma t)}-\lambda\beta\theta_{(t)}-c_r+c_s]}{2}$$

当 $c_{or}+c_{os}<\lambda^{B}\beta\theta_{(t)}+1-c_{r}^{B}-c_{s}^{B}-$

$$\sqrt{\begin{bmatrix}1-2\lambda\beta\theta_{(\gamma t)}+\\3\lambda\beta\theta_{(t)}-c_{r}-c_{s}\end{bmatrix}^{2}+8\left[\lambda\beta\theta_{(t)}-\lambda\beta\theta_{(\gamma t)}\right]\begin{bmatrix}1+2\lambda\beta\theta_{(\gamma t)}-\\\lambda\beta\theta_{(t)}-c_{r}+c_{s}\end{bmatrix}}=\mu_{2}\text{ 时,}$$

$\pi_{r}^{B}-\pi_{r}>0$。故当 $c_{or}+c_{os}<\min(\mu_{1},\ \mu_{2})$ 时，生鲜电商供应链应用区块链信息平台各方及整体利润提升。

通过博弈分析应用区块链信息平台前后社区电商供应链各成员和整体利润的变化，发现供应商瞒报产品新鲜度信息的行为，会损害电商平台的利润以及供应链整体绩效；当使用区块链信息平台时，应用成本在一定区间内可以提高成员间信任度，增加产品信息可靠度和抑制谎报行为，不仅可以提升供应商和电商平台的利润，社区电商供应链的整体利润也将增加，提升了社区电商供应链的整体绩效。

9.3.4 数值分析

应用区块链信息平台可以帮助个体农户或生产者提高生鲜品质量信息的可信度。此外，它还可以减少对新鲜度的谎报行为，从而增加消费者对食品的可信度。一方面，可以促进消费者购买力的增长，并增加消费者的需求；另一方面，采用 BIP 可以帮助生产商和零售商充分了解他们的消费者。基于 BIP，生产者或个体农户可以决定种植什么作物，电商平台可以制定更合适的市场策略和订单数量。因此，采用 BIP 将为生产商和电商平台带来巨大的优势。因此，本章研究的二级生鲜电商供应链中生鲜品订单需求受价格、新鲜度和可靠度共同影响，利用新鲜度真实情况代表生产者的谎报行为。

本研究选择了拥有生产商和电商平台的社区电商供应链。同时，假设双方都将采用 BIP，市场需求大于 0，$\beta=5$、$\theta_{(t)}=0.8$、$\theta_{(\gamma t)}=0.5$、$c_s=0.1$、$c_r=0.11$、$c_{os}=0.1$、$c_{or}=0.11$、$c_s^B=0.08$、$c_r^B=0.09$，结合式（9-9）、式（9-10）、式（9-18）、式（9-19），通过图 9-6 可以得到，在未应用 BIP 和应用 BIP 两种模型中，随着生鲜品质量信息可靠系数的提升，供应商和（零售商）生鲜电商平台的收益均提升。应用 BIP 的双方收益均大于未应用 BIP 的收益（区块链投资成本在命题 3 范围内）。当应用 BIP 后，消费者、电商平台和供应商之间的信任关系得到改善，消费者对产品和平台更加放心，平台对于供应商的管理和合作更加方便，随着产品可靠度系数 λ 和新鲜度 $\theta_{(t)}$ 的提升，社区电商供应链各方利润以及整体利润均增加，供应链效率和利润得到提升，区块链技术为整个供应链绩效带来了改善。

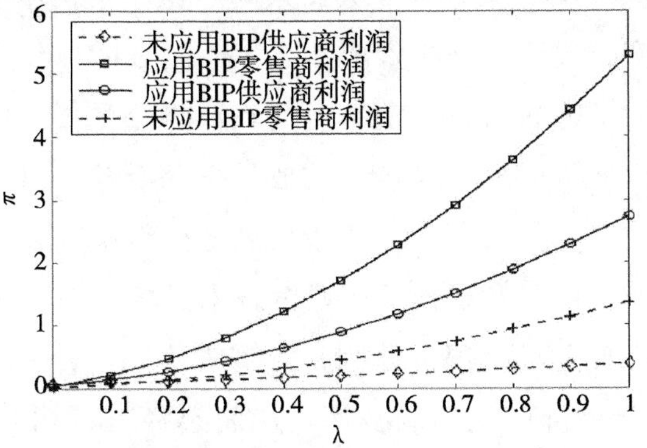

图 9-6　供应商和零售商（生鲜电商平台）利润与可靠度关系

基于假设，我们设置了 $\lambda^{B}=0.8$、$\lambda=0.6$。同时，考虑到未应用 BIP 和应用 BIP 模型中的最优需求量的函数，得到图 9-7，显示了随着 BIP 成本增长的变化趋势。随着零售商和供应商支付的 BIP 成本的上升，零售商的订货量会下降，零售商的收入降低。这些结果表明，如果零售商和生产商希望在采用 ISBD 后获得更多收入，他们应该尽量减少对 ISBD 的投资成本，尽可能地降低技术成本。区块链落地应用需要尽快取得进展，降低成本，让供应链前端后端都可以接受。

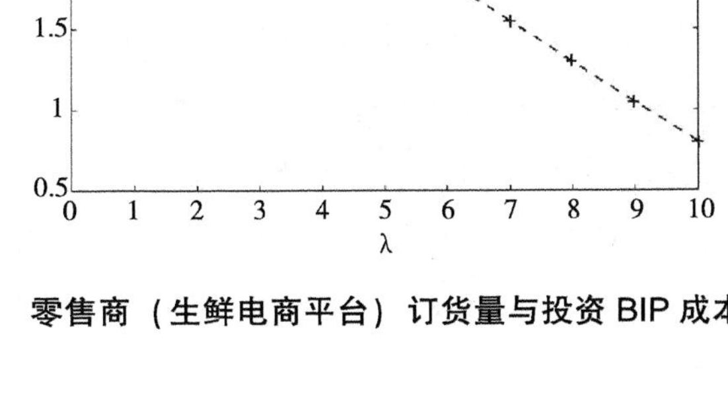

图 9-7　零售商（生鲜电商平台）订货量与投资 BIP 成本关系

假定可靠度系数 λ 后，进一步观察区块链应用对各成员定价订货决策的影响。如图 9-8 所示，随着 BIP 技术的应用，生产商会不断提高批发价，因此本研究的技术成本由供应链各方成员共同承担。在技术应用前后，零售价存在从低到高的变化过程。当投资成本 $c_{or}+c_{os}$ 到 8 时，供应商的批发价格将超越未应用 BIP 时的零售价格，消费者的利益将会受损。区块链技术成本需要在一定的范围内才可以使供应链上的成员全部受益。供应商应积极参与技术投资努力中，共同营造可持续、健康发展的生鲜电商供应链生态。通过对比图 9-7 和图 9-8，可以发现投资区块链技术的成本对订货量的影响比对价格的影响显著。出现此种情况的原因是，零售价格上升，订单量下降，消费者不愿支付超出产品价值太高的费用，从而选择其他可代替的产品来满足消费。

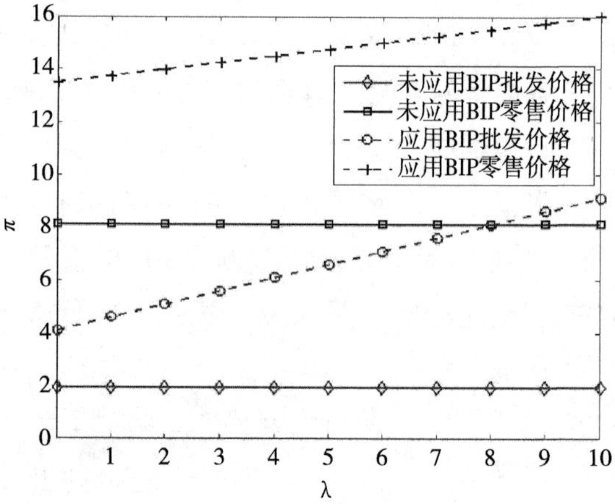

图 9-8　零售价格、批发价格与投资 BIP 成本关系

针对可追溯性对农业食品安全的影响和新环境中农业食品新鲜度的新变化，利用生鲜品新鲜度的真实情况代表生产者的谎报行为，建立了使用 BIP 前后生产者和零售商的收益模型并进行了分析。本研究得到：

（1）供应商谎报产品新鲜度信息的行为，会损害电商平台的利润以及供应链整体绩效；未使用 BIP 时，随着新鲜度 $\theta_{(\gamma t)}$ 的提升，供应商的利润 π_s^* 将增加，电商平台的利润 π_r^* 将减少，生鲜电商供应链整体利润 π 减少。

（2）当使用 BIP 时，随着产品可靠度系数 λ^B 和新鲜度 $\theta_{(t)}$ 的提升，应用区块链信息平台成本在一定区间内，可以提高成员间信任度，增加产品信息可靠度和抑制谎报行为，不仅可以提升供应商和电商平台的利润，而且社区供应链的整体利润将增加，提升了社区电商供应链的整体绩效。

区块链应用成本对各成员的定价和订货决策有一定影响，随着零售商和供应商支付的 BIP 成本的上升，零售商的订货量会下降，零售商和供应商的收入将会降低。在技术应用前后，零售价存在从低到高的变化过程，生产商会不断提高其批发价，因此技术成本由供应链各方成员共同承担。区块链技术成本需要在一定的范围内才可以使供应链上的成员全部受益。

社区电商供应链的发展逐渐走向健康绿色、集成化与可持续化高阶发展，以价格折扣和配送服务为核心竞争力，不足以支撑社区电商供应链长远发展。随着信息化和数字化技术的发展与成熟，社区电商供应链数字化和信息化是社区电商提质增效的重要方向。区块链技术在各个领域的应用研究逐步深化，其数据不可篡改、可追溯、信息共享、智能合约和共识机制等特性，将优化食品质量安全问题、供应链合作伙伴关系、供应链协作与整合、客户实际体验和信息技术等内外部因素，实现社区电商供应链产品质量安全控制、物流信息可追溯、促进企业关系质量提升、资源整合和利益分配等绩效优化需求，提升社区电商供应链价值共创整体绩效。

本章通过分析区块链技术特征与社区电商价值共创绩效提升影响因素之间的耦合关系，并设计基于联盟链的社区供应链信息平台，实现供应链各方和总体价值共创绩效提升需求。研究表明，当投资区块链信息平台成本在一定范围内时，不仅可以提高生鲜品可靠度，还可以抑制谎报行为，提高社区电商供应链各主体利润以及整体绩效。

本章参考文献

[1] 刘巍．生鲜电商下消费者食品安全风险感知与购买行为研究［D］．武汉：武汉理工大学，2019.

[2] 尚杰，吉雪强．区块链应用下生态农产品供应链优化［J］．华南农业大学学报（社会科学版），2020，19（4）：67-75.

[3] 贺海武，延安，陈泽华．基于区块链的智能合约技术与应用综述［J］．计算

机研究与发展，2018，55（11）：2452-2466.

[4] 李燕，马海英，王占君. 区块链关键技术的研究进展［J］. 计算机工程与应用，2019，55（20）：13-23，100.

[5] 周雄，郑芳. 基于区块链技术的农产品质量安全溯源体系构建探究［J］. 中共福建省委党校学报，2019.1（3）：113-117.

[6] KHALED S，NISHARA N，JAYARAMAN. Blockchain-Based Soybean Traceability in Agricultural Supply Chain［J］. IEEE ACCESS，2019（7），73295-73305.

[7] 霍红，詹帅. 集成供应链视角下农产品质量安全全过程监管体系构建［J］. 中国科技论坛，2019（8）：105-113.

[8] ALZAHRANI N. Blockchain-based intelligent contract for factoring business in supply chains［J］. Annals of Operations Research. 2020.1（1）：1-1.

[9] 李萍. 区块链视角下我国生鲜农产品流通安全研究［J］. 商业经济研究，2020（10）：146-149.

[10] PARK K O. A Study on Sustainable Usage Intention of Blockchain in the Big Data Era：Logistics and Supply Chain Management Companies［J］. Sustainability. 2020.12（24）：10670-10670.

[11] 梅宝林. 区块链技术下我国农产品冷链物流模式与发展对策［J］. 商业经济研究，2020（5）：97-100.

[12] 万海霞，孙旭. 农产品供应链金融信用体系框架设计［J］. 开放导报，2017（6）：53-56.

[13] 唐丹，庄新田. 基于区块链债转平台的供应链融资决策［J］. 系统工程，2019，37（6）：58-66.

[14] GAUTHIER J. Blockchain-based intelligent contract for factoring business in supply chains［J］. Annals of Operations Research. 2020.1（1）：1-1.

[15] NANDI M L. Blockchain technology-enabled supply chain systems and supply chain performance：a resource-based view［J］. Upply Chain Management-An International Journal. 2020.25（6）：841-862.

[16] 龙蔚，宋家兴，云建辉. 区块链对农村电商中农产品上行的启发：基于消费者在线购买农产品意愿的问卷分析［J］. 农业经济，2020（10）：137-138.

附　录

社区电商平台供应链价值共创因素调查问卷

本问卷旨在探究社区电商平台供应链价值共创的影响因素。社区电商平台供应链，是指以互联网技术为支撑的供应链交易过程电子化的商业模式，包括常见的美团优选、橙心优选等。本问卷不涉及您的隐私问题，问卷题项没有对错之分，凭借您的实际认知进行评分，选项分为五个等级，5 分为非常同意，4 分为同意，3 分为不一定，2 分为不同意，1 分为非常不同意。最后感谢您参与调查问卷的填写，祝您生活愉快！

1. 您的性别

（1）男　（2）女

2. 您所处的年龄层

（1）20 岁及以下　（2）21～30 岁　（3）31～40 岁　（4）41～50 岁　（5）51 岁及以上

3. 您是平台供应链企业主体参与者还是消费者主体

（1）平台供应链企业主体参与者　（2）消费者主体

4. 平台为用户提供新鲜的产品

（1）非常同意　（2）同意　（3）不一定　（4）不同意　（5）非常不同意

5. 平台提供的产品具有良好的产品外观

（1）非常同意　（2）同意　（3）不一定　（4）不同意　（5）非常不同意

6. 平台的产品信息可溯源

(1) 非常同意 (2) 同意 (3) 不一定 (4) 不同意 (5) 非常不同意

7. 平台供应链上下游伙伴间相互信任

(1) 非常同意 (2) 同意 (3) 不一定 (4) 不同意 (5) 非常不同意

8. 平台供应链内成员具有强烈的关系努力意愿

(1) 非常同意 (2) 同意 (3) 不一定 (4) 不同意 (5) 非常不同意

9. 平台供应链成员之间能够进行信息共享

(1) 非常同意 (2) 同意 (3) 不一定 (4) 不同意 (5) 非常不同意

10. 平台供应链成员具有强烈的依赖性

(1) 非常同意 (2) 同意 (3) 不一定 (4) 不同意 (5) 非常不同意

11. 平台供应链上的产品具有异质性能够满足个性化需求

(1) 非常同意 (2) 同意 (3) 不一定 (4) 不同意 (5) 非常不同意

12. 平台供应链服务人性化并且具有柔性

(1) 非常同意 (2) 同意 (3) 不一定 (4) 不同意 (5) 非常不同意

13. 平台供应链的消费者和企业以及消费者之间具有良好交流互动

(1) 非常同意 (2) 同意 (3) 不一定 (4) 不同意 (5) 非常不同意

14. 平台供应链可以进行个性化推荐

(1) 非常同意 (2) 同意 (3) 不一定 (4) 不同意 (5) 非常不同意

15. 平台具有很多交流互动功能

(1) 非常同意 (2) 同意 (3) 不一定 (4) 不同意 (5) 非常不同意

16. 平台供应链主体之间具有信息共享技术

(1) 非常同意 (2) 同意 (3) 不一定 (4) 不同意 (5) 非常不同意

17. 消费者在平台供应链中可以获得想要的产品和服务

(1) 非常同意 (2) 同意 (3) 不一定 (4) 不同意 (5) 非常不同意

18. 在平台进行消费者与企业、消费者间的互动可以赢得尊重以及快乐

(1) 非常同意 (2) 同意 (3) 不一定 (4) 不同意 (5) 非常不同意

19. 通过企业消费者之间的互动可以解决各自的问题

(1) 非常同意 (2) 同意 (3) 不一定 (4) 不同意 (5) 非常不同意

20. 企业间的互动整合可以节约成本、增加效率

(1) 非常同意 (2) 同意 (3) 不一定 (4) 不同意 (5) 非常不同意

后　记

在本书交付印刷之际，内心非常激动。本书为作者2020年承担的河北省社会科学基金项目“区块链背景下物流价值共创的机理与实现路径研究”的研究成果（项目编号：HB20GL011），在此对河北省社科基金委的资助表示感谢，同时对在本书写作过程中给予过帮助的同事和研究生们表示感谢！

一方面，本书从价值共创的视角出发，依据从理论研究到运行机制的思路探讨社区电商平台供应链参与主体的决策对供应链价值共创的影响，并对社区电商平台供应链决策、利润分配和监管机制进行了深入研究；另一方面，本书深入剖析了社区电商平台供应链价值共创绩效的影响因素，并提出了基于区块链的社区电商平台供应链价值共创优化策略。

由于时间关系，本书还有些不足之处，比如调查问卷样本的数量、仿真分析中的参数优化等，这也正是我们下一步研究的动力和方向。